小学语文教学技能实训

主　编　吕　映

编写人员（按姓氏笔画为序）

吕　映　李　菁　张祖庆

彭　音　傅旭英　蔡红霞

ZHEJIANG UNIVERSITY PRESS

浙江大学出版社

图书在版编目(CIP)数据

小学语文教学技能实训/吕映主编.—杭州:浙江大学出版社,2013.8(2022.2重印)

ISBN 978-7-308-11923-8

Ⅰ.①小… Ⅱ.①吕… Ⅲ.①小学语文课—教案(教育) Ⅳ.①G623.202

中国版本图书馆 CIP 数据核字(2013)第 175573 号

小学语文教学技能实训
吕　映　主编

责任编辑	武晓华
封面设计	杭州林智广告有限公司
出版发行	浙江大学出版社
	(杭州市天目山路 148 号　邮政编码 310007)
	(网址:http://www.zjupress.com)
排　　版	杭州林智广告有限公司
印　　刷	杭州日报报业集团盛元印务有限公司
开　　本	710mm×1000mm　1/16
印　　张	16.75
字　　数	386 千
版 印 次	2013 年 8 月第 1 版　2022 年 2 月第 3 次印刷
书　　号	ISBN 978-7-308-11923-8
定　　价	35.00 元

序

杭州师范大学初等教育学院是一所百年老院,有着悠久的办学历史和教育传统。学院小学教育专业为全国最早开始培养本科学历层次小学教师的院校之一,为国家级特色专业,浙江省首批重点专业和优势专业。"小学教师专业提升"丛书由《小学语文教学技能实训》(吕映主编)、《小学数学教学技能实训》(李红、李国强主编)、《数学教师素养基础》(汪一敏主编)、《课程与教学:新手教师的视角》(袁德润主编)、《儿童发展心理学》(刘瑛主编)五本教材组成。本丛书的编写成员均为小学教育专业建设项目团队成员,长期从事小学教育专业的相关课程的教学与研究。

大家经过历时两年的研讨认为,本科层次的小学教育专业自1998年办学至今,各级各类教材繁多,但是,许多都只是加了小学教育案例而已,针对小学教育专业师范生教与学技能与素养的教材还是有些欠缺,本丛书正是基于这种专业建设的现实需求,本着不求大而全,但求有需要、有特色的指导思想编写出版的,希望对小学教育专业的教材体系做出必要的补充和尝试创新。

本丛书定位于提高四年制本科小学教育专业师范生的教与学的技能与素养。通过本丛书前两本教材的学习,能够掌握作为未来的小学教师所必需的小学语文、小学数学学科的备课、上课、听课、说课、评课和教研技能,形成小学语文、数学教学的实际能力。通过丛书后三本教材的学习,能够提升未来小学教师所必需的心理素养、课程与教学素养、数学素养。而后三本教材是前两本小学语文、小学数学学科技能实训的基础,反之,前两本教材是后三本心理、课程与教学、数学素养的具体体现,五本教材在培养小学教育专业师范生教与学的技能与素养方面,相辅相成,互为促进。

在教材编写过程中,作者力求凸显以下几个特点。

1. 鲜明的时代特色。随着时代的发展,对于小学语文教师、小学数学教师的教学技能提出了许多新的要求。特别是 2011 年《语文课程标准》、《数学课程标准》的修订和颁布，又提出了一系列新的课程理念，要求教师转变课程观念，形成、掌握新的教学技能。本丛书针对时代对于语文教师、数学教师的新要求，依据新课程标准的精神，重新建构小学语文、小学数学教学技能结构体系，培养适应时代需求的新型小学语文和小学数学教师。

2.整合的理论基础。小学教师需要综合的知识结构和理论素养，所以，本丛书在突破单一学科体系，整合小学教师所需的理论基础知识方面做了有益的尝试。例如，《数学教师素养基础》将作为一个小学数学教师所需的数学知识进行了整合，这里所讲的数学知识，以往是作为纯数学知识而授的，这里是作为一种"教育数学"而强调的，突出了它们在数学教学中的地位与作用。《课程与教学：新手教师的视角》对课程与教学论的系统理论进行修剪，从历史的角度梳理课程与教学发展的脉络和追求，给读者提供一条理性看待和理解课程与教学问题的线索，并从新手教师专业发展需求的视角出发安排教材内容。《儿童发展心理学》的编排内容，按照儿童在不同领域的发展来划分章节，这与大多数同类教材按儿童的年龄阶段分章节有所区别，有利于相关知识的整合。

3.明确的实践取向。本丛书体现了鲜明的实践取向，通过鲜活的教学案例的分析，帮助师范生和新手教师掌握各项教学技能，并通过有针对性的应用练习使师范生和新手教师逐步形成教学设计能力、实施能力和评价能力。

4.优化指导的体例导向。本丛书编写体例完整有序，体现优化指导自学的原则。每一章前面有内容提要、关键问题，后面有案例评析、应用练习，并安排有拓展阅读，引导学生由课内向课外拓展延伸。这样的编写体例，便于教师教学，更便于学生学习，有利于学生的自主学习、探究学习和拓展学习，在"教材"向"学材"的转变方面做了新的尝试。

在本丛书教材编写、出版过程中，始终得到了杭州师范大学攀登工程"人文振兴计划"项目和"本科教学创一流"项目的大力支持，得到了浙江大学出版社的领导、编辑的悉心指导和帮助，在此表示衷心地感谢！

徐丽华

2013 年 6 月

前　言

教师专业化是世界教师教育发展的趋势和潮流，也是我国教师教育改革的目标和追求。其中，教师专业化的重要内容就是教学技能的专业化。为此，《高等师范院校学生的教师职业技能训练基本要求（试行稿）》明确提出，"高等师范院校要从培养合格中（小）学教师的高度出发，结合实际情况有计划、有组织、有步骤地开展教师职业技能训练，确保学生在校学习期间受到严格的训练和考核。"《高等师范学校学生的教师职业技能训练大纲（试行）》进一步规定，"高等师范学校学生的教师职业技能训练内容包括讲普通话和口语表达、书写规范汉字和书面表达、教学工作、班主任工作技能等四部分。它是高等师范学校各专业的学生都应具备的，是学生必修的内容。"

但是，目前在高等师范学校有关教学技能训练并没有得到应有的重视。由于受到重理论轻实践的传统思维方式的影响，高等师范学校的课程设置更倾向于学术性课程、理论性课程，即使开设有学科教学法课程，也因为课时量太少，根本无法保证训练时间，更不可能对师范生的教学技能训练进行系统、科学的计划和安排，以至教学技能训练成为高等师范教育教学中一个最薄弱的环节。

基于上述认识，我们组织有关人员编写了《小学语文教学技能实训》教材。本书以小学教育专业师范生和小学语文新手教师为读者对象，旨在使读者不仅掌握教学技能的相关理论，更形成小学语文教学的实际能力，真正成为合格的小学语文教师。

本书主要体现出以下特色：第一，鲜明的时代性。随着时代的发展，对于小学语文教师的教学技能提出了许多新的要求。特别是 2011 年《语文课程标准》的修

1

订和颁布,又提出了一系列崭新的课程理念,要求语文教师转变教学观念,形成、掌握新的教学技能。本书力图针对时代发展的要求,依据课程标准的精神,重新建构小学语文教学技能结构体系,培养适应时代需求的新型小学语文教师。第二,凸显实践性。教学技能的提高离不开有效的教学实践。因此,本书不仅注重技能理论说明,更注重技能训练指导,通过大量鲜活的教学案例的分析帮助师范生和新手教师掌握各项教学技能,并通过有针对性的应用练习使师范生和新手教师逐步形成语文教学设计能力、实施能力和评价能力。第三,编写体例完整有序,便于学生学习。本书编写体例完整,每一章前面有内容提要、关键问题,后面有案例评析、应用练习,并安排有拓展阅读,引导学生由课内向课外拓展延伸。这样的编写体例,便于教师教学,更有利于学生的自主学习、探究学习和拓展学习,体现了由"教材"向"学材"的转变。

本书各章节编写人员如下:

吕映(杭州师范大学教育学院):绪论、第一章。

蔡红霞(杭州长江实验小学):第二章第一、二、三、四节。

傅旭英(杭州安吉路实验学校):第二章第五、六、七、八、九节。

彭音(杭州现代实验小学):第三章。

李菁(杭州师范大学教育学院):第四章、第六章。

张祖庆(杭州市下城区教师发展中心):第五章。

全书最后由吕映统一修改并定稿。

本书是国家社会科学基金"十二五"规划课题《信息技术促进区域教育均衡发展的实证研究》(BCA110020)的子课题《信息技术环境下师范生教学技能培养模式研究》和杭州师范大学课程教学模式改革专项课题"小学语文教学课程群教学改革实践研究"的研究成果。在本书的编写过程中,参阅了大量已有研究成果,在此谨向作者表示衷心的感谢。有关引文或案例的出处,我们力求详尽的注释,如有疏漏或错误,恳请作者谅解,并希望能及时反馈,以便我们在修订时能够加以改正。

吕　映

2013 年 8 月

目 录 contents

绪论　小学语文教学技能概述

新一轮基础教育课程改革不仅要求教师确立前瞻的课程理念,转变传统角色认知,探求新型教学方式,而且对教师的教学基本技能也提出了新的挑战。新的课程理念要转化为课堂上有效的教学行为,必须依赖教师的教学基本技能;预设的教学目标要转化为学生实际的学习收获,也必须依赖教师的教学基本技能。因此,探究教学技能训练的规律,提高教师教学基本技能,既是课程改革的需要,也是教师专业发展的需要。

一、教学技能的内涵

对于教学技能的界定,不同的研究者有不同的研究视角。概括起来,主要有莫里孙和马肯它尼亚的活动方式说,澳大利亚的 Cliff. Turng 的行为说,R. F. Snow 的结构说,加涅和 J. R. 安德森的知识说等四种教学技能观。它们从不同的侧面来认识教学技能,具有一定的合理性,但也存在各自的偏颇与局限。其中,活动方式说对教学技能范围的界定过于狭窄;行为说忽视了教师个体的心理因素在教学中发挥的重要作用;结构说对教学技能缺乏明确的规定;知识说则混淆了知识与技能的概念。

《心理学大辞典》指出,技能是个体运用已有的知识经验,通过练习而形成的智力活动方式和肢体的动作方式的复杂系统。据此,我们将教学技能定义为教师运用已有的教学理论知识,通过练习而形成的稳固、复杂的教学行为方式和智力活动方式的系统。这一定义有两个核心含义:第一,教学技能体现在教师的教学动作、行为和心智活动过程中,也就是说,教学技能既包括外显的动作技能,又包括内隐的心智技能,是动作技能和心智技能的统一;第二,教学技能是在教学实践中经过反复练习逐渐形成的。

教师教学技能与教师专业知识、教师专业精神密切相关。一方面,教师教学技能是教师专业知识与教师专业精神的重要外在表现,是影响教学效果的决定性因素;另一方面,教师专业知识与教师专业精神又是形成教师教学技能的必要条件。没有扎实的教育理论知识支持,教学技能就不能有效地应用于真实的教学情境;没

1

有对教师职业的由衷热爱,教学技能训练就失去了动力。因此,教师教学技能训练必须与教师专业知识的学习、教师专业精神的培养协同进行。

二、小学语文教学技能的构成

关于小学语文教学技能的构成,主要有以下几种分类方法。

一是根据教学技能的外显性与内隐性进行区别,将小学语文教学技能分为小学语文教学动作技能和小学语文教学心智技能。其中,小学语文教学动作技能是指小学语文教师在教学前、教学中、教学后一系列的外显行为活动,主要包括肌肉、骨骼运动和与之相应的神经系统部分的活动;小学语文教学心智技能是指小学语文教师借助内部言语在头脑中形成的和外显动作相关的认识活动,主要包括感知、记忆、思维、想象,以思维为主要方式。小学语文教学动作技能和小学语文教学心智技能相辅相成,互为依托。

二是根据语文教学不同阶段,将小学语文教学技能分为教学准备技能(把握课程标准、分析处理教材、设计教学目标、编写教学方案),教学实施技能(导入、讲解、提问、演示、板书、强化、结束)和教学评价技能(作业批改、考试考查、听课评课)等。

三是根据语文教学元素,将小学语文教学技能分为四个方面:教材加工(设置目标、设计预习、重组、序化、编码、捕捉阅读线索、选择习作范例),教师导学(组织教学、导入、讲授、板书、过渡、结束、设疑与提问、应变、运用态势语、设计练习),主体关怀(适度强化、帮助同化、设计先行组织者、调节思维、点拨、激活、暗示、引起注意),情境设置(运用实物、借助图画、运用音乐、言语美化、移植蒙太奇、运用现代化媒体)。这一分类借鉴了教学论、信息论、系统论的最新研究成果,从不同角度建构了语文教师教学技能结构体系。

必须明确的是,教学技能的构成并不是一成不变的。随着时代的发展,也应不断丰富与更新教师教学技能。例如,进入新世纪以来,信息技术在语文教学中得到广泛应用,这就要求教师具备良好的现代教育技术应用技能,包括运用计算机辅助教学,运用多媒体开展教学等等。与此同时,基础教育课程改革带来了崭新的教育教学理念,力主建设民主、平等、和谐的师生关系,积极倡导自主、合作、探究的学习方式,这些改变必然对教师的教学设计技能、教学实施技能、教学评价技能提出新的要求。如教学设计要从原来的行为主义、认知主义倾向转变为建构主义,教学实施要从原来的注重教师讲授转变为组织学生参与学习活动,教学评价则要从片面强调总结性评价、定量评价转变为合理运用多种评价方式,尤其要重视形成性评价与定性评价。

在对相关文献分析和研究的基础上,结合基础教育课程改革对语文教师教学技能的要求以及师范生教学技能训练的实际需要,本书将小学语文教学技能分为备课技能(教材分析、教学目标设计、教学过程设计、教案编写),上课技能(课堂导入技能、课堂提问技能、课堂讲解技能、课堂调控技能、课堂评价技能、课堂结束技能、课堂板书技能、多媒体运用技能、作业设计与评阅讲评技能),听课技能,说课技能,评课技能,教研技能(教研活动策划、课题研究实施、科研论文写作)共六个方面。

三、小学语文教学技能训练的意义

(一)教学技能训练是教师专业化发展的需要

教师作为职业自古有之,但是将教师职业上升为专业的认识直到二十世纪中后期才出现。1966年,在巴黎会议上通过了《关于教师地位的建议》,明确提出教师工作应被视为一种专业,教师应被视为专业人员。在我国,近年来伴随着教育事业改革的不断深化,教师专业化问题也日益受到关注和重视。1994年,《中华人民共和国教师法》规定"教师是履行教育教学的专业人员",赋予教师法定的专业地位。2001年,开展教师资格认定工作,标志着我国教师专业化工作正式开始实施。

教师职业的专业化主要体现在教师专业知识、教师专业技能、教师专业精神三个方面。其中,教学技能是教师专业化的核心内涵,教学技能训练是促进教师专业化发展的重要途径。对于即将踏上工作岗位的"准教师"(师范生)来说,教学技能训练可以帮助他们掌握语文教学的基本规律,体验真实的教学情境,承担具体的教学任务,从而初步形成语文教学基本技能,顺利完成由学生到教师的角色转变;对于已入职的一线教师来说,教学技能训练不仅能帮助他们熟练掌握并灵活运用各项课堂教学技能,并能促使他们在实践中不断创新和发展教学技能,从而形成个人独特的教学风格与教学艺术。

(二)教学技能训练是提升教学质量的需要

西方学者诺尔·希勒及其同事所罗门等人研究发现,在达到一定的智力水平和认识水平之后,教师的智力和知识将不再是影响教学效果的重要因素,而教师的教学技能,如口头表达能力、组织教学活动能力等与教学效果呈现出明显的正相关。这就启示我们,要提升教学质量,就必须注重提高教师课堂教学技能。事实上,教学技能是连接教学理论与教学实践的桥梁,是教师传递教学信息的重要媒介。如果语文教师缺乏必要的教学技能,即使有满腹学识也无法使之转变为学生的学习成果,即使有先进、科学的教育理念,也无法使之转变为有效的教学行为。

因此,强化教师教学技能训练是提高语文教学质量的需要,也是全面提升学生语文素养的需要。

四、小学语文教学技能训练的途径

(一)依托相关课程,开展专门训练

目前,各高等师范院校小学教育专业开设的与语文教学技能训练相关的课程主要有小学语文课程与教学论、小学语文教学研究、小学语文教学技能训练、小学语文见习与实习指导、小学语文科研方法与论文写作等。结合上述课程内容,对师范生开展小学语文教学技能训练,是被普遍采用且行之有效的训练途径。

训练的一般模式可以概括为:理论学习—观摩研讨—模仿训练—反馈调整—总结提升。

理论学习阶段,由教师讲解或引导学生自学教学技能的相关知识,包括内容、要求、方法、程序等,使学生明确具体训练要求,把握实际操作要领。观摩研讨阶段,由教师精选典型教学案例,可以是文本案例,也可以是视频案例,组织学生观摩研讨,丰富学生的感性体验,了解教师如何在教学过程中灵活运用各项教学技能。模仿训练阶段,教师布置训练任务,创设教学情境,让学生尝试运用教学技能进行教学实践。反馈调整阶段,通过自评、生评、师评等多种方式,帮助学生发现问题,修改设计方案,调整课堂实施,使技能训练步入良性循环。总结提升阶段,教师引导学生回顾训练过程,总结经验教训,在提高理论认知的同时,最终形成稳定的教学技能。

小学语文教学技能训练内容包括单项教学技能和综合教学技能,以微格教学与模拟教学为主要训练方式。

微格教学是国际上认可的培训师范生和在职教师的有效方法。它以控制论为指导,借助现代教育技术手段,经过观摩示范、角色扮演、重现记录、分析评价、反馈校正等一系列程序进行教学技能训练。与传统的训练方式不同,微格教学将复杂的课堂教学过程分解成许多单项技能分别训练,具有针对性强、时效性高的明显优势。微格教学实践开始前,受训者要先作简短说明,明确教学技能与教学内容的关系,阐明自己的设计意图。在微格教学实践中,受训者要根据预设的微案进行试讲,时间一般控制在 10—15 分钟。与此同时,指导教师要运用微格教室的摄录设备对教学全过程进行记录,以便及时、准确地进行反馈和评价。在微格教学实践结束后,立即播放试讲录像,先由受训者进行自我分析,再由同组学生与指导教师进行评议,指出存在的问题,明确改进的方向,为下一阶段受训者修改教案、重新试讲

奠定基础。

模拟教学是指在教师指导下,学生在模拟的教学情境中进行角色扮演的一种教学方式。通常先由教师提出教学任务,学生按照要求进行教学设计;然后以班级或小组为单位,由一名学生扮演"教师",其他人扮演"学生",模拟开展课堂教学。"学生"既可以认真听讲,也可以提出问题;"教师"仿佛置身真实的教学情境之中,既要处理即时发生的课堂教学问题,还要对"学生"的学习情况及时作出反馈与评价。最后,教师与学生一起对模拟教学过程进行分析和点评。模拟教学在教师教学技能训练中运用十分广泛,其优势在于使受训者有身临其境的感受,增强教学的交互性,使各种教学技能得到综合性训练。

(二)构建网络学习环境,优化教学技能训练

近年来,伴随着信息技术的不断发展与网络环境的日益普及,已有越来越多的师范院校着手开发"师范生教学技能网络学习平台",试图利用先进的网络技术改进、完善师范生教学技能培训模式。

"师范生教学技能网络学习平台"旨在为师范生教学技能训练提供网络学习支持与管理服务,主要包括技能理论与示例模块、课例点播与评议模块、微格点播与评议模块、教学研究交互模块、用户信息管理模块等。其中,技能理论与示例模块,主要为用户提供教学技能的理论阐述、操作方法和案例示范,并结合具体案例,介绍教学技能如何有效运用于课堂教学。课例点播与评议模块,主要为用户提供课堂教学虚拟观摩,引导学生评议教师课堂教学行为。微格点播与评议模块,能够为用户提供微格教学录像在线观摩与评议。在微格教学实践中,由于受到时间和场地限制,训练只能以小组形式进行,学生的教学演示录像也只能在微格教室回放与观摩,这就极大地制约了学生的参与程度与训练效度。而借助网络学习平台,无论是教师还是学生,都能随时随地点播微格教学录像,并发表实时评论。这既加强了合作交流、信息反馈,又提高了训练效率。教学研究交互模块,主要通过 QQ 群组聊天、在线讨论、电子公告板等形式,为用户提供网络化的教学研究交互平台。用户信息管理模块主要为用户提供学习管理与评价管理,并为后期教学技能考评提供支持。

利用"师范生教学技能网络学习平台",学生可以自主学习教学技能的基本理论;可以观摩优秀教师的成功课例,学习他人的教学经验;可以观看、评价自己和同学的微格教学录像,发现教学中存在的问题并寻求解决方案;还可以与教师、同学一起就自己关注的教学问题展开交流与讨论。利用"师范生教学技能网络学习平台",教师可以实现对学生微格教学情况的审核、研究与评价;可以对学生的教学实践活动给予个别化的、有针对性的指导；还可以依据学生的问题与需要，及时调整教学方案，提高课堂教学有效性。

总之，"师范生教学技能网络学习平台"突破了传统教学在时间和空间上的限制，为师范生教学技能训练提供了丰富的资源和逼真的情境，为师生、生生之间的交流互动提供了更多途径，有利于学习者自我反思，也有利于同伴互助，共同提高。实践证明，这是快速提高师范生教学技能的一条捷径。

（三）教育见习与实习

与微格教学、模拟教学相比，教育见习与实习的最大优势在于训练情境的真实性。学生必须凭借自身的教学技能设计合理的教学方案，实施完整的教学过程，处理各种真实、复杂的教学问题，并及时、准确地评价教学效果。在这一过程中，学生对自身的教学技能现状有了更全面的认知，对于训练、提高教学技能有了更迫切的需求；与此同时，在教学实践中，学生也积累了教学经验，掌握了教学技能运用的相关策略，提高了教学技能运用的熟练程度。

（四）课外活动与比赛

课外活动因为形式多样、生动活泼而深受广大学生喜爱。结合师范生教学技能训练，学校可以定期开展朗诵、讲故事、讲演、课本剧表演等丰富多彩的课外活动；也可以有计划地组织说课比赛、模拟教学比赛、板书设计比赛等各项教学技能赛事；还可以组建各种学生社团，如教学技能训练社团，教学研究社团等，指导社团通过专题讲座、交流讨论、教学实践等多种方式，积极开展有关教学技能的研讨与训练，充分发挥社团力量，让学生影响学生，学生带动学生，从而在学生中形成人人重视教学技能训练，人人参与教学技能训练的良好氛围。另外，学校还应开发、利用各种渠道，丰富学生的课外实践活动。如利用假期开展"大手拉小手"教学实践活动，组织"小课堂进大课堂"教学观摩活动，组织师范生与实践基地导师"拜师结对"等，为学生提供更多的实践机会，使学生在教学实践中切实提高教学技能。

（五）教学实践

教学实践是在职教师提高教学技能水平的主要途径。在掌握了有关教学技能的基本理论之后，通过教学实践进行有针对性的训练，能够深化理论认识，提高教学技能综合运用能力。并且，教学实践能够帮助教师发现自己的薄弱之处，以便及时查漏补缺，完善各项技能，全面提高教师素养。为推动在职教师进行教学技能训练，可以在优质课评比、观摩课活动中增设相关要求，并把教师教学技能水平作为教学考评的重要指标。

五、小学语文教学技能训练的原则

(一)理论性与实践性相结合

任何一种技能的形成都必须以一定的理论知识为基础。例如,掌握强化理论这一重要的学习理论是形成语文教学中强化技能的前提条件;并且,对强化理论理解得越深入、越透彻,由此获得的强化技能也就越高。反之,如果忽视理论知识对技能形成的作用,不仅会导致技能训练的盲目性,也难以从知识与技能的联系中揭示教学技能的实质。但是,技能又不等同于理论知识,它不是通过讲授的方式获得的,而是通过反复实践逐步形成和熟练掌握的。因此,实践是教学技能形成过程中的重要环节。一般而言,教学技能训练应以各种形式的实践活动为主,理论讲授与实践训练的学时比例大约为 1∶2。

(二)科学性与艺术性相结合

教学既是一门科学,又是一门艺术。科学性说明教学必须遵循一定的客观规律。就教学技能训练而言,就必须服从技能形成的一般规律,服从技能形成的基本过程。但是,在具体的教学情境下,因教学对象、教学内容的不同以及教师的个体差异,教学技能的应用不可能是千篇一律的;相反,教学技能的掌握与运用体现出鲜明的个性特点和个人风格。因此,教学技能的培养没有一套固定模式,一定要从实际出发,因人而异,扬长避短。与此同时,在掌握并能熟练运用各项教学技能的基础上,教师还要注意及时总结教学经验,不断探索、创新教学方法,最终形成个人独特的、稳定的教学艺术,这才是教学技能培养的最高境界。

(三)单项训练与综合训练相结合

不同的教学技能适用不同的训练方式。一般来说,对一些比较复杂的且局部动作具有相对独立性的教学技能,往往采用分项训练的方式。比如,上课技能所包含的内容相当丰富,涉及导入技能、提问技能、讲解技能、调控技能、结束技能、板书技能等多项技能,通常情况下,应先进行分解训练,学生只有在熟练掌握各分项技能的基础上才能最终形成总技能。相反,对一些局部动作联系比较紧密的教学技能,如听课技能、评课技能等,往往采用综合训练的方式。另外,在训练的不同阶段,也应该采用不同的训练方式。实践表明,在练习初期,分项训练比较有效;而到练习后期,综合训练更有价值。

(四)定性评价与定量评价相结合

教学评价是教学过程中一个非常重要的环节。科学合理的评价,不仅能激发学生学习动机,推动学生积极、主动地参与技能训练,而且能使学生客观、全面地了解自身知识与技能水平,找到提高与改进的有效途径。教学技能训练的评价必须坚持定性评价与定量评价相结合,模糊评价与精确评价相结合,这样既能提高评价的针对性、准确度,又不致割裂教学的整体性、综合性。另外,还要注意将学生之间的横向评价与学生个体的纵向评价结合起来,发现并欣赏学生的点滴进步,使学生在训练中不断体验成功的快乐。

第一章 备课技能

内容提要

课堂教学需要精心准备。本章从理论上阐述了教材分析的具体内容,制定教学目标的要求,设计教学过程的实质,以及教案编写的主要内容、常见格式。在实践层面上,介绍了教材分析的方法,文本细读的策略,编制教学目标的依据以及教案编写需要注意的问题。学习本章,不仅要理解相关理论,更要加强实践,提高钻研教材与设计教学的能力。

关键问题

◆如何分析教材?

◆如何制定和陈述教学目标?

◆如何设计教学过程?

◆教案主要包括哪些内容?

备课是教学过程的策划与设计,是教师根据课程标准的要求和语文课程的特点,结合学生的具体情况,对包括教科书在内的课程资源进行有效整合并转化为可以操作的教学行为的过程。备好课是上好课的前提,是提高语文教学质量的重要保障。

第一节　教材分析

教材分析是备课的一项重要工作,是教师进行教学设计、编写教学方案的基础。教材分析的过程,充分体现了教师的创造性劳动,体现了语文教师的业务素质与理论素养。

一、教材分析的内容

教材分析一般是先从整体到部分,了解整套、把握全册、按组掌握、逐课吃透,再从部分回归整体,前后勾连,深化理解。

(一)整套教材的分析

通读全套教材,可以让我们对教材的总体框架有一个全面的了解,对教学内容的前后关联有一个清楚的认识,对教材形态结构形成具体的感知,并对教材基本特点形成初步印象。这样,便于从整体入手把握局部,避免出现"只见树木,不见森林"的现象。

目前,人教版小学语文实验教科书被普遍使用。通览该套教材,体现出以下鲜明特征:

1. **教材编排:围绕重点或专题组织教材内容,整合语文学习活动**

一年级上册从汉语拼音入手,结合汉语拼音的学习安排识字和看图说话、读儿歌的内容。这样,既保证了学习拼音这一重点,又增加了趣味性,使初入学儿童体验到语文学习的成就感。从一年级下册开始,教材以专题组织单元。每册教材设8个专题,分为8个单元。每个单元都围绕专题组织各项内容,体现了识字写字、阅读、口语交际、习作、语文实践活动的整合。各个单元之间,体现了学习内容、学习要求的整体推进,语文能力的螺旋上升。

2. **识字写字:利用汉字特点,遵循识字规律,注重在语言环境中识字**

识字教材博采众长,采取多种识字形式。归类识字利用汉字象形、会意的特点,把识字学词结合起来,同时渗透识字方法、写字方法。韵语识字体现汉语特点,内容丰富,语言优美,将识字学词与陶冶性情、文化熏陶有机统一。随课文识字是主要的识字形式,引导学生在语言环境中识字,建立字词在音、形、义上的联系。识字教材努力体现认写分开,多认少写的原则,使学生既能提早阅读,又不加重学习负担。另外,识字教材采取"两条腿走路",鼓励学生在生活中自主识字。例如,在一年级下册的"语文园地"中,分别引导学生认班上同学的姓氏字,认电视屏幕上的字,认食品商标、招牌路牌、广告上的字,认其他学科教材中的字,认课外书上的字,交流课外认的字等等。学生如果成为识字的有心人,就一定能突破教材规定的识字量。

3. **教材内容:既富有时代气息,又注重弘扬中华传统文化**

教材大幅度更新课文,所选课文力求体现时代特点与现代意识,反映当代儿童生活。其中,有表现爱国主义思想的,有反映祖国新貌和建设成就的,有反映日新月异科技成就的,有表现人与自然和谐相处及关注环境问题的,有歌颂各国人民之间的友谊,呼吁制止战争、维护和平的,有表现当代儿童自强自立、诚实守信、关爱他人、团结合作等优良品质的,有启发想象、鼓励创造的,等等。

在内容的编选上,教材还十分注重继承与弘扬中华传统文化。除了选编相当数量的古诗词、少量文言文以及介绍祖国灿烂的历史、文化的课文以外,在"语文园地"、"日积月累"等栏目里,有计划地编入古诗词名句、名言警句、对联、谚语、歇后语等;在"成语故事"栏目里,选编脍炙人口的成语故事,使学生在积累语言的同时,了解并积淀民族优秀文化。

4. **呈现方式:精心构建导学系统,促进学习方式的转变**

教材在导学方面很有特色。一方面,导学内容丰富:有引导了解内容、体会情感的,有引导推敲词句、揣摩写法的;有引导读书思考的,有引导动手实践的;有引导单项训练的,有引导综合运用的;还有引导向课外拓展延伸的。另一方面,导学形式多样:有的借助单元"导语"来导向,有的凭借课文中的"泡泡"来导思,有的利用课文后面的习题来导练,还有的利用"语文园地"来引导学生发现语文学习的规律,交流、展示课外学习语文与运用语文的成果。多样化、创新性的导学设计,引导学生积极开展自主、合作、探究学习,促进语文学习方式的根本性转变。

5. **教材体系:体现开放性,富于弹性**

教材的开放性首先体现在向学生的生活开放。教材不仅鼓励学生在生活中识字,还引导学生观察生活、体验生活,并运用语言文字努力表现生活。其次,教材注意向其他学科开放,注重构建学科之间的联系,丰富学生的学习生活,发展学生多方面的才能。另外,教材编排体系还体现了一定的弹性。例如,每册教材都编排了若干选读课文,教师可根据班级实际情况灵活处理;一些课后练习给学生留有选择的余地,有的课文还编排了少量选做题,供学有余力的学生学习。

（二）全册教材的分析

一册课本相对来说也是一个整体。在通览整套教材的基础上,认真阅读任教的全册教材,熟悉该册教材的教学内容、结构特点、各单元编排顺序。尤其需要理清全册教材训练的序列,掌握每个单元的训练重点,了解各单元之间的内在联系,以便统筹兼顾,合理安排教学计划,确保教学目标达成。

在人教版小学语文实验教科书中,训练重点主要体现在单元导语,课文中的"泡泡",课后的思考练习题,回顾拓展中的交流平台以及语文园地中的"我的发现"中。以下是三年级上册教材的读写训练重点。

单元主题	课文	读写训练要求	习作要求
多彩的生活	1. 我们的民族小学 2. 金色的草地 3. 爬天都峰 4. ＊槐乡的孩子	1. 积累词句。 2. 读文章想画面。 3. 初步体会关键词句在表情达意上的作用。	写一写自己的课余生活。
名人故事	5. 灰雀 6. 小摄影师 7. 奇怪的大石头 8. ＊我不能失信	1. 课余阅读名人的故事。 2. 积累词句。 3. 续写故事。 4. 掌握对话的不同形式。	写熟悉的人的一件事。
心中的秋天	9. 古诗两首 10. 风筝 11. 秋天的雨 12. ＊听听,秋的声音	1. 积累词句,背诵古诗。 2. 续写诗歌。	选一幅或画一幅秋天的图画,再写一写你选的或画的画。
细心观察	13. 花钟 14. 蜜蜂 15. 玩出了名堂 16. ＊找骆驼	1. 积累词句。 2. 体会多样化的表达方法与表达效果。 3. 写写玩中的乐趣或收获。	写观察日记。

续表

单元主题	课文	读写训练要求	习作要求
灿烂的中华文化	17. 孔子拜师 18. 盘古开天地 19. 赵州桥 20. *一幅名扬中外的画	1. 积累词句。 2. 初步体会关键词句在表情达意上的作用。 3. 联系生活实际理解句子。 4. 读文章想画面。 5. 体会先总起后分述的表达方式。	将搜集的资料(灿烂的中华文化)整理成一篇习作。
壮丽的祖国山河	21. 古诗两首 22. 富饶的西沙群岛 23. 美丽的小兴安岭 24. *香港,璀璨的明珠	1. 积累词句,背诵古诗。 2. 读文章想画面。 3. 体会先总后分与先分后总的表达方式。 4. 初步体会关键词句在表情达意上的作用。	写一个自己去过的地方或最想去的地方。
科学的思想方法	25. 矛和盾的集合 26. 科利亚的木匣 27. 陶罐和铁罐 28. *狮子和鹿	1. 积累词句。 2. 联系上下文理解词句。 3. 联系生活实际理解句子。	编童话故事。
献出我们的爱	29. 掌声 30. 一次成功的实验 31. 给予树 32. *好汉查理	1. 积累词句。 2. 续写故事。	自由习作。

(三)单元教材的分析

现行的小学语文教材都是以单元形式编排的。每个单元都有一个主题,围绕该主题选编若干课文,并设计课后习题与单元练习。

研究使用小学语文教材,必须认真钻研单元教材。首先,通读单元,整体感知;其次,分析每篇课文是如何体现单元主题的,它在单元中处于什么位置,与前后课文之间有何关联;再次,分析单元练习、习作训练与单元主题、课文之间的关系;最后,将各项内容进行整合,形成对单元的整体性认识。

例如,人教版小学语文实验教科书五年级上册第三组,以"培养学生的科学素养"为主题,一共选编了四篇说明性文章,分别是《鲸》、《松鼠》、《新型玻璃》和《假如没有灰尘》。其中,《鲸》和《新型玻璃》是精读课文,《松鼠》和《假如没有灰尘》是略读课文。从选文内容来看,前两篇课文是介绍一些有关动物的知识,后两篇课文分别介绍新型玻璃的特点、用途和阐述灰尘与人类的关系。课文编排的顺序是动物→事物→自然界,不仅内容丰富而且符合小学生的心理需求与认知特点。从选文形式来看,虽然都是说明性文章,但是写作方式有所区别。《鲸》和《新型玻璃》是典型的说明文,而《松鼠》和《假如没有灰尘》则是科学小品文。这样的编排,有利于学生比较、掌握说明文的不同类型与表达特色。从单元内部的结构关系来看,精读课文是基础,重在指导学生掌握方法,略读课文是拓展,重在引导学生迁移延伸。课文后面还编排了口语交际和习作训练,引导学生尝试运用,逐步形成能力。选编本组教材的目的,一方面是为了让学生了解一些科学知识,唤起学生探索自然、科学奥秘的兴趣,激发学生学习的自觉性;另一方面是为了让学生了解说明的方法,体会作者怎样准确地用词、形象地表达,并在口语交际与习作中加以运用。

(四)单篇教材的分析

每一篇课文,相对又是一个整体。要备好课,必须逐课推敲,潜心钻研,吃透教材。从课文的题目到内容、插图、课后练习等全方位把握教材,准确理解编者意图。

1. 理清课文内容的要素,明确各要素之间、各要素与主旨之间的关系,从而领悟课文所蕴涵的思想情感

以人教版小学语文四年级上册《猫》为例,课文主要包含两个部分内容。先从三个方面具体表现猫的性格古怪:既老实又贪玩,既贪玩又尽职;高兴时"比谁都温柔可亲",不高兴时"一声不出";既"什么都怕",又"那么勇猛"。这三个方面的表现,看起来相互矛盾,但都是事实,所以说猫的性格实在有些古怪。再讲满月的小猫更可爱,淘气顽皮,生气勃勃。作者通过精细的观察与生动的描写,表现了对猫的喜爱之情。

2. 研究语境,推敲语言,揣摩写法,把握课文的表达特色

任何一篇文章都是思想内容与语言文字的高度统一。因此,钻研教材不仅要把握文章的思想内涵,更要分析课文在语言表达上的独特之处,包括课文的篇章结构、行文思路、体裁特点、修辞方式、语言风格、形象塑造、表现手法等等。

仍以《猫》为例。课文分成两个部分,从整体上看是并列结构;具体来看,每一部分又都采用总分结构。先以中心句("猫的性格实在有些古怪","小猫满月的时候更可爱")总起,再具体描绘猫的古怪性格与满月小猫的淘气可爱。课文在表达

上有两个鲜明特色:一是运用具体事例写出猫的性格特点。比如,写猫的性格古怪,就将看似矛盾的事情一一列举,使猫的形象越来越丰满,性格越来越鲜明,给读者留下深刻的印象。二是用词准确,字里行间蕴涵着作者深厚的情感。比如,"或是在你写作的时候,跳上桌来,在稿纸上踩印几朵小梅花。""它还会丰富多腔地叫唤,长短不同,粗细各异,变化多端。"把猫的脏脚印形容成小梅花,把猫的叫声形容得如此悦耳动听,作者对猫的喜爱之情跃然纸上。其中,"印"字用得多么贴切,"丰富多腔"又用得何其生动,可见作者遣词造句之功力。全文语言质朴无华,描绘出一幅人与猫之间互相信任、和谐相处的美好画面。

3. 确定教学重点,判断教学难点

教学重点是从教的角度而言的,是指教材中要求学生重点学习与掌握的内容或要素。一般来说,教学重点受制于学段目标、单元主题与训练重点、课文特点以及学生特点等。教学难点是从学生角度而言的,是指教材中学生不易理解或难以掌握的内容或要素。要把握教学难点,就必须了解、掌握学情,根据学生的知识基础与认知能力,分析、判断哪些教学内容对于大多数学生是有困难的,从而设计有效策略,突破教学难点。

《猫》的教学重点是引导学生感受作者用具体事例表现动物特点的描写方法,并体会作者对猫的喜爱之情;教学难点是在阅读中理解、体悟"猫的性格实在有些古怪"。

二、教材分析的方法

(一)多读文本,读透文本

教材分析,要求教师必须静下心来,反复细读文本,仔细研究文本。不仅要理清文章结构顺序,领悟课文思想情感,还要分析表达方法,推敲词句甚至标点运用。人们常说:"书读百遍,其义自见。"只要坚持多读文本,对文本的理解与感悟一定会逐步深入。

教材分析,要求教师既要"入乎其内",也要"出乎其外"。"入乎其内",是指潜心研读文本,深入文章情境,与作者及作品中的人物同呼吸,共命运,从而深刻领悟文章的思想情感。"出乎其外",一是在研读文本的基础上,通过阅读其他相关背景材料,获得对文本更全面、通透的认识;二是充分认识文本在教科书体系中的位置与价值,不仅理解"文路",同时掌握"编路";三是从教学实际出发,活用文本,超越文本,使文本真正成为语文教学的"例子"。

教材分析,要求教师不仅要多读课文,还要多读与课文有关的各种资料。正如窦桂梅老师提出的,语文教师要学会把课文读厚。这里的"厚"不是外在知识的堆积、叠加,而是语文内涵的丰厚。如何读厚课文呢? 一是还原课文故事发生的背景,把故事中的人物和情节放在当时的背景下来理解。例如,解读《赤壁之战》,可以把《三国演义》原著通读一遍;研读《孙悟空三打白骨精》,可以重读《西游记》原著。二是每一篇文章都有若干情节上的空白点,教师在备课时可以通过自己的理解与想象将这些空白点填补起来。三是充分挖掘作者的写作意图和文本蕴含的价值意义,读出话外之音,品出言外之意。四是横向拓展,即阅读与课文相关联、相类似的其他作品,从而丰富我们对课文的感受。

在这方面,许多名师为我们做了很好的示范。于永正老师说:"在备课《圆明园的毁灭》时,我专门翻看了《中国通史》中有关鸦片战争的章节;教《海洋——21世纪的希望》,我在网上搜集到了不少有关海洋方面的资料。"孙双金老师告诉我们:"为了上好这篇课文,我重新走进了《二泉映月》,重新用心灵感悟这首不朽的名曲。我从网上下载了各种不同版本的《二泉映月》,查寻到阿炳当年亲自演奏的《二泉映月》录音,我一遍一遍地倾听,一遍一遍地比较。……我的卧室一遍遍地响起《二泉映月》那如泣如诉的曲子,我的整个身心沉浸在《二泉映月》那优美、凄婉的旋律中。"王崧舟老师为了教好《长相思》,读了整本《纳兰词》,了解了纳兰性德的生平,阅读了一万多字的鉴赏文字,然后写下了近 1500 字的文本细读感受。按他自己的说法,"当我将 36 字的《长相思》读成了显性的 1493 字的自我感悟、自我发现、自我鉴赏的时候,当这 1493 字的文本细读的背后融入了我本人对纳兰的精神世界、诗词境界以及对自我的生命感觉、价值偏好的种种追寻、反思和考问的时候,我忽然有了一种底气十足、神采飞扬的感觉。这种感觉,不正是清人唐彪谓之的'其言皆若出于吾之口,其意皆若出于吾之心'的精神状态吗?"相比之下,一些教师在研读教材时走马观花,浅尝辄止,缺少对教材深层次的理解与感悟,这样备课的深度与广度就非常有限了。

(二)合理使用"教师用书"

"教师用书"是教师备课时重要的参考资料,对于我们深入理解教材,准确把握教学目标与教学重点、难点具有积极的作用。但是,有的教师在使用"教师用书"时陷入了误区,那就是唯教参是从,离开了教学参考书就不能备课。有的教师备课时不认真钻研教材本身,完全依赖教参对文本的解读;有的教师甚至上课时不带课本,只带一本与课本配套的"教师用书",照本宣科,或将教参上的答案直接告诉学生。

其实,"教师用书"只是教师备课时的辅助工具,绝不能替代教师自己对文本的研读。一方面,教师必须首先独立钻研教材,在研究揣摩的过程中与文本进行沟通与对话,对文本形成个性化的理解与感悟,在此基础上,可以借助"教师用书"来拓宽视野、深化认识;另一方面,教师还须有质疑精神和批判意识,不迷信教参,敢于坚持自己的见解。教参只是代表了编者对于教材的理解与把握,并不是所谓的标准答案,教师必须根据自己的理解对信息进行筛选取舍,消化吸收,使"教师用书"为我所用,真正发挥辅助教学之功效。

三、文本细读

(一)文本细读的概念与特征

所谓文本细读,就是读者通过对文本的详细阅读,进行细致、精确的语义分析,从而实现对文本意义准确、透辟的解读。

近些年来,文本细读逐渐成为语文教学领域的一个热点话题。需要指出的是,我们所说的文本细读是一种课程教学论语境下的文本细读,它与文学批评语境下的文本细读既有联系,又有区别。具体来说,体现出以下鲜明特征①:

1. 细读姿态的多元性。课程教学论语境下的文本细读,主张作者、编者、读者、学生、作品、整体等多种姿态的共存共处。无论基于何种视角的文本细读,对于阅读教学而言,都有存在的价值,能够帮助我们把握文本多方面、多层次的意义与内涵。

2. 细读指向的言语性。是指从字、词、句、段等言语材料入手,细致分析言语的表达手法,解剖言语内在的组织结构,开掘言语的多侧面内涵。即隐藏于言语背后的"怎么写"、"为什么这么写",涉及言说意图、言说方式、言说风格等。这是由语文课程性质与教学目标所决定的。

3. 细读结论的兼容性。文本细读,既是一个接受的过程,也是一个发现的过程。在文本细读的过程中,既要消化吸收、整理评判他人对文本的种种见解和观点,又要关注珍视、归纳梳理自己对文本的独特感悟与体会。因此,文本细读永远是一个开放的过程,是一个不断对"发现"进行"再发现"的发现过程。

文本细读又区别于传统的备课钻研教材。钻研教材,目标指向单一而明确,仅仅把文本作为学习语言的"例子"进行解剖,从中寻找教学过程中可能发生的问题(诸如"教学重点"、"教学难点"、"教学特点"、"教学疑点"),并思考应对、解决的策略与方法。因此,钻研教材体现的是一种功利的目的与眼光。而文本细读则不同,

---

① 王崧舟. 走向"多元"和"兼容"的文本细读[J]. 教学月刊小学版,2010(7—8):4—6

它要求我们以纯粹的阅读者身份进入文本特定的情境中去,以"我"的在场与文本进行对话、交流,发现文本特有的价值,这是一个充满挑战和创造的过程。从这个意义上说,文本细读是对教师言语智慧与精神境界的一种磨砺与修炼,在文本细读的过程中,我们的言语感受将更细腻,情感体验将更丰富,精神境界将更崇高。所以,文本细读既是语文教师专业发展的需要,也是语文教师诗意生活的组成部分。

(二)文本细读示例

【案例1—1】

著名特级教师王崧舟细读文本《小珊迪》①

文本细读从课题开始。读到"小珊迪"这个课题,我的第一反应是:课题叫"小珊迪",但是很奇怪呀,在行文中却从未出现过"小珊迪"的字眼,一次也没有! 只出现"珊迪",一共6次。这就是文本的缝隙,这就需要你去细读了。我们的敏感点此时就要聚焦到这个"小"字上!

我的敏感是什么呢? 第一,珊迪的确是个小孩儿,这是从年龄上说。第二,珊迪的身体相当弱小,发育不良。发育不良那是因为营养不良;营养不良,那跟他的社会处境有关系。第三,珊迪的地位相当渺小,他是穷人,是孤儿,是生活在社会最底层的人。第四,也是最最紧要的一层意思,文本没有明说,它让你自个儿去琢磨。你想,年岁偏小、身体弱小、地位渺小,但是,珊迪精神意义上的形象小吗? 不小!不但不"小",而且应该冠以一个大大的"大"字,他的精神形象是高大,他的灵魂价值是伟大的。但课题偏偏给你一个"小"字。把这个"大"字深深隐藏起来,这就具有一种反讽的味道和力量。

"故事发生在爱丁堡。有一天,天气很冷,我和一位同事站在旅馆门前谈话。"

"天气很冷",到底有多冷呢? 寒风刺骨? 滴水成冰? 课文没有具体描写,给你留下了大片的空白,正好通过细读去补充它、丰富它。你可以结合自己的生活体验和想象。将"天气很冷"这四个字读厚、读深,读成一种自己的生命体验。

"这时走过来一个小男孩,身上只穿了一件又薄又破的单衣,瘦瘦的小脸冻得发青,一双赤脚又红又肿。"

这是故事中唯一的一次外貌描写。不知各位读了什么感觉? 我感到心酸。小珊迪只穿一件单衣,还是又薄又破。这件单衣,与其说是小珊迪用来御寒的,还不如说是用来遮羞的。寒冷穿透他破旧的单衣,直刺他的骨头啊!我们再看,"小脸发青,赤脚红肿",头上写一笔,脚下写一笔,笔墨非常集中。这叫抓住典型细节,只

---

① 王崧舟. 文本细读,徜徉在语言之途[J]. 小学语文教师,2008(7—8):7—10

有集中而典型的言说,才能产生震撼人心的力量。不难想见,小脸发青,赤脚红肿,孩子受冻绝非一天两天了。

细读至此,我就在旁边注上"一哭"两字。　　　.

我们接着往下读。"他对我们说:'先生,请买盒火柴吧!'"不,我们不要。'我的同事说。'买一盒火柴只要一个便士呀!'孩子可怜地请求着。"

我特别注意了"只要"这个词。"只要"说明火柴的价格已经很低很低了。一盒火柴只要一个便士呀! 在英国的货币当中,便士、先令、英镑,都是基本的货币单位。12个便士等于1先令,12个先令等于1英镑。

"'可是,我们并不需要火柴。'我对他说。小男孩想了一会儿,说:'我可以一便士卖给你们两盒。'"

注意这里的"想了一会儿"。第一,"一便士卖两盒"意味着收入少了整整一半! 第二,这个对折价,本钱还能保得住吗? 可是,不这样,卖掉火柴的可能性就更小了。可怜的孩子! 这个决定是多么艰难痛苦啊! 所以,他不得不"想了一会儿"。我在旁边注上两个字——"再哭"!

接着读。"为了使他不再纠缠,我打算买一盒。但是当我掏钱的时候,却发现没有零钱,于是对他说:'我明天再买吧……'"

你看,真正让"我"决定买火柴的原因,不是对折价,而是"不再纠缠"。这四个字,实际上是一种烘托:现在的"我"对珊迪就是这么个态度,其实这也是那个社会对珊迪这类人群的一种普遍态度。

故事写得很有波折:先是不想买,因为不需要,这是第一折;珊迪打对折,恳请对方买,"我"为了使他不再纠缠,就决定买了,这是第二折;"我"发现没有零钱又决定不买了,这是第三折。就这样曲折写来,把你的心一次又一次地揪起来。

"'啊! 请您现在就买吧! 先生,我饿极了!'小男孩乞求说,'我可以给您去换零钱。'"

此时,饥饿、寒冷正一阵紧似一阵地向珊迪袭来。珊迪不得不由开始的请求转为乞求。细读珊迪乞求的话:第一,全都是短得不能再短的短句,这里有乞求的无奈,有饥饿的无力,有寒冷中的无助。第二,"啊! 请您现在就买吧! 先生,我饿极了!"连用了三个感叹号。这里与其说是一求三叹,不如说是一哭三叹啊! 一个短短的"啊"字后面,有着多少悲凉、多少苦难啊! 第三,到了这个时候,珊迪才不得不说出打对折的真正原因——饿极了!

在"饿极了"的旁边,我注上了"三哭"。

显然,正是"饿极了"这三个字触动了"我",于是,"我给了他一先令,他转身就跑了。"

　　"转身就跑",再浓缩一下,那就是"跑"。一个字,一个动作,一个极其不显眼的细节——"跑"!这个"跑"字,实在是太要紧了!他为什么转身就跑?因为他饿极了。他为什么饿极了?因为他身无分文。他为什么不"走"?他要是"走",他就不是珊迪了!珊迪一定"跑",只能"跑",这是人物的性格逻辑、命运逻辑。这一跑,跑出了珊迪的多少苦难!

　　在"跑"字边,我情不自禁地注上"四哭"!

　　故事再起波澜。你看,珊迪转身就跑,结果呢?"等了很久也不见他回来,我猜想可能上当了。但是当我想到孩子那诚恳的面容,想到他那使人信任的神情,我断定他不是那种人。"

　　这段话有意思!第一,"我猜想可能上当了",这样的猜想太合常理了。第二,"我断定他不是那种人",你凭什么作出这样的断定?诚恳的面容吗?使人信任的神情吗?行文至此,珊迪留给人们的只是一张冻得发青的瘦瘦的小脸和一双冻得又红又肿的赤脚。你现在冷不丁地冒出一张"诚恳的面容"、一副"使人信任的神情"并做出这样一个断定,实在是一个败笔!完全没必要!我们尊重文本但又不拘泥于文本,这也是文本细读的一个重要原则。

　　"晚上,旅馆的人说,有一个小孩要见我。小孩被带进来后,我发现他不是那个卖火柴的小男孩,但可以看出是他的弟弟。"

　　"他的弟弟"长什么模样儿?这句话里面就含着很多有价值的信息。你要想象,比如,他们一样的穿着又薄又破的单衣,一样的冻得发青的瘦瘦的小脸,一样的冻得又红又肿的赤脚。

　　"这个小孩在破衣服里找了一会儿,然后才问:'先生,您是从珊迪那儿买火柴的那位先生吗?'"

　　这里有个非常传神的动作描写,"找了一会儿"中的"找"字。他在找什么?显然是四个便士。这让我想到了《孔乙己》,孔乙己口袋里有钱的时候,他去咸亨酒店买酒,这个铜钱是"排"出来的,说明什么?我有钱啊!我阔绰得很啊!但是后来,他穷得只能靠窃书为生了,他的腿被打断了,他再去咸亨酒店买酒,那个铜钱不是拿出来的,也不是排出来的,而是哆哆嗦嗦地从口袋里摸出来的。从"排"到"摸",表面上看不过是拿钱动作的小小变化,背后呢?那是人物命运的重大改变啊!而这里出现的这个"找",不也是人物性格、故事主旨的一个重要信号吗?为什么要"找"而且"找了一会儿"呢?第一,也许是衣服太破了,连藏钱都有点困难,因为藏得困难,自然就需要找一会儿。第二,这4个便士对小利比来说,实在是一笔不小的财富,事先他得仔细藏好,现在他就得找一会儿。第三,也许是小利比已经意识到,这是自己的哥哥用鲜血用生命换来的零钱,怎能不藏好呢? 又怎能不找一会儿呢? 不管你怎么解读,人物的性格、故事的主旨总是如影随形般跟着你。

"'是的。''这是您那个先令找回来的四便士。'小孩说,'珊迪受了伤,不能来了。一辆马车把他撞倒,从他身上轧了过去。他的帽子找不到了,火柴也丢了,有7个便士也不知哪儿去了。说不定他会死的……'"

谜底终于解开! 等了很久也不见他回来,结果竟是这样! 而这个结果,充满了血腥,充满了泪水,充满了浓重的悲剧意味。谜底虽然解开了,但故事没有结束,因为高潮尚未来临。于是,"我让孩子吃了些东西,然后和他一块儿去看珊迪。这时我才知道,他俩是孤儿,父母早就死了。"

这句话直接点出了小珊迪的身世、家境和社会状况。特别是一个"早"字,背后藏着多少辛酸、多少悲惨、多少苦难啊!

"早"字让我不得不注上"五哭"!

但是,在这样的家境、这样的环境下成长起来的两个苦孩子,面对突如其来的灾难,却顽强地表现出人的尊严、纯真和善良。你看,"可怜的珊迪躺在一张破床上。一看见我,就难过地说:'先生,我换好零钱往回跑的时候,被马车撞了。我的两条腿全断了,就要死的。小利比,我可怜的弟弟! 我死了你怎么办呢? 谁来照顾你呢?'"

全文第二次出现了"跑"字。第一个"跑"字是直写,将珊迪的饥饿、寒冷和贫穷推向了极致;而现在这个"跑"字是曲写,是从珊迪的口中说出来的,它对完成珊迪这个人物的形象刻画意味着什么呢? 大家不妨做一简单设想,假如珊迪换好零钱不是往回跑而是往回走,悲剧还有可能发生吗? 但是,珊迪是不可能往回走的! 因为,他很清楚,叔叔正怀着疑惑的心情等着他;因为,他很清楚,在多数人的眼中,像他这样的孩子是被当作小偷、骗子的;因为,他很清楚,只有在最短的时间内将零钱还到那位叔叔的手上他才心安。所以,"跑"是珊迪性格的必然。在跑中,在车祸中,在死亡中,珊迪完成了他超越苦难的形象升华。这才是《小珊迪》要言说的价值。

"我握着珊迪的手,对他说:'我会永远照顾小利比的。'"

至此,一个曾经被人怀疑、鄙视的小男孩,展现了他灿烂的人性的光辉。沐浴在这种光辉里的人,没有理由不感动,没有理由不震撼,没有理由不承诺。"我"只是用手在握珊迪的手吗? 不! 显然不是!"我"是在用自己一颗感动的心、震撼的心、向善的心在握珊迪的手啊! 而"我"握住的仅仅是珊迪的手吗? 不! 不是的!

"我"握住的是珊迪的心啊！一颗诚实的心、纯真的心、高贵的心！

文本细读至此，受到感动和震撼的仅仅是"我"吗？不！不是的！还有你，还有他，还有我们大家。是我们，是每一位有着纯真、善良心灵的人，我们一起握住了珊迪的手。老师们，真的生活在此！真的文学在此！用巴金老人的话来说："我们有一个丰富的文学宝库，那就是多少代作家留下的杰作，它们教育我们，鼓励我们，要我们变得更好，更纯洁，更善良，对别人更有用。文学的目的就是要人变得更好。"

"珊迪听了，目不转睛地看着我，像是表示感激。突然，他眼睛里的光消失了。他死了。"

的确，珊迪眼睛里的光永远消失了。但是，珊迪身上所闪耀的人性之光却没有消失，它将照耀和温暖每一个和珊迪有过精神相遇的人！所以，文本细读，相遇的不光是语言文字，更是精神。每一次细读，就是与一个个高尚的灵魂促膝而谈，都是一次精神洗礼。每一次细读，进入的是一个"你"，出来的时候，你已经成为另一个"你"，一个比从前更纯真、更良善、更高贵、更幸福、更有人生智慧的"你"！

文本细读的"细"字，是很容易被人误读为"细碎"之"细"的。而我们前面的文本细读，也确乎显得有些细碎。其实，文本细读，不光需要微观层面的细腻地读，也需要中观层面、宏观层面的细读。这三者，应该成为一个整体。

那么，从宏观的层面细读《小珊迪》这个故事，我们还能读出些什么来呢？

第一，对作者不惜浓墨重彩言说小珊迪的贫穷，我们必须要有足够的敏感。在故事中，光是明的言说就不下十处之多。诸如"外貌描写、可怜地请求、想了一会儿、乞求、转身就跑、找了一会儿、帽子找不到了、他俩是孤儿、躺在一张破床上、谁来照顾你呢"等等。还有很多是暗的言说。比如：为什么不去上学，为什么不进医院抢救等等。这样对珊迪的贫穷所作的多层面、多视角、多手法的描写，深层的寓意和取向是什么？

第二，故事选择了第一人称的言说角度。选择这样一个角度的好处，首先是真实可信；其次，"我"说是一种在场的说，"我"进入故事，成为故事中的一个角色，于是"我"的种种感受、种种表达就成为故事本身的一个有机部分，感染力自然就更强一些。

第三，珊迪的形象要素是不能彼此分离的。他的贫穷、他的诚实、他的善良是融为一体的，诚实和善良正是在贫穷的背景下才越发显出熠熠生辉的人性光泽。

王崧舟老师从容细读文本，凭借对语言文字的敏感与丰厚的学养，充分发掘文本潜藏的丰富的信息；并从微观、中观、宏观三个层面整体把握文本，从而形成对人物形象全面、深刻、独特的认知。

（三）文本细读的多元视角

文本细读，可以有多种视角。

立足编者的视角，应关注单元导语、课文中的提示语、课后的"思考和练习"以及语文园地中的相关练习，从中发现编者的编写意图，帮助我们准确把握教学内容与教学目标。立足作者的视角，需要了解作品的创作背景与作者的写作风格，揣摩作者的创作意图，探究文本的隐含信息。立足读者的视角，要求我们不带任何功利目的走入文本，感动作者的感动，悲伤作者的悲伤，借助文本语言与作者进行心灵的对话、精神的交融。立足学生的视角，要求我们蹲下身来，换位思考：孩子读这个文本，可能会怎样理解？有哪些不懂的地方？会提出什么问题？如果发生理解错误或偏差，我们该怎么引导？等等。立足作品的视角，则须从作品本体出发，分析作品的结构，梳理作品的思路，推敲作品的语言，体悟作品的情意。总之，从多种视角细读文本，才能最终获得对文本的整体性理解。

【案例1—2】

以"编者"的视角细读文本①
——《唯一的听众》文本细读

陆锡炯

《唯一的听众》选自人教版六年级上册第三组课文。该组课文的单元导语中有这样一段话：

学习本组课文，要在读懂课文、体会情感的基础上，学习作者是如何通过对环境、人物心理活动等方面的描写，抒发美好情感的。

显然，编者希望我们对文本有两个特别关注：第一，特别关注"环境、心理活动方面的描写"；第二，特别关注"作者是如何通过这些描写来抒发美好情感的"。

再看该课"思考和练习"的第一题：有感情地朗读课文。说说"我"在学习拉琴的过程中，心理和行动发生了哪些变化，为什么会有这些变化。

显然，编者的意图是一贯的，也是明确的。细读此文，必须特别关注文中"我"的心理和行动变化，关注作者是如何通过"我"的心理和行动描写来抒发美好情感的。

那么，文中的"我"在学习拉琴的过程中，心理和行动发生了哪些变化？为什么会有这些变化？作者是如何通过这些变化的描写来抒发美好情感的呢？

---

① 教学月刊小学版，2010(7—8)：7—8

细读全文，我们不难发现，"我"的心理变化过程是作者着墨最多也是最深的地方。

文章一开篇，就写"我"十分沮丧："用父亲和妹妹的话来说，我在音乐方面简直是一个白痴。这是他们在经受了我数次'折磨'之后下的结论。"应该看到，"我"在自己家里练琴是天经地义的，练琴也无非"数次"而已，家人却嘲讽我"简直"是一个"白痴"，这种对人格近乎侮辱性的否定，肯定会使人情绪大跌，因此"我"感到十分沮丧是情理之中的。为此，"我不敢"在家里练琴了，"不敢"表达自己如惊弓之鸟般的脆弱心灵。

从心理学的视角看，"我"在遭受家人的冷嘲热讽后，心理活动往往会越出常规，首先越出理性的常规，导致这种越出常规的动力，就是人的情感。人的情感憋到无法宣泄的地步时，就会冲击人的心理、理性，于是人的感觉、知觉、记忆、思维、语言、行为都会随之改变，如"不敢在家练琴"、感觉一片小树林也是个"练琴的好去处"。

接下来的第二自然段，主要是一些动作描写以及"我"在小树林中的特殊感受，这些动作与感受所折射的依然是"我"的心理活动。

"一天早晨，我蹑手蹑脚地走出家门，心里充满了神圣感，仿佛要去干一件非常伟大的事情……我在一棵树下站好，庄重地架起小提琴，像举行一个隆重的仪式。"这是"我"不敢在家里练琴后来到一片树林里练琴的心理感受。"神圣感""仪式感"是"我"在走向小树林时对"十分沮丧"的某种心理补偿。毕竟，对小提琴的热爱是不会被家人的一番嘲讽给轻易浇灭的。

我们常常只会被动地注意作者写了什么，而不会主动地想象他没有写什么。鲁迅先生说过，不懂得不应该怎么写就不会真正懂得应该怎么写。在第二自然段中，作者并没有写他自己心里是怎么想的。但如果我们用还原法加以细读的话，是可以想象出当时的一些情形的：可能那天家人正在休息，"我蹑手蹑脚"地走出家门怕打扰他们；也可能是怕自己出门练琴被家人看到，引来新一轮的嘲笑与讽刺，所以才"蹑手蹑脚"的。应该说，后面这种可能性似乎更大一些。

但感觉往往是复杂的，"我"不仅有些不够自信、有点期待地出了家门来到小树林，同时又感觉是神圣的，这是"我"向往自由练习的心满意足、暂时解脱心理压力的真实感觉。为什么"我"刚来到这片小树林会有如此美好的感受呢？这种感受与当时的环境有很大的关系。

"我发现了一个练琴的好地方，楼区后面的小山上有一片树林，地上铺满了落叶。"为什么说这是一个练琴的好地方呢？因为，一方面这里没有家人、没有他们的冷嘲热讽,心灵可以求得暂时平静;另一方面,这里的环境非常安静,"铺满了落叶",可见落叶之多,鲜有人迹,更别说有人来清扫了,这一点也从后文"沙沙的足音,听起来像一曲悠悠的小令"中得到印证,只有落叶比较厚、比较蓬松,走上去才会发出这样的声音。不难看出,"我"真正向往的并非通常所谓的"安静",而是无人干扰、无人讽刺,练琴的热情和信心在这里不至于被再次掐灭。所以,他觉得自己心里充满了神圣感,仿佛在举行一个隆重的仪式。这些感触与"我"心灵的放松有着很大的关系。动作描写,其实反映的是"我"的心理变化。

不过,这些美好的感受稍纵即逝。当"我"庄重地架好小提琴,开始拉时,曾经的"拉锯感"迅速把"我"从美好的感受中拽回现实。"我很快又沮丧起来,我觉得自己似乎又把锯子带到了树林里"。这里又回到心理描写,"我"的不自信涛声依旧。但是,随着情节的推进,我们发现,"我"的心理活动正在悄无声息地发生变化:"我的脸顿时烧起来,心想,这么难听的声音一定破坏了这林中的和谐,一定破坏了这位老人正独享的幽静。""我羞愧起来,同时有了几分兴奋。嘿,毕竟有人夸我了,尽管她是一个聋子。""我心里洋溢着一种从未有过的感觉。""我"从失落、不自信到慢慢变得愉快、有些自信是明显能够通过字面解读出来的。

从这段文字的描写中,我们可以看到,作者一开始来到树林是充满期待的,但后来就后悔了,说明起初的打算只是一时不得已的决定,这种决定经不住时间的考验。这里面隐含着一个心理问题:表面的、一时的决定也许是理性的,但却经不住感觉和情感的考验。

还有一些动作描写,如"我感觉到背后有人,转过身时,吓了一跳……我抱歉地冲老人笑了笑,准备溜走……我指了指琴,摇了摇头,意思是说我拉不好。"我们可以透过"吓了一跳、准备溜走、摇了摇头"这些动作去想象:当时"我"可能突然看到身后坐着一位老人,着实怔了一下,呼吸突然急促起来;可能是低垂着头,脸一下子羞红了,急急忙忙收拾东西想溜。从这里可以明显看出"我"的不自信,哪怕老人安慰他、鼓励他——"我想你一定拉得非常好,可惜我的耳朵聋了。如果不介意我在场,请继续吧。""我"依然缺乏信心,连跟老人说话的勇气都没有(行文至此,无一句"我"的语言描写),即使"我"开口说话也肯定是结结巴巴的,现在呢,连吞吞吐吐的话都说不出来,仿佛噎住了似的,只是"指了指琴,意思是说我拉不好"。

显然,这些动作描写仍然是"我"当时心理的传神体现。心理活动描写贯穿、牵引着动作描写,这还可以从第八自然段的一处动作描写中看出来:"我站得很直,两臂累得又酸又痛,汗水湿透了衬衣。""我"在老人肯定、希望、鼓励、赞许的言语中找到一种从未有过的感觉,恢复自信后勤奋刻苦练习的表现,动作描写真实地反映了

"我"的心理变化。

纵观全文,"我"的心理变化成为一条贯穿始终的线索:"十分沮丧"——"充满神圣感"——"又沮丧起来"——"充满歉意"——"羞愧起来,同时有了几分兴奋"——"洋溢着一种从未有过的感觉"。这样一个心理变化过程,写得曲曲折折、委婉细腻。不难发现,"我"的心理发生变化主要是因为受到老人的默默鼓励与呵护,以致后来,"在各种文艺晚会上,我有机会面对成百上千的观众演奏小提琴曲。那时,我总是不由得想起那位'耳聋'的老人,那清晨里我唯一的听众……""唯一的听众"成了"我"终身的老师、心灵的导师。

以"编者"的视角细读文本,是课程教学论语境下对文本细读的必然要求。上述案例中,教师不仅细读了"课文"这一文本,而且细读了"单元导语"、"思考和练习"这些散落的微型文本,并将二者有机联系,最终形成了基于编者意图的课程教学论细读。显然,这种细读有利于教师更好地把握课程内容与教学目标。

【案例1—3】

以"作者"的视角细读文本[①]
——《草虫的村落》文本细读
王艳霞

《草虫的村落》乃是台湾负有盛名的散文家郭枫所作。选作教材时编者作了一些删节和改动。

郭枫的散文灵秀而飘逸,长于创造情融于景、物我一体的艺术境界,冷峻的笔触往往直指被现代文明异化的现实世界,在台湾文坛独树一帜。

《草虫的村落》是一篇童心飞扬、想象奇幻的抒情散文,体现了作家的创作风格和艺术特色。文章以丰富的想象、独特的感受赋予了小甲虫以生命、侠义、美丽和智慧,带领读者走进了一个童话般的桃花源。

一、文题:召唤童心

读文须从读题始。乍看题目中的"村落"一词,读者脑海里便会浮出"一去二三里,烟村四五家"的画面。然而,再看"村落"的前缀——"草虫",就不能不引发读者心生疑窦并产生阅读兴趣:生活在"村落"乐土里的"村民",不是我们芸芸众生,而是群居生息于草丛中的虫子。这草虫何以有村落?——正是作者童心聊发吧?这村落是宁静闲适的,还是喧嚣纷乱的?——还是睹文为快吧!

---

① 教学月刊(小学版),2010(7-8):9-11

如同郭枫的其他散文作品——《空山鸟语》《九月的眸光》《生命的一抹》……"草虫的村落"这个题目不仅鲜亮,而且制造了阅读的期待。它召唤着读者焕发无拘的童心,与作者一同走向质朴的自然。倘若题目换成"草虫的世界""草虫的生活""昆虫记"等等,就会失却这种召唤力。

二、开篇:敞开童心

"今天,我又躺在田野里,在无限的静谧中,忘了世界,也忘了自己。"

这是课文的第一自然段。一个"又"和一个"躺"字,点出了作者与田野亲密接触的频率与姿态。田野,正是作者远离尘世,心灵得以憩息的一方净土。"静谧"何以是"无限"的?因为作者"忘了"人事烦琐的俗世,甚至"忘了"自己,进入到了一种"无我之境",心灵的空间在无限延伸,在无限敞开……

这是一颗怎样的心灵呢?找到原文的开篇读一读,便可见分晓:这是一颗澄明清澈的童心。原文中写道:

"你生长在城市里的人们,忘却了田野的妩媚了么?当你还是孩子的时候,当春秋佳日大自然把乡村盛装起来的时候,你也曾有过愉快的郊游吧?请闭一下眼睛,记不记得那时你是如何地伸开手臂,用喜悦的姿态,奔向田野的?

我总爱怀着一份稚气,把城市遗在身后跑到田野里来,来呼吸一下弥漫着草香和泥土香的空气,来听一听森林和小草的密语。甚至,我有时候,放纵得像孩子一样,在旷野脱了衣服躺下来,躺在阳光里,躺在上帝制作的绿茵上……

今天,我又躺在田野里,在无限的静谧中,恬然的幸福之感渗透在我灵魂深处,我变成一只空灵的贝壳;再也不去想忙碌的众生在做些什么?我忘了世界也忘了自己。"

读到这儿,我们便能明白:这是"怀着一份稚气"的"又",这也是"放纵得像孩子一样"的"躺"。这一次游历,既是童心的回归,也是童心的绽放。没有童心的全然敞开,何来大自然怀抱里无拘无束的神游?

三、幻境:放飞童心

作者的目光恰如一个可以推拉摇移的镜头,追随着一只小甲虫的爬行,作了一次奇异的游历,徐徐展开了一幅幅奇幻的画卷。

"空间在我眼前扩大了,细密的草茎组成了茂盛的森林。一只小虫,一只生着坚硬黑甲的小虫,迷失在这座森林里。我想它一定是游侠吧!"

这是第一幅幻境。多么独特的感受呀!在作者奇妙的想象之中,原本是细密的草茎,却放大、幻化成了一座茂盛的森林;原本是人类的"我",却缩小成了一只"空灵的贝壳";原本是小如蝼蚁的黑甲虫,却成了行侠仗义的"游侠"。因为在这里,跃动着一颗天真的童心,洋溢着儿童的趣味。

"我想它一定是游侠吧!"对黑甲虫的"游侠"身份,一个语气词"吧",带有几分猜测;而"一定"一词,却分明流露着肯定。"游侠",在东方文化语境里,是和"浪迹江湖,云游四海,行侠仗义,超凡脱俗"等语词联系在一起的,他们是大自然的自由徜徉者;在西方文化意义中,指的是一种巡林客,他们以森林为家,与动物为友,与大自然之间总有着某种奇妙的联系。总之,"游侠"是属于大自然的,是大自然之子。"游侠"这一譬喻,用于此境,可谓非常贴切。作者还以一个特写镜头描摹了黑甲虫的英勇:"它虽然迷失了路,仍傲然地前进着。它不断地左冲右撞,终于走出一条路。"

"它们的村子散布在森林边缘的小丘上。这里,很多黑甲虫村民,熙熙攘攘地往来。那只英勇的黑甲虫,走进了村子。我看见在许多同类虫子中间,一只娇小的从洞里跑出来迎接远归者。它们意味深长地对视良久,然后一齐欢跃地走回洞穴里去。"

这是第二幅幻境。与第一幅幻境一样,也是先写村落,再写村民。"在森林边缘的小丘上",也就是草丛边上的一些小土堆。这是最适合草虫聚居的地方,所以也就可以看到许多熙熙攘攘往来的黑甲虫村民。游侠远归,一只娇小的小虫出洞迎接,她是游侠的妻子、妹妹,还是母亲?从"意味深长""对视良久""一齐欢跃"等词语,我们能读懂游侠不仅有侠骨,还有柔肠;我们也能感受到虫儿间浓浓的亲情与聚首的幸福。作者想象之丰富,感受之独特,于此亦可见一斑。

第三幅幻境,作者将镜头从黑甲虫游侠的身上,切换到了走在"大街小巷"的"南国少女"——小圆虫身上,切换到了村落访客——蜥蜴的身上。几只长有美丽花纹的小圆虫,一只丑陋的蜥蜴,经作者的童心美化后,竟成了情意流淌的友好睦邻!

第四幅幻境,作者将目光推移到村落的"两棵大树"上,"紫红的小果实,已经被阳光烘烤得熟透了"。这是一个大自然所赐的浪漫音乐厅,暖融融的阳光是舞台天然的聚光灯,丰收的小红果是厅内绚丽的装饰。"甲虫音乐家们全神贯注地振着翅膀,优美的音韵,像灵泉一般流了出来。此时,我觉得它们的音乐优于人间的一切音乐,这是只有虫子们才能演奏出来的!"在作者的童心世界里,甲虫振动翅膀的声音仿佛是从山涧流出来的有灵性的泉水声。这一比喻将无形的音韵化为有形的灵泉,歌咏了甲虫音乐家们所创造的天籁的纯净与醇美。从这段话末尾的感叹号里,我们可以感受到作者对大自然小生灵的赞美之情。

第五幅幻境:在僻静的小路上,一幅甲虫"村民们"的劳动图生动地展现在大家面前。小甲虫是如此的"勤勉",小小的身体却能推动"大过身体两三倍的食物",还"行色匆匆地赶着路"。看着它们劳动的场景,作者在思考,到底是什么力量促使小甲虫们如此勤勉地奔忙? 可能是一种家庭责任感,使它奔忙着;可能是小甲虫自我价值实现的快乐感,激发它前进着……一个问句也引发了读者的思考,促使读者不断地联想开去。

"我还看见了许多许多……"我还看见了什么呢? 也许还看见大甲虫在教小甲虫寻找食物,看见一对年迈的甲虫牵手漫步……我看到的将只有侠义、勇敢、美丽、友善、勤勉这些和谐、快乐的图景;而纷争、怯懦、邪恶、懒惰……在纯真无邪的童心里,将会统统消失殆尽。

四、收篇:回味童心

"我悠悠忽忽地漫游了一个下午,直至夕阳亲吻着西山的时候,红鸠鸟的歌声才把我的心灵唤回来。"

"夕阳亲吻着西山"和"红鸠鸟的歌声"以拟人化的手法点明时已傍晚。作者对草虫村落的奇异游历竟花了一个下午的时间,那是一种把全身心交与大自然的沉醉啊! 在"忘了世界也忘了自己"沉醉地神游一下午后,作者才被红鸠鸟的歌声唤回,在行文上首尾呼应,结构紧凑而严谨。

最后,作者意犹未尽,一再回味:"我发现了草丛中小虫子的快乐天地。我多么得意啊!"能从"细密的草茎"之中寻觅到别人寻觅不到的风景,发现别人发现不了的"快乐天地",一定是拥有一颗童心的人! 这"得意",恰是奏给童心的凯歌!

"知人论世"是中国文论的一个重要传统。在本案例中,教师通过联系作者的创作风格、将课文与原文进行比较以及对比作者的其他作品等方式,努力揣摩和还原作者的创作本意,帮助我们深入文本细节,走进作者心灵深处。

【案例1—4】

以"学生"的视角细读文本①
——《鹬蚌相争》文本细读

程　润

作为文言文本的《鹬蚌相争》,没有明显的跌宕起伏之处,情节简单,一目了然,可谓平铺直叙,但其寓示的真理却随着《鹬蚌相争》这一成语故事的广泛流布而深入人心。由此推想,现今六年级孩子的眼界较之我的童年更是开阔不知几倍,对这

---

① 教学月刊(小学版),2010(7—8):13—14

些应该早已耳熟能详。我困惑,这样的文本还需要讲吗?

寓言作为一种文学体裁,是一种"以象见意"的表达,用俄国文学批评家别林斯基的话说:"寓言是理性的诗歌。"它那如诗的"外衣"又在哪里呢? 学生可曾见到?

一、文本言语是叙事表达还是诗性表达?

语文教师干语文的事儿,要有语文意识。那么《鹬蚌相争》一文的语言表达到底有着怎样的特点? 是不是简单的语言简洁、用词准确就可以说明了呢? 我想到了《螳螂捕蝉》:

吴王欲伐荆,告其左右曰:"敢有谏者死!"舍人有少孺子欲谏不敢,则怀丸操弹,游于后园,露沾其衣,如是者再三。吴王曰:"子来,何苦沾衣如此?"对曰:"园中有树,其上有蝉,蝉高居悲鸣,饮露,不知螳螂在其后也;螳螂委身曲附,欲取蝉,而不知黄雀在其旁也;黄雀延颈,欲啄螳螂,而不知弹丸在其下也。此三者皆务欲得其前利,而不顾其后之有患也。"吴王曰:"善哉!"乃罢其兵。

通过对比,我发现,同是以事喻理的寓言却用了不同的表达方式:《螳螂捕蝉》在描述情景时,采用的是白描手法;而《鹬蚌相争》不仅有白描,而且有对话,这对话的形式极为特殊,运用的是四言句。

"今日不雨,明日不雨,即有死蚌。"

"今日不出,明日不出,即有死鹬。"

四言句,可以说是汉语言最古老的语言、发音现象,"这四个字一句不是外加上去的一个法则,而是我们的语言、我们的发音生理自然形成的一个现象……在中国这个单音独体的语言之中,要形成一个音节,一个字当然不成,所以是两个字两个字才有优点。'关关——雎鸠,在河——之洲。窈窕——淑女,君子——好逑。'这样它才有一个节奏,你念诵起来,吟唱起来才有一个顿挫。这就是我们中国最早形成的一个自然而然的音律和节奏"。(叶嘉莹/《风景旧曾谙》)"四言句式由诗歌辐射至其他韵文,并且渗透到骈文乃至散文之中,对汉语所产生的影响是深远的。""四言句式在战国时期的记言散文中应用相当广泛……《国策》多记游说之辞,其中四言的应用相当普遍,在一定程度上反映了当时的口语特点。"(孙建军/《汉语四言句式略论》)四言句,结构凝练,节奏鲜明,朗朗上口,易于记忆。及至今日,四字格短语仍旧大量出现,已成为汉语词汇发展的一个重要趋势。正如吕叔湘先生所说:"不得不承认,2+2的四音节也是现代汉语里的一种重要节奏倾向。"

因此,从这个角度来讲,《鹬蚌相争》在言语表达上,其自身就负载着诗性品质,是一种诗性表达。但是,对话的诗性形式是很难被学生发现的。因为四言句式在现代汉语中依然广泛存在,而熟悉的形式往往无法引起学生的敏感。

二、师生对话是指向理性解读还是感性体验？

寓言教学，最终以明理为旨归。所以，在不知不觉中，抽象说理、价值判断、因果推理，似乎成了读懂文本、检验学生学习效果的最佳途径。可是，这样做学生真能读懂寓言吗？真能感受寓言的力量吗？真能体验到寓言的语言之美吗？

这让我联想起另外一些景象：学生拿着参考书上语文课，捧着找来的资料解决问题，用问来、查来、抄来的寓意、诗意来解释字词句段篇，他们说着别人的感受，讲着别人的理解，理性地对待文本，即使朗读，也恨不得是千篇一律的声调。

我不否认这样的语文学习是有效率的，它毕竟让学生知道了怎样使用工具书、资料，缩短了学生理解文本、学习文本的时间，但就是在这样的学习过程中，学生忘了想象，没了感动，不会体验，难以入情。正如王崧舟老师所讲："大量的语文教育却是理性泛滥，你看看，含义解释、情节分析、要点归纳、主题概括、文法疏通、语料记忆、反复练习，凡此种种，不胜枚举，教师纯理性地教语文，学生纯理性地学语文。结果是什么呢？语文的形象被淡化、语文的情感被稀释、语文的直觉被斩断、语文的想象被禁锢、语文的灵性被扼杀。一言以蔽之，感性枯竭。"

由此推想，寓言教学的旨归，不仅是学生从感性认识上升到理性认识，以完成哲学意义的思维进步；更要帮助学生对文本产生属于自己的感性体验、入情体验，要帮助学生有发自内心的感受、发乎心性的领悟。

"鹬蚌相争"这一成语，常有后句"渔人得利"。课文节选自《战国策·燕策二·赵且伐燕章》，只选"鹬蚌相争"事，不录原文。

"争"之一字，乃全文要害处，亦是明理要紧处。鹬，知天将雨鸟（《说文解字》），故有"不雨"之说。鹬、蚌乃天生之敌，不争则已，争必你死我活。故文中有"不肯相舍"句，呼应"争"字。思及彼时，战国争雄，"捐礼让而贵战争，弃仁义而用诈谲，苟以取强而已矣。"（刘向《序》）"争地以战，杀人盈野；争城以战，杀人盈城。"（孟子《离娄》）大欺小，强伐弱，众凌寡，比比皆是。利字当头，凶藏背后，人犹不觉。以"鹬蚌相争，渔者得利"，喻燕赵之争，强秦得利，实乃醍醐灌顶之言。

"蚌方出曝，而鹬啄其肉，蚌合而箝其喙。""方"字点出时短，由此推想鹬"啄"之迅速、凶猛，欲"闪击"以得逞，这一点，易被学生忽视；"箝"，用力夹住，此处不用"夹"，而用"箝"，亦可见蚌之心情，不遗余力，全为自保。"箝"字需要学生比较品读，否则，用字精准便无从谈起。

此句虽平铺直叙，然寥寥数笔，勾出"以命相搏"之画面，乃引读者入彀之法。此句明言鹬蚌之争，暗喻燕赵两国相争，实力不相上下，一旦赵伐燕，燕必全力以赴，实非赵国所愿见。因此，必须将原文悉数引入，唯如此，方能真正了悟寓言"以象见意"之"本意"和"用意"。

教学此句,当从"争"象入,由想象画面而至品味文字,再由朗读复活画面,借此引学生入"毂"。

鹬曰:"今日不雨,明日不雨,即有死蚌。"蚌亦谓鹬曰:"今日不出,明日不出,即有死鹬。"两者不肯相舍,鹬蚌对话,实乃重中之重。此处由力争而入言争,不舍力争,亦不舍言争,实说二者相持,难分高下。

此对话乃"争"之关要处。深入分析,关要有二:其一,句式相同;其二,四言成句。

句式相同。针锋相对之气势也,其间激荡着一种势均力敌、难分高下却又不肯相舍的情绪。

四言成句。言简意赅,节奏铿锵,又一次凸显出不依不饶、僵持不下的相争情景。

这一四言形式的表达效果是和叙事意图交融一体的,最难被学生所感悟。此句式可通过师生对读体验情绪,进而明了不肯相舍实乃内心情绪的表达,"争"至最后就是一种无法克制的冲动,无法冷静的决死。感悟至此,自然明理深刻,无须赘言。

"渔者得而并禽之。"一"得"一"禽",看似偶然,实属必然。渔者心情可由此推想,必是大喜,鹬蚌心情,必是大悲,一喜一悲之间,便是明心见性之时。

教学此句,可引导学生想象渔者之喜,鹬蚌之悲。但无论鹬蚌之悲,抑或渔者之喜,必能依此悟到同一真理。悲喜两极,系于一理。

以"学生"的视角细读文本,对于教学而言具有特殊的价值。在本案例中,教师在细读文本的过程中始终坚持思考:学生会怎样细读文本?他们可能会读出些什么?也许会遇到哪些困难与障碍?需要提供怎样的帮助?等等。依据对学生的细读经验、能力、状态的认知,确定相应的教学内容与教学策略,使"教"真正服务于"学"。

(四)文本细读的基本策略

文本细读首先要静下心来。美学大师朱光潜在《谈美》结束的时候送给青年朋友一句话:"慢慢走,欣赏啊!"生活如此,阅读也如此。当我们打开文本的时候,最好先忘却自己的教师身份,以一个纯粹的阅读者身份进入文本,感动作者的感动,忧伤作者的忧伤,与文章中的人物一起欢笑,一起落泪,这样,我们才能走进作者的内心世界,真正成为作者的知音,作品的知音。我们还要有一种从容的心态,慢慢读,细细品,不急不躁,不温不火,这样才能读出味道,读出感受。

具体来说,文本细读有以下基本策略:

1. 咬文嚼字

文学作品是语言的艺术。文本细读必须从语言文字入手,推敲词句,咬文嚼字。金代元好问说:"文须字字作,亦要字字读;咀嚼有余味,百过良未足。"叶圣陶在《语文教学二十韵》中指出:"一字未宜忽,语语悟其神,惟文通彼此,譬如梁与津。"细读文本就是不要轻易放过一个字,要细细体会它们的作用,咀嚼、体悟字里行间的含义与旨趣。要想一想,作者为什么用这个词而不用那个词,用这种句式而不用其他句式,用这种说法而不用别的说法。总之,作者通过语言文字来表达情感,我们则要通过语言文字来触摸作者的心境,体会文章遣词造句的独特魅力。

例如,《冬阳·童年·骆驼队》(人教版小学语文五年级下册)中有这样一句话:"夏天过去,秋天过去,冬天又来了,骆驼队又来了,童年却一去不还了。"粗粗一读,会觉得前面那两句话是多余的,完全可以直接说"冬天又来了,骆驼队又来了"。但反复细读,就会发现,加上这两句话,读起来味道大不一样。这里既有对时光流逝,一去不再复返的感叹,还与语言的节奏有关。"夏天过去,秋天过去,冬天又来了,骆驼队又来了",一唱三叹,节奏鲜明;节奏的背后是一种对老北京、对童年生活难以舍弃的情怀。像这样的句子看起来很普通,但读着读着,味道就慢慢出来了,我们的心就与作者慢慢地贴近了。

又如,《慈母情深》(人教版小学语文五年级上册)中作者两次细腻地描写自己的母亲。一处采用了慢镜头:"背直起来了,我的母亲。转过身来了,我的母亲。褐色的口罩上方,一对眼神疲惫的眼睛吃惊地望着我,我的母亲……"这里,作者采用深情呼唤的语言,主语后置的表达方式,刻画出一个艰辛、疲惫的母亲形象,给读者造成强烈的视觉冲击与心灵震撼。另一处则采用了快镜头:"母亲说完,立刻又坐了下去,立刻又弯曲了背,立刻又将头俯在缝纫机板上了,立刻又陷入了忙碌……"这里,作者运用反复的表现手法,连用四个"立刻",语言急促,展现了母亲忙碌而紧张的劳动状态,表明工作的繁重与生活的艰辛。像这样的句段,只有反复品读,比较推敲,才能读出味道,有所感悟。

2. 联系生活

文学作品是生活的反映。因此,细读文本必须联系生活,还原生活。叶圣陶曾经说过:"要求语感敏锐,不能单从语言、文字上去揣摩,而要把生活经验联系到语言、文字上去。"茅盾也说:"应当一边读,一边回想他所经验的相似的人生,或者一边读,一边到现实的活人中去看。"

例如,《我的伯父鲁迅先生》(人教版小学语文六年级上册)中有一段话:"他们把那个拉车的扶上车子,一个蹲着,一个半跪着,爸爸拿镊子夹出碎玻璃片,伯父拿硼酸水给他洗干净。他们又给他敷上药,扎好绷带。"许多老师在教这一段时都会让学生圈出表示动作的词语,但是圈出以后就不知道该怎么办了。其实,我们应该让学生联系生活想一想:"我"的伯父和爸爸在当时社会中的地位如何?那个拉车的人在旧社会的地位怎样?实际上,鲁迅是著名作家,"我"的爸爸周建人是生物学家,而拉车的是最底层的劳动人民。两个大知识分子让拉车的坐在车上,自己则蹲着、半跪着为他包扎,这在旧社会是不可思议的。这样一想,学生油然而生对鲁迅的崇敬之情,对鲁迅"俯首甘为孺子牛"的精神品质也就有了更深刻的体会。

3. 辨识文体

文学作品是文学体裁本质特点和文体规则的感性显现。辨识文体就是掌握文体的一般特点,并据此细读文本,鉴赏文本。譬如,读古代诗词就应当掌握一定的古代文体知识,特别是声律知识。李商隐《无题》中有一句诗:"隔座送钩春酒暖,分曹射覆蜡灯红。""蜡灯"一般只说"蜡烛",这里说成"蜡灯"就是为了适合平仄的需要。读古代作品如此,读现代作品也如此。了解文体知识,把握文体特点有助于我们准确解读文本。譬如,阅读散文,就必须关注潜藏在文字下面的作者的感情基调与线索;阅读说明文,就要特别关注说明顺序的严谨性、说明方法的多样性以及说明语言的科学性、简洁性。

4. 知人论世

"知人论世"是中国传统的文学鉴赏方法。"知人",就是理解作者的生活经历和创作倾向;"论世",就是了解作者所处的时代状况和作品所反映的社会生活。鲁迅曾经说过:"我总以为倘要论文,最好是顾及全篇,并且顾及作者的全人,以及他所处的社会状态,这才较为确凿。要不然,是很容易近乎说梦的。"这是对"知人论世"的现代解说。

查阅必要的资料可以帮助我们"知人论世"。譬如,作家生平介绍、写作时代背景、作家的其他作品、作家创作意图的阐述,以及前人对这部作品的评论等,都可以帮助我们更好地理解文本。

例如,《冬阳·童年·骆驼队》出自林海音的自传体小说《城南旧事》。为了更好地理解文章情感,我们有必要对原著整体性地了解与把握。原著包括《惠安馆》、《我们看海去》、《蓝姨娘》、《驴打滚儿》和《爸爸的花儿落了,我也不再是小孩子》五个篇章,它们既独立成文,又能串联在一起,历时性地讲述了"我"在6、7、8、9和12岁遭遇的人与事。作者在书中写道:"……为了回忆童年,使之永恒,我何不写些故事,以我的童年为背景呢! 于是这几年来,我陆续地完成了本书的这几篇。它们的故事不一定是真的,但写着它们的时候,人物却不断地涌现在我的眼前,斜着嘴笑的兰姨娘,骑着小驴回老家的宋妈,不理我们小孩子的德先叔叔,椿树胡同的疯女人,井边的小伴侣,藏在草堆里的小偷儿。读者有没有注意,每一段故事的结尾,里面的主角都是离我而去的,一直到最后的一篇《爸爸的花儿落了,我也不再是小孩子》,亲爱的爸爸也去了,我的童年结束了。"一次次的聚散离别,推动着故事情节的发展,也沉淀为该书的情感基调。从"夏天过去,秋天过去,冬天又来了,骆驼队又来了,童年却一去不还了"的淡淡伤感中,让我们感受到作者对童年生活的依依不舍与魂牵梦萦。

5. 比较对照

有比较才能有鉴别,才能发现文本的妙趣。比较对照,一是与原文的比较阅读。一些名家作品进入教材,常有删减改动。此类文本的细读,需要联系原作比较阅读。二是互文阅读,可以是同一作家相关文本的比较阅读,也可以跟其他作家的同类作品比较阅读。

例如,《慈母情深》着力表现母亲工作的辛苦,赚钱的艰难以及为子女和家庭毫无怨言的付出。为了表现母亲工作环境的恶劣,原文中有大段精彩的描写。"七八十个女人的身体和七八十个灯泡散发的热量,使工作车间犹如蒸笼,以致女人们热得只穿背心;车间里飞满了褐色的雪花般的毡絮,沾满了她们的身体,以至于她们不得不戴上口罩;由于嘴和鼻孔的呼吸,女人们的口罩被濡湿了,在口罩上形成了一个实心的褐色的圆⋯⋯"除了闷热与拥挤,以及令人窒息的毡絮,更有"七八十台缝纫机发出的噪声震耳欲聋"。可惜的是,上述大段描写都被编者删节了,并没有在课文中出现。建议教师在教学中将梁晓声原文中的这些内容作为补充材料介绍给学生,帮助学生更好地体会母亲赚钱的困难与艰辛。

又如,《冬阳·童年·骆驼队》中有一段"我"看骆驼吃草,学骆驼咀嚼的文字。"我站在骆驼的面前,看它们咀嚼的样子:那样丑的脸,那样长的牙,那样安静的态度。它们咀嚼的时候,上牙和下牙交错地磨来磨去,大鼻孔里冒着热气,白沫子沾在胡须上。我看呆了,自己的牙齿也动起来。"这一段描写,文字极富镜头感,小女孩好奇与专注的形象跃然纸上。其实,在《惠安馆》里也有一段类似的描写。"我把鼻子顶着金鱼缸向里看,金鱼一边游一边嘴巴一张一张地在喝水,我的嘴也不由得一张一张地在学鱼喝水。有时候金鱼游到我的面前来,隔着一层玻璃,我和鱼鼻子顶牛儿啦! 我就这么看着,两腿跪在炕沿上,都麻了,秀贞还不来。"两段文字,可以比照阅读。无论是学骆驼咀嚼还是学鱼喝水,都鲜活灵动地表现出"我"的童心童真。

(五)文本细读须把握分寸

随着文学素养的提升与细读经验的积累,越来越多的语文教师文本解读能力不断提高,对文本的理解越来越深入、多元,有时甚至站在文化学、哲学、社会学的角度来审视文本,剖析文本。这当然是一种进步。但是,我们必须明白:一方面,由于每一位读者的"前理解结构"不同,所以对同一篇文本确实可能产生不同的理解与感悟;但是,我们在对文本多元解读的同时,必须注意教学内容的价值取向,必须基于文本的核心内容对学生进行积极的价值引领。另一方面,教师对文本细读所得,并不一定全都要教给学生。我们的教学对象是6—12岁的儿童,他们有自己独特的认知特点、思维方式、心理特征,教师千万不要把自己的认识强加给学生。我们必须牢记:文本细读需要基于"文本",更需要基于"生本",语文教学要从"文本"走向"生本"。

第二节　教学目标设计

教学目标是师生在课堂教学活动中预期达到的效果标准。也就是通过教师的教学,学生应当"学到什么程度,达到什么质量标准"。教学目标是确定教学内容、选择教学方法、设计教学过程的主要依据,也是检验、评价教学效果的重要标准。一句话,教学目标是教学活动的出发点和归宿。

一、教学目标的要求

(一)全面

小学语文教学目标的编制,不仅要注意字词句段、篇章结构等语文知识的落实,听说读写语文能力的提高,还要关注学习过程的开展、学习策略的掌握与运用,更要重视思想道德、学习习惯、心理品质的培养等,使语文教学得以"全面提高学生的语文素养"。当然,所谓"全面",并不是要求面面俱到,而是强调教学目标应当包含知识和能力、过程和方法、情感态度和价值观三个维度。虽然就某一节课来说,目标应当有所侧重,但不能偏重某一方面,而忽视了其他方面。另外,我们还要注意,三个维度的目标虽然有各自的独立性,但是在实际的教学过程中,它们应当是相互渗透,有机融合在一起的。

(二)适度

所谓适度,是指教学目标应当难度适中,适合绝大多数学生的发展水平。如果目标定得过高,会造成学生"消化不良";相反,如果目标定得过低,不能激发学生的学习兴趣,导致教学低效甚至无效。因此,教师一定要全面了解学生的学习基础,有针对性地制定学习目标,使所有学生都能"跳一跳,摘桃子"。

(三)具体

教学目标的确定,应当让教师明确教什么和怎么教,让学生明确学什么和怎么学,才能达到预期的教学效果。因此,设计教学目标必须清晰,具体,可观察,可测量,切忌笼统、模糊。例如,一位教师执教《观潮》(人教版小学语文四年级上册),确定了以下教学目标:1. 激发学生热爱大自然、热爱祖国的思想感情。2. 理清课文的条理。3. 培养良好的学习习惯。显然,这一目标太过笼统。热爱大自然、热爱祖国的思想感情过于空泛,良好的学习习惯有很多,究竟要培养哪一种习惯,表述也不明确。总之,教学目标必须体现课文的"个性",是针对这一篇课文而确定的,不是适用于所有课文的要求。

(四)集中

课堂教学的时间是一个常数,如果教学目标贪多求全,结果就只能是蜻蜓点水,样样都不能落实。

例如,一位教师教学《忆江南》、《渔歌子》两首词(苏教版小学语文六年级下册),制定了下列教学目标:知识目标:①学习"塞"、"笠"、"蓑"三个生字。②朗读课文,背诵《忆江南》。能力目标:①训练学生通过查找资料、看注释等方式读懂两首词的意思。②通过词中描绘的情景培养学生想象能力和形象思维能力。情意目标:①通过对两首词的理解,培养学生热爱大自然的情感。②激发学生热爱祖国语言文化的情感。③使学生感悟这两首词的魅力所在,培养学生欣赏美、鉴赏美的能力。

且不论上述 7 个方面的教学目标在表述上是否科学合理,仅在短短的两节课内,就要实现这么多目标,怎么可能做到呢? 事实上,一篇课文或一节课的教学目标不宜过多,应针对课文的特点,酌情确定 2—3 个核心目标。

仍以上述两首词为例,我们可以确定以下三项教学目标:①借助文中注音和录音朗读,体会词的节奏特点,正确、流利地朗读课文,能熟练背诵《忆江南》;②参考文中注释、插图以及课外补充资料,正确理解词的大概意思;③凭借词中描写的景物,想象美好的画面,进而初步体会词的意境。

这样的教学目标,既兼顾知识和能力、过程和方法、情感态度和价值观三个维度,体现语文教学的综合性,又明确而集中,便于把握、实施和检测,使学生真正学有所得。

(五)弹性

教学目标既要做到具体明确,又要具有一定弹性。具体来说:一方面,教学目标应顾及学生之间的个体差异,根据不同学生的学习基础与学习能力制定分层次的教学目标;另一方面,也要注意教学目标的生成性,考虑到预想目标与实际效果之间可能产生的差距,思考课堂教学中可能产生的问题以及解决问题的策略与方法。总之,教师心中,既要装着要求全班学生普遍达到的一般目标,也要装着不同层次学生的差异目标、特殊目标;既要装着教案上写的预设目标,也要装着教学过程中可能生成的目标。这样,教学目标才能更好地发挥引导、调控和评价教学的功能。

【案例1—5】

以下是一位教师为《巨人的花园》（人教版小学语文四年级上册）制定的教学目标：

第一课时

1. 认识8个生字,会写12个生字。正确读写并理解"鲜花盛开、绿树成荫、鲜果飘香、北风呼啸、雪花飞舞、草翠花开"等词语。

2. 理解故事内容,了解花园的不同情景及其变化的原因。

3. 正确、流利地朗读课文,并能根据花园的不同情景读出不同的语气。在朗读中,体会童话语言的优美、生动,感受孩子们为巨人带来的快乐。

第二课时

1. 有感情地朗读课文,并能根据课文内容想象画面。

2. 能积累、运用课文语言,比较清楚、有条理地讲述这个故事。

3. 明白快乐应和大家分享的道理,愿意和同学交流阅读感受。

上述教学目标符合全面、适度、具体、集中的要求。教师根据文本特点、学段目标、一般学生的阅读水平,提出丰富而集中的课文教学目标,并将这一目标合理地区分为两个课时教学目标,较好地体现了小学语文教学目标设计重基础、重发展的原则。

二、如何制定教学目标

(一)依据学段目标制定教学目标

课程目标从语文学科的角度规定了人才培养的规格与要求。它分为总目标与学段目标,并从知识和能力、过程和方法、情感态度和价值观三个维度以及识字与写字、阅读、写话与习作、口语交际、综合性学习五个方面提出一系列具体要求,建构了科学有序的语文课程目标体系。它既是语文教学的方向与归宿,也是我们制定课文教学目标的凭借与依据。因此,我们在确定一篇课文的教学目标之前,必须对《语文课程标准》非常熟悉,尤其要对其中规定的各个学段目标了如指掌,这样才能避免教学目标越位、缺位或不到位等现象的发生。

以阅读教学为例,各学段目标是有层次、有序列的,体现了由易到难、循序渐进的发展性原则。

第一学段,识字、写字无疑是教学目标中的重要内容,同时还包括词句训练和朗读、说话训练。根据上述学段目标,我们可以为《数星星的孩子》（人教版小学语文二年级下册)制定如下教学目标：①认识 9 个生字，会写 12 个生字。②理解并积累词语。如：无数、珍珠、汉朝、天文学家、距离、清楚、果然、钻研等。③把课文读正确、读流利，注意读好长句子以及人物之间的对话。④学习张衡从小细心观察、乐于探究的品质。

第二学段是低年级向高年级的过渡阶段，要继续进行词句训练，体会关键词句在表情达意方面的作用；同时要加强段的训练，注重段的理解、积累与运用；继续进行朗读、说话训练，并加强默读训练。依据上述学段目标，我们可以为《石榴》(苏教版小学语文三年级上册)制定如下教学目标：①能够借助注音和字典，准确认读本课的生字新词，正确、流利、有感情地朗读课文。②重点阅读课文的第 2、3 自然段，了解石榴的生长过程，初步体会比喻、拟人等修辞手法的表达效果。③感受作者对石榴的喜爱以及对家乡的热爱之情。

第三学段，阅读教学的重点在于引导学生从整体上把握文章内容，体会作者的思想感情；另一方面，品味文章的语言文字，把握文章的表达顺序，初步领悟文章基本的表达方法也是训练重点之一。依据上述学段目标，我们可以为《地震中的父与子》(人教版小学语文五年级上册)制定如下教学目标：①正确读写本课的生字新词，积累文中关于人物外貌、语言、动作描写的佳句。②正确、流利、有感情地朗读课文。③从课文的具体描述中感受父爱的伟大力量，受到父子情深的感染。④领悟文章通过人物外貌、语言、动作描写刻画人物形象的表达方法。

(二)依据单元目标制定教学目标

语文教材中每一个单元都有"导语"和"我的发现"或"交流平台"，它们往往提示了本单元教学重点与编写意图，也为我们确定课文教学目标提供了重要依据。因为，每一篇文章都有丰富的内涵与精美的形式，都有许多可以学习的语文知识点。但是，文章一旦被选入教材，就必然体现编者意图，必须符合教材知识体系与学生认知特点。因此，必须依据单元重点与编写意图来确定课文教学目标与内容。

如《草船借箭》(人教版小学语文五年级下册)一文可以制定如下教学目标：①认识 10 个生字，会写 14 个生字。正确读写并理解"妒忌、推却、调度、军令状、神机妙算"等词语。②理清事件的起因、经过和结果，并能用自己的话讲述这个故事。③抓住语言、神态与动作描写，揣摩人物内心，感受诸葛亮、周瑜、曹操、鲁肃等人物性格特点。④感受阅读历史故事的乐趣。

《草船借箭》是人教版小学语文五年级下册第五单元的一篇精读课文，该单元主题是"中国古典名著之旅"。单元导语提出，"学习本组课文，要理解主要内容，感受人物形象，体验阅读名著的乐趣。"《草船借箭》教学目标中第 2、3、4 项就很好地体现了单元目标的要求。

(三)依据文本特点制定教学目标

文本特点与价值从根本上规定了一篇课文的教学内容与教学目标。文本特点与价值,一方面体现为文本的思想内容以及对读者产生的精神影响、情感熏陶、价值引领等;另一方面,体现为文本的言语表达形式以及对学生积累语言材料、习得言语规律、学习言语表达等方面的独特功能。因此,确定课文教学目标必须深入研读文本,从思想内容、言语形式、学习方法等方面发现、开掘文本的教学价值。

以课文体裁为例,不同体裁的课文有不同的表达特点,教学目标也应有所区别。如《鲸》(人教版小学语文五年级上册)是一篇常识性说明文,可以制定如下教学目标:①认识3个生字,会写10个生字。正确读写和理解"上腭、哺乳、退化、垂直、胎生"等词语。②正确、流利、有感情地朗读课文。③了解鲸的特点、进化过程、种类和生活习性等方面的知识,激发探索海洋动物的兴趣和热爱科学的情感。④认识列数字、举例子、作比较、打比方等说明的方法。这样的教学目标就体现了说明文阅读的个性化要求。

如《花钟》(人教版小学语文三年级上册)第一自然段这样描写鲜花开放:鲜花朵朵,争奇斗艳,芬芳迷人。要是我们留心观察,就会发现,一天之内,不同的花开放的时间是不同的。凌晨四点,牵牛花吹起了紫色的小喇叭;五点左右,艳丽的蔷薇绽开了笑脸;七点,睡莲从梦中醒来;中午十二点左右,午时花开花了;下午三点,万寿菊欣然怒放;傍晚六点,烟草花在暮色中苏醒;月光花在七点左右舒展开自己的花瓣;夜来香在晚上八点开花;昙花却在九点左右含笑一现……

仔细研读这一段话,就会发现它在表达形式方面有以下特点:①总分段式。先用"一天之内,不同的花开放的时间是不同的"这句话总起,再具体说明哪些花分别在什么时候开放。②按照时间先后顺序描写各种鲜花开放的情景,以便读者理解与想象花钟的模样。③遣词造句的准确性。其中,包括逻辑的准确,比如,"左右"一词的使用,段末省略号的使用等;也包括形象的准确,比如,牵牛花在清晨开放,样子就像小喇叭,所以作者说"凌晨四点,牵牛花吹起了紫色的小喇叭"。④表达方式的多样化。对于各种鲜花的开放,既有直白的描写,如"午时花开花了","万寿菊欣然怒放";也有拟人手法的运用,如"艳丽的蔷薇绽开了笑脸","烟草花在暮色中苏醒"。多样化的表达方法使文章读来充满情趣,给读者留下丰富的想象空间。⑤句序富于变化。虽然都是描写鲜花开放,但有的是先写时间,再写什么花怎样开放,如"下午三点,万寿菊欣然怒放","傍晚六点,烟草花在暮色中苏醒";有的是先写什么花,再写什么时候怎样开放,如"月光花在七点左右舒展开自己的花瓣","昙花却在九点左右含笑一现"。句序的变化使文章形式丰富多变,避免枯燥乏味。⑥四字词语的使用。如"鲜花朵朵、争奇斗艳、芬芳迷人、欣然怒放、含笑一现"等,优美的四字词语,使文章既充满文学气息,又读来朗朗上口,富有节奏和韵律。

根据以上分析,我们就能确定这段话的教学内容与学习目标。即,通过重点学习第一自然段,领会作者描写鲜花开放时遣词造句的准确性、形象性、丰富性,感悟作者连句成段的方法,并积累语言,适当地迁移与运用语言,从而提高言语表达能力。

(四)依据学生基础制定教学目标

学生实际对定位教学目标具有现实意义。教学目标应当基于学生已有水平,设置学生可能达到的水平,其间的距离就是学生发展的空间。教学目标定得过高,造成教学中的"越位",使学生产生畏难情绪;教学目标定得过低,造成教学中的"不到位",导致教学效率低下。所以,我们主张"学生已经会的,不要教;学生能自己学会的,不必教;教了学生也学不会的,不能教"。教师必须走到学生中去,通过课堂观察、交流谈话、作业批改等方式,了解学生已有的知识与能力,发现学生的学习兴趣与学习习惯,掌握学生的学习需要,使教学目标真正契合学生的"最近发展区"。

三、如何陈述教学目标

依据行为目标理论,教学目标陈述一般应包括四个要素。

(一)行为主体

教学目标是否实现,检验的标准是学生是否达到了预期的学习结果。因此,教学目标的行为主体应是学生,而不是教师。虽然有时根据表达的需要,可以将"学生"两字省略,但是,目标陈述必须以学生为出发点。以往我们习惯采用的"使学生……","培养学生……","提高学生……"等陈述方式,都是不符合要求的。因为这样的表述,行为主体是教师,而不是学生。

(二)行为表现

行为表现是预期学生能够做到的行为结果,它是教学目标中最基本的成分,不能缺失。教学目标的具体性、明确性主要取决于行为动词是否可观察、可操作、可测量和可评价。所以,应尽量避免使用"知道"、"理解"、"掌握"、"明了"等含义模糊的词语,建议使用"写出"、"列出"、"辨别"、"对比"、"背诵"、"概括"等行为动词进行描述。

(三)行为条件

行为条件是影响学生行为结果产生的特定情境或条件。行为条件的表述一般有三种类型：一是对使用辅助手段或工具的说明，如"能借助注释与字典，读懂古诗的意思"；二是对行为过程与方法的说明，如"能在分段、归纳段意的基础上，概括课文的主要内容"；三是对具体的行为情境的说明，如"通过小组讨论，合作完成相关表格"。

（四）行为程度

行为程度又称行为标准，是指学习行为所要达到的最低衡量标准。通常情况下，可以用完成行为的时间来说明，如"能在 30 分钟内完成一篇 300 字左右的短文"；可以用完成行为的数量来说明，如"80％以上的学生能够背诵课文第 1—2 自然段"；也可以用完成行为的质量来说明，如"正确认读 10 个词语，并能够用其中 3 个词语造句"。

上述目标又被称为行为目标。它的优势是克服了教学目标模糊性和随意性的缺陷，使其具有较强的可操作性，并且，行为目标为教学评价提供了标准和依据，提高了教学评价的效度与信度。但是，我们在肯定行为目标在课程领域的科学化方面作出的重大贡献的同时，也不能忽视行为目标本身存在的问题，以及对教学过程可能产生的巨大的副作用。行为目标强调教学目标的预先计划和静态说明，但是，教学过程实际上是不断变化、生成的过程。动态的教学过程与静态的教学目标之间存在着不可调和的矛盾，如果完全按照静态的教学目标实施教学，就会使教师和学生都丧失主动性与创造性。另外，行为活动只是人的活动中的一部分，相比之下，人的内心活动是更加丰富多彩的，并且，人的情感、态度、价值观、审美情趣、个性气质等在个体的发展过程中起着至关重要的作用。但是，这些因素都是无法量化的，也不能转化为可以观察和测量的行为结果。因此，行为目标并不适用于所有教学内容与教学情境。

生成性目标是随着教学过程的展开而不断生成的目标。英国学者斯腾豪斯指出，课程目标不是课程开发人员或教师强加的，而是在教育过程中，在与教育情境的相互作用下不断产生的。随着这些目标的实现，即问题的解决和兴趣的满足，学生会继续产生新的问题和兴趣，这个过程是持续发生的，并且体现出显著的差异性。因此，进行教学之前可以设计教师必须要做的事情以及要处理的教学内容，但是，教师不能把这些规定作为学生必须完成的结果，并用以评价学生，而是应该让学生与教师、教学情境产生交互作用，并在交互作用的过程中得到发展。

表现性目标强调的是学生在活动过程中表现出来的某种程度上的首创性的反应，而不是预定的结果。代表人物是美国学者艾斯纳。表现性目标要求明确规定学生活动的范围与领域，但不精确规定每个学生应从这些活动中习得什么。它对于学生的学习活动及其结果采取鉴赏式评价,主要评价学生在活动过程中所表现出来的创造性与个性特色,富有鲜明的启发性、开放性色彩。

其实,无论是行为目标还是生成性目标、表现性目标,都体现了教育研究者对于课程目标的不同价值取向的追求。其中,追求课程目标的结果、显性、规定性取向的是行为目标,而追求课程目标的过程、隐性、唤起性取向的是生成性目标和表现性目标。各种不同取向的课程目标各有利弊,我们必须根据实际需要灵活加以运用。

第三节　教学过程设计

教学过程是教师和学生相互交往中探究新知识的过程。它由若干个教学环节组成。每个教学环节包括教师"教的活动"与学生"学的活动"。其中，"学的活动"是教学过程的核心，"教的活动"在于组织"学的活动"，引领"学的活动"，促进"学的活动"。

一、区分"教的活动"与"学的活动"

区分"教的活动"与"学的活动"，理清两者之间的关系，是教学过程设计中必须解决的问题。

我们先来研究著名特级教师魏书生执教的《统筹方法》一课。上课开始，魏老师先在黑板上书写课题，然后问学生，什么叫"统筹方法"？同学们没有看过书，不知道。于是，他让学生猜，再让学生打开书，找到说明"统筹方法"的定义，并用一分钟时间记住这个定义。然后，教师提议男女生各派一名代表，到黑板上来进行默写比赛，其他学生在观看的同时再次记忆、背诵。接着，学习两个成语——"万事俱备，只欠东风"和"不无裨益"。教师要求学生阅读两个成语的注释，并用一分钟记住两个成语。于是，学生自己看注释，或自问自答，或同桌互说。然后，是学习说明方法。包括三个环节：第一个环节，是让学生记住教材中"烧开水泡茶"的例子。教师创设情境，学生自己试着来记，自己试着来说。对学生说得不完整的地方，教师进行适当补充和纠正。"烧开水泡茶"课文中共介绍了可能的三种方法，即甲方法、乙方法、丙方法。课文里用图表表示的是甲方法，所以第二个环节，教师要求学生把乙方法、丙方法也转化为图表，并提议男女生代表上台来进行画图表的比赛。上面的两位同学在画，下面的同学在教师的指导下，对黑板上的画进行修正与补充。第三个环节，是用语言转述甲方法的图表。教师先提出尝试性的任务，学生试着自己转述，再请一位学生转述，教师和学生一起进行评议。最后，阅读全文，重点阅读课文最后一段。要求学生先用自己的话复述教材中"烧开水泡茶"的例子，再联系实际，说说生活中应用统筹方法的例子。

上述教学过程,可以用以下图表表示①。

实际的教学内容	教的活动	学的活动
1. 记住"统筹方法"的概念	让学生猜 指示一分钟记住 提议比赛	生齐读 男女生代表默写比赛
2. 阅读两个成语的注释	创设高效记忆的氛围	生看注释,自问自答
3. 记住"烧开水泡茶"的例子	同上 按内容提问和纠正	生回答,复述相关内容
4. 把乙、丙方法转化为图表	提议男女生代表画图比赛	男女生代表画表 同学们评议修改
5. 用语言转述甲方法的图表	提出尝试性任务	一生转述 师生评议
6. 阅读全文,重点阅读结尾一段	指示学生读全文	生自读
7. 复述"烧开水泡茶"的甲方法	鼓励学生七嘴八舌大声说	生七嘴八舌大声说甲例
8. 讲述生活中应用统筹方法的实例	等待学生思考 评价和引导学生思考的方向	生思考或讨论 主动发言讲述

由上述案例可见,教师"教的活动"与学生"学的活动"既有联系,又有区别。教师的职责是创设良好的学习氛围,有效地组织学生的学习活动,并对学生的学习活动进行科学的评价与积极的引领。学生"学的活动"才是教学活动的主体,应当占

---

① 王荣生. 教学环节就是组织"学的活动"[J]. 语文学习,2010(1):29

据课堂大部分时间,应当让每一个学生都通过充分的学习活动有所提高,获得发展。

二、从以"教的活动"为中心到以"学的活动"为基点

以"教的活动"为中心,是指教学设计完全立足"教"的立场,甚至立足教师个人的立场,这是当前语文教学中普遍存在的严重问题。

王荣生教授曾经提及一个案例——《秋天的怀念》。上课的是一位很有经验的女教师,这堂课也得到了绝大多数听课教师的认可与好评。但是,仔细分析听课记录,发现在这堂课里,教师一共说了12段抒情的话语。一开始,教师就用一段抒情的话语激情导入。接着,她指示学生阅读课文。在学生阅读课文之后,教师又有一段激情的话语,然后提了几个问题,并请几个学生发言。学生发言之后,教师对发言情况进行小结、点评,然后又是一段一段抒情的话语。到这堂课结束时,教师又说了很长一段抒情的话语。整堂课就是由教师的12段话语来组织、结构和推进的。反观学生,在这堂课里,学生经历了哪些"学的活动"呢?除了听教师大段大段的抒情、议论,就只是在教师说话的间隙,偶尔回答几个问题,或者进行一些前后不相连贯的小组讨论。这样的课堂,完全立足"教"的立场,虽然看起来很完整、很有结构、很精致,但是学生究竟能有多少收获,就值得仔细推敲了。

其实,真正有效的课堂应当以"学的活动"为基点。具体来说,在确定教学内容时,要着重考虑学生需要学什么;在设计教学过程时,要着重考虑学生怎样学才能学得好。

(一)基于学情确定教学内容

美国教育学家奥苏贝尔说:"如果我不得不将所有的教育心理学原理还原为一句话的话,我认为,影响学习的最重要因素是学生已经知道了什么,根据学生的原有知识状况进行教学。"前苏联心理学家维果茨基提出两种发展水平的理论:第一种水平是现有发展水平(也称现有发展区),表现为学生能够独立地解决任务;第二种水平是最近发展水平(也称最近发展区),表现为学生还不能独立地解决任务,但在成人帮助下,在集体活动中通过模仿能够解决这些问题。只有当教学走在发展前面的时候,才是好的教学。

王荣生教授指出:"一篇课文的教学内容,从学生的角度讲,可以归结为三句话:学生不喜欢的,使他喜欢;学生读不懂的,使他读懂;学生读不好的,使他读好。也就是说,教师要教的,是学生不喜欢的地方,是学生读不懂的地方,是学生读不好的地方。"钱梦龙老师则说:"我备课的时候,自己觉得理解起来有点难度的地方,就

想,学生可能也会较难理解;自己看了好几遍才看出来好处的地方,就想,学生也很难看出它的好处来,我就在这些地方导一导。"换句话说,"导读"导的就是学生读不懂的地方、学生读不好的地方。曾经有人问钱老师为什么上课时学生总能跟他配合得这么默契呢?钱老师回答说:"因为首先我考虑的不是学生将会怎样配合我的教,而是我的教怎样去配合学生的学。因此,仔细体察学生认识活动的思路和规律,是我备课的一个重要内容。"

由上可见,充分了解学情,基于学情选择教学内容是备课的重要环节,也是教学获得成功的关键所在。在教学设计过程中,正是由于教师对学情了解得不够全面,把握得不够准确,才导致语文课堂教学效率低下。

(二)组织充分的"学的活动"

许多优秀教师的成功课例都向我们显示:教学过程,其实就是教师组织学生进行充分的"学的活动"。

以宁鸿彬老师执教的《皇帝的新装》为例①。先是解题。宁老师指导学生默读教材的提示,引导学生注意抓五点来理解课文的题目。之后,宁老师用一个问题启动第一个教学环节。"读课文之后,请给这篇童话加一个副标题——一个什么样的皇帝"。几个学生轮流逐段朗读课文,教师进行正音,然后学生默读,进行拟副标题的"学的活动"。接着,学生进行交流。学生的回答如下:是一个"爱美"的皇帝,"虚伪"的皇帝,"不可救药"的皇帝,"昏庸的"皇帝,"无能的"皇帝,"无知的"皇帝,"不称职的"皇帝,等等。学生通过独立阅读,抒发自己的感受和见解,同学之间相互启发,相互补充。教师适时地对学生进行引导、帮助以及必要的纠正。这是从人物入手。接着,宁老师从情节入手启动了第二个教学环节。"下面我们再来探究一下这个故事的情节,谁能用一个字来概括这篇童话的故事情节?或者说,这个故事围绕哪个字展开?"学生根据刚才的阅读体验,结合对人物的理解,提出了各自的见解:"蠢"、"骗"、"伪"、"假"、"傻"、"装"、"新"、"心"。然后,教师指导学生运用"排除法"、"检验法"和"比较法"进行分析鉴别,最后学生达成了共识——课文是围绕"骗"来展开的。第三个环节,是一个小结性的环节。请同学说说,文中的各种人物是怎样围绕"骗"字进行活动的。

上述案例中,教师"教的活动"主要体现为两个方面:第一,核心教学环节的启动,也就是教师提出两个核心问题。第二,在学生交流研讨的过程中,教师适时地启发、补充、引导乃至必要的纠正。这堂课的大部分时间,是学生自主地进行各种

---

① 王荣生.教学环节就是组织"学的活动"[J].语文学习,2010(1):32

"学的活动"。学生朗读课文,默读课文,拟副标题,相互交流,感受人物形象,概括课文情节,最后用自己的话语对故事内容进行梳理总结,等等。在这堂课里,宁老师并没有大讲自己对课文的理解与感受,而是组织学生反复阅读课文,谈他们的理解,谈他们的感受,并通过学生之间的相互交流来互相启发、互相补充,丰富、深化对课文的理解。总之,这堂课体现了教学过程就是教师组织学生进行充分的"学的活动"。

在组织"学的活动"的过程中,还要特别注意两点:一是根据学生的学习进程安排时间,控制教学节奏。在课堂上,我们经常看到这样的现象:教师组织学生的学习活动,比如阅读和讨论,有一部分学生还没有读完,甚至有相当一部分学生没有读完,有一些小组还在讨论,甚至大部分小组还在讨论,教师就说:"好,由于时间的关系……",然后就进入下面的教学环节。这样的教学过程,看上去环环相扣,紧凑严密,其实是存在严重问题的。教学不能完全依照教师预先设定的步骤和时间来进行,而应依据学生的学习进程来控制教学节奏。二是正确处理教学预设与课堂生成之间的关系。教学预设是非常必要的,它是实现教学目标的重要保证。但是,课堂是瞬息万变的,教学过程总是伴随着各种不确定性、非预测性,针对教学进程中出现的各种情况,教师必须灵活应变,机智处理,及时调整原先的教学设计,真正做到因势而导,以学定教。

第四节　教案编写

教案是教学设计方案、教学方案的简称。它是课堂教学的实施方案,是教师进行教学活动的依据,教案的质量直接决定课堂教学的效果。

一、教案的内容

教案编写要符合规范。通常来说,教案应当具备以下内容。

(一)课题

课题指授课内容的标题,主要是指课文的题目。课题要写全称,并写上作者的姓名。

(二)教学目标

教学目标指依据课程标准的要求与学生的实际情况,针对教学内容特点而提出的课堂教学活动预期要达到的学习结果。一般应从知识和能力、过程和方法、情感态度和价值观三个维度提出。并且,教学目标表述要明确、具体,切忌空泛、笼统。

(三)教学重点与难点

教学重点是学生在语文学习中要重点理解、掌握或运用的教学内容。教学难点是学生在语文学习中比较难理解或掌握的教学内容。就一篇课文而言,一般确定1—2个教学重点与难点。比如,《荷花》(人教版小学语文三年级下册)就可以确定如下教学重点和难点。

教学重点:有感情地朗读课文,在读中体会作者的情感,并用朗读表达对荷花的喜爱之情。

教学难点:感悟作者笔下荷花的特点,学习抓住特点展开想象描写事物的写作方法。

《荷花》是叶圣陶先生写的一篇优美的写景散文。选择"有感情地朗读课文,在读中体会作者的情感,并用朗读表达对荷花的喜爱之情"作为教学重点,既符合课文的特点,又体现了第二学段阅读教学目标。对于三年级学生而言,理解并学习课文的写作方法有一定难度,因此,将"学习抓住特点展开想象描写事物的写作方法"作为教学难点也是非常恰当的。

(四)教学方法

教学方法指为达成教学目标所采用的主要教学方法。就阅读教学而言,教学方法主要有情境创设法,朗读法,讨论法,品词析句法,读写结合法等等。

(五)课时安排

课时安排是指用几个课时完成教学内容。一般情况下,一篇课文通常会安排2—3个课时。

(六)教学过程

教学过程是教案的主体部分,包括教学环节、教学内容、师生活动的方式方法以及各教学环节需要的大致时间等。以阅读教学为例,教学过程一般包括以下环节:创设情境,导入新课;初读课文,整体感知;细读课文,深入感悟;熟读成诵,应用迁移。当然,教学过程并不是千篇一律的,应根据课文的特点、学生的需要以及教师的个性有所调整,有所创新。

(七)媒体设计

媒体设计包括板书设计和多媒体运用设计。其中,板书是教学过程中必不可少的辅助手段,要求简要精当、形象美观。随着现代化教育技术的广泛使用,多媒体越来越普遍地运用于小学语文教学。它的优势是形象鲜明,直观生动,能节约教学时间,提高课堂教学效率。但是,多媒体的使用必须与教学内容密切配合,始终为语言学习、言语实践服务,切忌为用而用,哗众取宠。

(八)教学后记

教学后记又称教学反思,是对教案实施情况的回顾与小结。每当一节课上完以后,教师一定要及时回顾教学过程,记录其中的成败得失,反思问题所在,并提出改进的建议。坚持写教学后记,能够积累宝贵的教学经验、教学资源,特别有利于新教师的专业发展。

二、教案的格式

教案的类型一般有课文教案和课时教案两种。

以课时教案为例,格式主要有文字式教案和表格式教案。文字式教案,是以文字叙述的形式来进行课堂教学进程的设计。它的特点是条理清楚,教学思路清晰,这是目前教师最常用的一种教案格式。表格式教案,是根据表格中各栏目的要求来设计课堂教学的进程。如表1—1。

表 1—1　课时教案表格格式

课题					
课时					
教学目标					
教学重点与难点					
教学方法					
教学过程	教学环节	时间安排	学生活动	教师活动	设计意图
媒体设计					
教学后记					

表格式教案的特点是一目了然,形象直观。并且,在"教学过程"栏目中,将"学生活动"和"教师活动"分开来写,便于教师从学生角度出发来设计教学活动,使教学过程真正成为组织学生进行"学的活动"的过程。

三、教案示例

【案例 1—6】

《桂林山水》教学设计(第一课时)

杭州师范大学教育学院小教专业 09 级师范生　陈檬檬

◈ 教学目标

知识与能力

1. 会认读 8 个生字,会读写 11 个生字,能说出"无暇"、"危峰兀立"等词语的含义。

2. 能正确、流利、有感情地朗读课文,读出水之美。

过程与方法

1. 能通过图文结合,联系生活,抓关键字词体会漓江水的静、清、绿,并能运用其写法。

2. 通过当导游来运用课文优美的写法。

情感态度与价值观

喜欢桂林的山水,激发热爱祖国大好河山的情感。

◈ 教学重点与难点

能通过图文结合,联系生活,抓关键字词体会漓江水的静、清、绿,并能运用其写法。

◈ 教法学法

品读感悟法,读写结合法

◈ 教学过程

一、说景色,巧激趣(5分钟)

1. 说景色

PPT展示桂林山水的图片,鼓励学生用尽可能多的词语或成语来形容美丽的景色。

出示预设词语:山清水秀,碧水青山,山水如画,景色宜人。读一读。

2. 知甲天下

总结出示:桂林山水甲天下。板书课题。读第一自然段,理解"甲"的含义。

【设计意图:开课伊始,通过图片导入激发学生的学习兴趣,既符合学生的认知,又迅速有效。】

二、初读文,通字词(8分钟)

1. 通字词

出示初读提示,后出示字词卡,解决疑难字词。

自由朗读课文,要求:

(1)读准生字词,读通句子。

(2)填表格。(略)

字词卡
荡漾　无暇　扩散　攀登
屏障　画卷　似的　翡翠
波澜壮阔　峰峦雄伟　红叶似火
拔地而起　奇峰罗列　危峰兀立

2. 整体感知

出示表格,填一填,设计板书。

桂林山水甲天下	
水的特点	山的特点

预设:水:静、清、绿;山:奇、秀、险

发现规律:都有漓江(桂林)的水(山)真__啊。

【设计意图:整体感知设计,有利于学生迅速把握文章内容和结构,锻炼提取信息的能力和概括能力。】

三、品漓江,悟表达(17分钟)

1. 品水之美

桂林的美美在漓江水,漓江水静、清、绿给作者留下了深刻的印象。默读课文第二自然段,选择最喜欢的一个特点,划出相应语句,在旁边写下自己的感受,再交流。

▶ **板块一**:

漓江的水真静啊,静得让你感觉不到它在流动。

自读,齐读(注意"啊"的变调),说说喜欢的理由。

换字悟情:"真"换成"很",体会作者忍不住的陶醉和赞叹。读:

船桨激起的微波扩散出一道道水纹,才让你感受到船在前进,岸在后移。

品静:联系上下文,说说从哪里感受到水之静(微波,扩散,才——感觉不到它在流动),思考怎么读(缓缓地,平静地,陶醉地读)。

情感朗读:展示水之静,并点评。

▶ **板块二**:

漓江的水真清啊,清得可以看见江底的沙石。

自读,齐读(注意"啊"的变调),说说喜欢的理由。

举例感受水清:举例身边的河流(如黄河),比较得出漓江水清的程度。

图片品清:观察漓江图片,说说哪里看出水清(倒影)。

说一说:清得还可以看见什么。(游鱼嬉戏,碧绿水草,清晰倒影)

情感朗读:展示水之清,并点评。

▶ **板块三**:

漓江的水真绿啊,绿得仿佛那是一块无瑕的翡翠。

自读,齐读(注意"啊"的变调),说说喜欢的理由。

看图品绿:说说为什么漓江的水是绿色的?(青山倒影)

知修辞:"无暇"的含义?"翡翠"是一种怎么样的玉?,体会比喻修辞的妙处(写出了水绿,洁净的特点)。

情感朗读:展示水之绿,并点评。

2. 诵水之美

教师引读前半句,生跟读后半句。最后一句合读。

(如:师——漓江的水真静啊,生——静得让你感觉不到它在流动。)

3. 悟表达之美

写水静、清、绿的句子有什么相同的地方?(排比的写法,体会反复出现,增加气势的作用。)

出示句式,仿写句子:

_____的__真____啊,__得_____。

公园里的花真香啊,香得_____。

悦悦的歌声真美啊,_____。

妈妈的手真巧啊,_____。

思考:文章赞美漓江水为何开头要先写大海和西湖,而不直接赞美漓江水呢?(通过对比表现漓江水的特点,为下文做铺垫。)

读一读。

【设计意图:借助多媒体,朗读渲染美的氛围,感受漓江水美及作者的写法,有利于充分感悟文章语言的优美性,调动学生的积极性和发挥主体性。】

四、当导游,游漓江(10分钟)

漓江水是如此秀美,如果去桂林一定要去漓江游玩。

现在漓江旅游中心要举办一次导游大赛,决胜者可以获得最佳导游奖章一枚并免费游桂林。欢迎各位小导游参加,来推荐推荐闻名世界的漓江水。

导游们介绍漓江水(提示:语句优美,可以用上课文里的语句,可以用上比喻、排比等修辞),其他同学和教师当游客和评委。

交流投票评出:最佳导游奖获得者。

【设计意图:创设情境有助于学生在具体情境中运用语文,在理解的基础上提高学生的语言表达能力。】

▶ **板书设计**

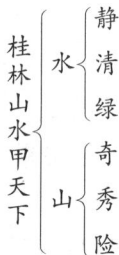

▶ **作业超市**

抄写生字词,摘录文中的优美语句。

给第二段列个写作提纲(提示:抓关键字)。根据自己列的提纲背诵第二段。

上述案例是一个非常完整、规范的教学设计方案。教学目标采用三维设计,教学重点与难点把握准确,教法学法恰当,板书设计简明美观。尤其值得学习的是,该教学设计关注学生的语言学习和言语实践,体现出鲜明的语文意识。比如,在"说景色,巧激趣"环节,引导学生积累优美的词语或成语;在"品漓江,悟表达"环节,借助多媒体、感情朗读、想象、比较等多种手段,体会课文表达方式之美;特别是"当导游,游漓江"环节,创设了非常有意义的实践情境,引导学生在有趣的活动中内化、运用语言,提高言语表达能力,充分体现了语文课程是一门综合性、实践性课程。

四、编写教案需要注意的问题

(一)根据需要确定详略

教案可以分为详细教案和简明教案。

详细教案,又称详案,内容全面周详。尤其是教学过程非常细致,不仅有教学环节,还有每一环节的主要任务以及需要的大致时间,有的甚至将教师的教学语言、课堂提问都一一记录下来。详案编写虽然比较费时,但是便于教师全面把握教学内容,有效掌控教学进程,适合年轻教师特别是新教师使用。

简明教案,又称简案,内容比较简略。它往往只写出主要的教学内容和基本的教学环节。根据编写形式的不同,简案又可以分为提纲式、提问式、板书式等不同类型。提纲式是将主要教学流程以提纲形式呈现,提问式是将课堂上的主要问题记录下来,板书式是将一节课的教学设计浓缩成一则板书,并根据需要做适当批注。相比详案,简案篇幅短小,节约备课时间,但是,它要求教师有更强的概括能力与驾驭课堂的能力,因此,适合有丰富教学经验的教师编写与使用。

(二)教案应具有适度弹性和灵活性

无论是详案还是简案,在教学目标、教学内容、教学方法、教学过程等方面都要进行弹性化设计。如果过于强调教学设计的程序化、精确化,就会束缚教学实践的自由,忽视教学过程中可能潜藏的有价值的教学资源。尤其是教学过程,是动态生成的过程。因此,教学流程宜采用板块式设计。所谓板块式设计,是将教学流程设计成若干板块,板块之间是相互独立的,可以根据课堂实际情况灵活调整顺序,使教学留有弹性和空间。总之,在编写教案的过程中,教师不仅要眼中有课标和教材,更要心中有学生,正确处理教学预设与课堂生成的关系,才能真正备好课,上好课。

案例评析

●请分析以下教学目标的不合理之处。

【案例1—7】

《长相思》(人教版小学语文五年级上册)的教学目标:

1. 有感情地朗读并背诵这首词。

2. 体会这首词所表达的意境以及作者的思想感情。

3. 培养学生学习古诗词的兴趣。

【案例1—8】

《记金华的双龙洞》(人教版小学语文四年级下册)的教学目标:

1. 学习课文详略得当的写作方法。

2. 学习课文按照游览顺序进行叙述的写作方法。

3. 积累课文中的好词好句。

应用练习

●仔细研读《老人与海鸥》(人教版小学语文六年级上册),试着分析和处理这篇课文,并与同学进行交流。

●从人教版小学语文教材中任选一篇课文,确定教学目标,然后设计一份详细教案。

　　要求:1. 根据不同学段的阅读教学要求确定教学目标;

　　　　　2. 教学设计要围绕教学目标,突出教学重点;

3. 以学生"学的活动"为基点,精心设计教学流程;

4. 教案格式符合规范。

拓展学习

1. 吴永军.备课新思维[M].北京:教育科学出版社,2004

2. 王小明.语文学习与教学设计(小学卷)[M].上海:上海教育出版社,2004

3. 孙绍振.名作细读[M].上海:上海教育出版社,2009

4. 闫学.小学语文文本解读(上、下)[M].上海:华东师范大学出版社,2012

第二章　上课技能

内容提要

有效的课堂需要教师掌握一定的教学技能并灵活运用。根据语文学科的特点,本章主要探讨教学过程中的导入技能、提问技能、讲解技能、调控技能、评价技能、结束技能、板书技能、多媒体运用技能、作业设计与评阅讲评技能。本章学习的目的主要在于通过对各种课堂教学技能的概念讲解及案例学习,细化并落实语文上课技能,掌握相关技能的实施技巧。

关键问题

◆如何有效导入课堂教学?

◆怎样的提问方式能促进学生积极的思维?

◆教师如何根据学情,有针对性地采取讲解方法?

◆面对课堂上学生的突发行为,采取怎样的调控手段更有效?

◆如何使用课堂评价,促进学生学习?

◆课堂结束的基本类型?

◆课堂板书的基本类型?

◆如何有效利用多媒体辅助课堂教学?

◆作业设计、评阅与讲评的基本类型?

上课是教师根据课程标准的要求,按照固定的课表,在规定时间内(一般是 40 分钟),对一个班级的学生,采取各种不同的教学方法完成相应的教学任务。教师的上课技能在很大程度上决定着学生的学习能力和学习成绩,影响着一个班级的发展程度,甚至一个学校的办学水平。因此,每一个教师都应该努力提高自身的课堂教学技能,为步入神圣的讲台奠定坚实的基础。

第一节　课堂导入技能

所谓"万事开头难"。导入新课是课堂教学的起始环节,是一堂课顺利进行和取得成功的重要基础。好的课堂导入,既能吸引学生的注意力,又能引发学生的学习期待,激发学生的求知欲,创设良好的教学氛围。

如何设计每堂课的导入环节,引发学生的学习期待呢?

一、有效导入的前提

教学实践中,我们经常会看到这样一种现象:一些年轻教师根据课程标准、教材和教参等材料,设计了规范详尽的授课教案,可是从课堂导入起,教学效果就与想象中相差甚远,这是为什呢?

关键是忽视了教学中最为重要的内容——学生。我们在授课前,一定要了解学生,找准教学起点。学生的个别差异是普遍存在的,尊重学生身心发展的规律和不同的个性特征,是做好教育工作的最起码要求。信息时代,学生获取知识的途径大大拓宽了,他们的学习准备状态有时远远超出教师的想象,许多课本上涉及的甚至尚未涉及的知识,学生都或多或少有所了解。所以,教师的预设起点不一定是学生的真实起点,可以通过检测或课前预测等方式,设计贴近学生生活经验、满足学生心理需求的导入环节。

【案例2—1】

《通往广场的路不止一条》的学情分析

蔡红霞

（一）基础字词（数字为学生学号）

学生不理解的高频词语	拟采取策略
"素净"17人（16、18、5、19、26、23、13、12、22、10、2、9、4、25、30、7、24）	直观辨析。
"挑拨"读音及意思14人（16、5、11、19、26、8、10、15、2、6、25、7、24、28）	据字定音；注解释义。
"星罗棋布"11人（18、5、11、27、23、12、9、4、30、3、1）	理解关键字：罗、布，迁移理解同类词。
"络绎不绝"11人（18、5、11、17、12、8、22、4、25、3、1）	给出连绵词"络绎"的意思，完整理解词语，举例。
"大喜过望"9人（5、24、12、22、4、6、25、30、1）	调序理解：因"过望"而"大喜"。

（二）篇章阅读（数字为学生学号）

学生提出的问题	拟采取策略
为什么她开的时装店没有自己的员工？（26） 她们怎么在一天之内找到那么多妇女都会织衣服？（17） 为什么作者一会说朋友的衣服非常平凡，一会说他的衣服织得极为巧妙？（13） 只用手织很慢，若是衣服数量多就不行了，"我"为什么不用机器呢？（24） 文章中间是否有偏题？（16）	1.通过仔细阅读文章理解内容。 2.教师讲解翻译过程中用词、文序的特殊性。 3.与《钓鱼的启示》比较，理解详略事例说明格言的正确性。

续表

学生提出的问题	拟采取策略
父亲的教导为什么会让我受用不尽？(28) 如何理解"通往广场的路不止一条"这句话？(5、11、14) "广场"指什么？(18、3) 作者为什么这样拟题(题目有什么含义)？(13、12) "通往广场的路不止一条"这句话看似很直白,那么,它有什么特殊含义吗？(2、25、30) 启示是什么？(18、11、27、8) 父亲教导我们什么？(14) 题目和文章有什么关系？(4) 父亲教导我的目的是什么？(28)	1.看罗马广场图片直观理解。 2.资料搜集人员解释:条条大路通罗马10,出处21。教师补充类似谚语、诗句。 3.完成表格后说说自己的感悟:积极面对人生,不要向困难屈服,不把自己堵死在一条路上,在不断探索中接近目标。
作者走的另一条路是什么呢？(1) 作者是怎样克服遇到的困难的？(19、14、8) 为什么"我"想到办法后,还要跑回维黛安太太家去告诉她自己的想法呢？(23) 既然不是成衣,为什么还会有那么多人去"我"那订购衣服？我可不会去。(23) 展览会哪里不同？(22) 我为什么要搞一个不是成衣的展览会？(22) 我的心情怎样变化的？(8、3) "通往广场的路不止一条"与设计时装、办时装展有什么关系？(7) "我"为什么一会儿大喜过望,一会儿又垂头丧气？(6) 短文中先说"仿佛踩着一朵幸福的云",为何后来又说"那朵幸福的云突然消失了呢？"(9)	从"机遇、困难、解决方法、效果及心情变化"进行表格梳理。通过个人思考图画鼓励独立阅读,再通过同桌合作完成表格降低难度。
"父亲的教导让我一生受用不尽——通往广场的路不止一条"这句话中,破折号的作用是什么？(2)	课后练习,对破折号作用进行巩固。

案例中,教师通过前置性作业(讲授新课之前,让学生先根据自己的知识水平和生活经验所进行的尝试性学习)了解学生的学习起点,并及时梳理学生的困惑,从而进行有针对性的教学设计。这一做法与建构主义理论不谋而合,体现任何一堂课都不应该从零开始,只有学习者原有的认知结构和所学习的有意义材料结合

起来,才是有效的学习。

二、导入的类型

课堂导入的方法很多,现归纳几种,以见一斑。

(一)破题导入法

破题导入法是指教师从课题入手,引导学生采取解释课题词语、引发题意、质疑等方式,迅速切入文章学习的一种有效方法。此法是教学中比较常见的、最简单也是最容易掌握的导课方法,一般适用于中高年级学生,对新任教师也不失为一种好的导课方法。

1. 释题引申

课题是文章的眼睛,有些文章的标题本身就是对文本内容或中心的一种提炼,往往意蕴深刻。导入这一类的新课时,抓住内涵丰富的题眼,解释题目中关键性的字词并由此而推演、生发,能起到提纲挈领的作用。

【案例2—2】

《月光启蒙》(苏教版第10册)的课堂导入

江苏省无锡沁园实验小学　崔　筠

师:作家孙友田,为了感谢儿时母亲给他的文学启蒙,写下了一篇感人的回忆录。看老师写课题,注意"蒙"的写法。写"蒙"字的时候要注意什么?

交流读音及写法。

师:启蒙是什么意思?

生:是初学者最初的知识。

师:没有启蒙前,初学者是怎样的?

生:什么都不懂的。

师:启蒙了之后呢?

生:他就有知识了。

师:课文中有一句话,讲的就是启蒙的意思,你能找到吗? 打开课文,快速浏览课文。

生:母亲用歌谣把故乡的爱,伴着月光给了我,让一颗混沌的童心豁然开朗。

师:读了这句话,你知道了启蒙的意思是——

生:"启蒙"就是让混沌的心豁然开朗。

师:"混沌"这个词语从前学过,在哪篇课文里出现过?

生:《开天辟地》。

师:在那篇课文里"混沌"是什么意思?

生:所有的东西分不清。

师:在这里呢?(投影出现两个词语的选项,学生选择。)

师:由混沌到豁然开朗的过程,这就是——

生:启蒙。

师:仔细读这句话,是什么让混沌的童心豁然开朗呢?

(学生读课文,圈画句子。)

案例中,教师紧扣课题中"启蒙"一词,由"蒙"字的书写学起,在理解词义时,通过唤起学生的原认知、词义选择和联系上下文多法结合,帮助学生在掌握新词的同时,更准确地把握课文重点,突破了理解的难点。

这种方法不仅适用于现代文,小古文中也常常用到,如《杨氏之子》《学弈》等,都可以由解释课题中的关键字进入课文的学习。

2. 质疑课题

面对一篇课文,会有字词句篇、思想内容等许许多多的疑问。质疑或高屋建瓴,或切中要害,或发微见著,或探求精蕴,均能引起思维冲突,开启学生心智,激发浓厚兴趣。

【案例2—3】

《触摸春天》(人教版第8册)的课堂导入

著名特级教师 杨献荣

(师板书课题,生书空)

师:读了课题,有什么疑问?

生:春天不是季节吗,怎么可以触摸呢?

师:这个问题有价值,作者一定要回答的。

生:怎么触摸春天?

师:一下就问到课文重点内容了。会问!

生:是谁在触摸春天?

生:为什么触摸春天?

师:弄懂这个问题,也就知道作者为什么要写这篇文章了。自由读课文,到课文中找答案吧。注意读准字音,读通句子(生读)。

古代学者陈献章说过:"疑者,觉悟之机也。"一个问题的提出,往往能引起学生的注意,并激发他们思考,然后带着疑问进入新课。学生的质疑中,教师要大胆放手,然后精心总结归纳,充分将质疑的问题展开。

(二)背景导入法

背景导入法是指以介绍文章作者、主要人物或相关背景导入新课的方式。一些长篇作品节选而出的课文,以及有时政、地理、民俗等背景的课文,只有了解文章背后的故事梗概和背景知识,才能使学生全面深刻地把握文章的主旨。还有些课文,时代背景离现代生活、学生生活有一定距离,需要了解特定的背景,才能理解课文。

【案例 2—4】

《自己的花是让别人看的》(人教版第 10 册)的课堂导入

江苏省丹阳市云阳镇第二中心小学　陈跃红

师:季美林是北京大学的教授,他 1935 年到德国哥廷根大学求学,当年他才 25 岁,风华正茂,在德国留学 10 年,1945 年学成归国。在 1980 年,时隔四五十年,他重新回到哥廷根这个城市,看到了许许多多美丽的景象。他心有所感,写下了一篇优美的散文——(引导齐读课题)

我们先来读第一自然段,你来。(生读)

学生预习此课时,往往对一个中国人把德国当作家乡的情感比较难以理解,教师及时预见了这一问题,在导入时进行必要的背景介绍,在释去学生心中疑虑的同时,把研读的重点聚焦到了文本上。

背景材料的介绍,一方面能够激发学生的读书兴趣,产生急了解事情经过和结局的心理渴望;另一方面能丰富学生知识,为理解课文做好铺垫,起到一石二鸟之功。

(三)温故导入法

子曰:"温故而知新。"建构主义学说也认为教学不能无视学习者的已有知识经验,应当把学习者原有的知识经验作为新知识的生长点,引导学习者从原有的知识经验中,生长出新的知识经验。所以,温故导入法是教师常用的、比较便捷的导课方式,一般通过回顾、练习、讲述等方法进行,帮助学生在头脑中形成系统的、完整的知识体系。

1. 语言回顾

指教师以学过的知识作铺垫,用富有启发性的语言导入新课。

【案例2—5】

《青海高原一株柳》(苏教版第11册)的课堂导入

著名特级教师　薛法根

师:俗话说,有心栽花花不开,无心插柳柳成阴。柳树极易生长,随处可见。还记得唐代诗人贺知章写过的《咏柳》吗?背一下。(生齐背)

师:碧玉妆成一树高,万条垂下绿丝绦。这是诗人笔下柳树的形象。如果把这样的柳树当成人,你认为比作什么样的人比较恰当?

生:像一个有长头发的女孩子。

师:柳树和女人有天然的缘分。说某个女子眉毛很好看,叫什么眉呀?

生:柳叶弯眉。

师:说某个女子身材特别好,腰细,叫什么?

生:杨柳细腰。

师:所以,在一般情况下,我们印象中的柳就是一个——

生:婀娜多姿的女子。

师:一般人看来,柳啊,给人的感觉是柔美的。可今天我们看到的这株柳树是——青海高原上的一株柳树,它长什么样子? 自己读一读。

在案例中,教师通过古诗引入,唤醒学生的经验表象,给下文感悟青海高原上的这株柳树身处逆境所表现出的强大的生命力起衬托作用。

2. 练习回顾

指教师设计与本课时密切相关的练习导入,一般多用在第二课时。

【案例2—6】

《画家和牧童》(人教版第4册)第二课时的课堂导入

浙江省杭州市现代实验小学　王　洁

师出示词语:和蔼　惭愧　拱手　浓墨涂抹　沉思片刻　价钱　购买　驱赶　牛蝇　翘起来　批评。读读上节课学过的词语。

生齐读。

师:点击词语"和蔼　惭愧　拱手　浓墨涂抹　沉思片刻",出现下划线。这些词在课文中是描写谁的?

生:戴嵩。

师:这是个怎样的画家?

生:画技高、虚心。

师:板书学生说的词语。默读课文第1—4自然段,你从哪些句子中看出戴嵩画技高,把这些句子划下来。

案例中,教师请学生认读大量新词,并聚焦到重点词语提出问题,把巩固字词与课文内容的学习进行了无痕连接。以认读、听写词语或填空等练习形式作为导入,可以帮助学生快速回顾上一课时的要点,然后开门见山地进入新课时的学习。

3. 比较导入

指教师对于一些在内容和写法上有某种相似之处的课文,采用新旧比较的方法,以旧促新。

【案例2—7】

《通往广场的路不止一条》(人教版第9册)的课堂导入

浙江省杭州市长江实验小学　蔡红霞

师:读题。作为一篇略读课文,我们要充分借助课文前面的导语指导我们的学习。请把书翻到第62页,借鉴《钓鱼的启示》这篇课文取题的方法,默读导语后请你也给本文取个题目。

生:登塔远眺后的启示。

师:找到文中相应段落,请用横线画出给我启示的句子。

生:通往广场的路不止一条。生活也是这样。假如你发现走这条路不能到达目的地的话,就可以走另一条路试试!

师:为什么说"通往广场的路不止一条"呢?请同学们从第一自然段开始细读课文。

案例中的两篇课文都来源于生活中的启示。《钓鱼的启示》来自四年级,具体描述给"我"启示的一件事,《通往广场的路不止一条》为五年级课文,具体描述的是"我"得到启示后做的事。文章叙述重点尽管不同,但结构上有一定共同点。此例就是由两篇课文的共同点直接指向学习提示,既能帮助学生简洁有效地找到点明短文主旨的句子,又能指导学生提领全文地展开自学。

(四)情境导入法

所谓情境导入法是指运用语言、图画、音乐、实物、表演等手段,创设一种身临其境的教学情境,使学生产生情感上的共鸣,激发学生的学习兴趣和学习动机。儿童是通过形象认识世界的。因此,此法运用得当,对低中年级学生尤其有效。

1. 语言入境

借助教师语言,针对教学内容,通过诵读诗文、讲述故事形式,生动地导入新课,易于激发学生的学习热情。

【案例2—8】

《二泉映月》(苏教版第10册)的课堂导入

著名特级教师　王崧舟

孩子,让我们用自己的一颗善良的富有同情的心,借着想象的翅膀,穿越历史的时空,走进阿炳那一段生活——大家看,也许是一个大雪纷飞的早晨,阿炳出去卖艺,你看到了一个怎样的阿炳?也许,是一个风雨交加的黄昏,阿炳卖完艺,拖着沉重的步子回来了,那又是一个怎样的阿炳?也许,阿炳在卖艺的路上,不小心撞翻了一筐水果,于是你又看到了一个怎样的阿炳?也许就在阿炳自己那间破旧不堪的茅屋里边,阿炳又饥又渴病倒在床上,你又看到了一个怎样的阿炳?也许……还有很多也许……睁开眼,把你看得最真切的那一幅画面写下来,把你看得最真切的那一个坎坷的场面写下来。

(学生写,教师巡回指导。)

《二泉映月》是阿炳用生命谱写的曲子,理解曲子的内涵,与文本《二泉映月》中描写乐曲的部分产生共鸣,教者就必须创设情境,让学生走进阿炳的内心世界。阿炳坎坷的经历是文本的写作背景,可是当下生活幸福的儿童却没有这样的体验。于是,案例中教师用充满激情的叙述,让时光在课堂倒流70年,让学生在想象中写话,感受阿炳的穷困潦倒,感受阿炳的贫病交加,更感受阿炳的不屈与抗争。

2. 情景入境

此法一般借助多媒体手段,使学生置身于五彩斑斓、声像同步、动静结合的教学环境中。它能迅速引发学生自主利用多种感官进行多渠道信息传递,最大限度地激发学生的学习兴趣,激发学生的求知欲。

【案例2—9】

《与象共舞》(人教版第10册)的课堂导入

著名特级教师　王雷英

师:初次见面,送大家一首童谣,好吗?

背景音乐一响起,图片上,庞大的象,悠悠走来,一个男孩蜷在象鼻上,睡着了。温暖而绵长的泰国民谣让会场在瞬间安静下来。

象,象,象,

你见过大象吗?

象有大大的身躯,长长的鼻子,

鼻子下面长着长牙,

大耳朵,大眼睛,长鼻子。

……

这一个案例透着女性特有的温暖气质,由一首泰国民歌吉他弹唱开始。孩子们静静聆听,目光炯炯,一张张温馨的黑白照片,拉近了与象的距离,泰国的异域文化在一首童谣中开启。课的最后,童谣的旋律再次响起,孩子们像模像样地用童谣的语言结构,在那些红的、黄的、绿的小纸片上,写出对象的爱,写出对大自然的赞叹,课导入部分的意义之所在才一览无遗。

(五)悬念导入法

古人云:"学起于思,思源于疑。"悬念导入法就是教师根据教材内容的性质,精心设疑,把学生带入一种"愤、悱"状态,调动学生思维的积极性和主动性,引发学生好奇心和求知欲的一种导入方法。

【案例2—10】

《给予是快乐的》(苏教版第9册)的课堂导入

江苏省常熟市实验小学　周振芳

师:同学们,现在我们准备上课。请大家坐好了,我来看谁坐得最端正。

师:坐得最端正,老师要给他一个奖励。请同学们猜猜看,老师会给他一个什么奖励?

生1:加一颗星。

生2:奖一本本子。

……

师:你们都猜错了!老师要给的奖励是让我到黑板上写课文的题目。(生板书)

师:刚才老师让你们猜奖励时,大家都出现了错误的判断。课文中的保罗跟你们一样,也出现了错误的判断。请同学们认真阅读课文第1—5自然段,看看保罗出现了什么错误的判断?

本案例根据课文内容的特点,巧妙地设计了一个"误判"的悬念,有效地把学生组织了起来,并且激活了整堂课的教学。教学中,可以通过寻找、分析保罗误判环节,帮助学生理解课文内容,感受小男孩关心弟弟,不求索取、只求奉献的美好心灵。

再如在绘本阅读时,香港的某位教师也采用了此法。执教《启启的脚趾有话说》时,教师展开图书封面,提问:认真观察封面,猜猜这本书的主角会有哪一些呢?袜子、脚趾和球鞋之间会发生怎样有趣的故事呢?启启的脚趾有什么话要说呢?他们要和谁说呢?现在让我们一起来看故事吧。

采用此法要注意符合学生的心理特点和认知水平,难度适当。要和教材内容相符,突出"悬念",不同于一般问题,更有艺术魅力。

三、导入的原则

课堂导入的方法多种多样,以上列出的仅是几种常用的方法。具体选择哪种导入法,要根据实际情况,因课制宜。教师可以发挥自身优势,创造出独具特色、新颖别致的导入方法,只要是有利于达成学习目标、激发学习兴趣的方法都值得提倡。一般情况下,课堂教学的导入应遵循以下基本原则:

(一)目的明确

导入本身是手段,运用这一手段,要有明确的目的。教师设计任何一种导入,都要十分清楚为什么要这样设计以及对学生的语文学习可能产生什么样的影响。教师要紧紧围绕教学目标设计导入部分,要遵循学生认知发展规律,照顾到学生的年龄、性格特征,使其成为学生完成学习目标的一个必要的组成部分。

(二)课型有别

课堂是一个动态的、充满变化的环境,导入技能也是一种开放性的技能。教师要根据不同课型,选择不同方法。新授课以激趣为主,讲授课要温故知新,复习课多分析比较,归纳总结。

(三)入题简明

教学中,有许多老师,尤其是刚参加工作的年轻教师,只图表现气氛热烈,闹闹哄哄,追求形式上的活泼,而把学生的兴趣和注意力都引到看热闹上去,或过多地占用课堂教学时间,影响教学效果。导语的设计要短小精悍,五分钟之内一定要转入正题,切忌时间过长。长时间地导入会占据最佳学习时间,使学生产生注意力的转移,而不能达到预期目标。

第二节　课堂提问技能

课堂提问是指在课堂教学中,教师根据一定的教学目标,针对教学内容、教学的重难点以及学生实际,设置一系列问题情境,要求学生思考回答,促进学生积极思维、提高教学质量的一种教学手段。

新课程十分强调发展性评估,提问是用的最为广泛的发展性评估方式。然而在我们的课堂教学中,提问作用发挥的远远不如人意:课堂中我们经常听到的是一些低层次的,局限于课文内容的提问,一些缺乏科学的依据与设计的提问。而且由于提问数量过多使学生忙于应付,根本就无暇深思;重结论轻过程,提问流于形式,用优生的思维代替全班学生的思维,以简单的集体应答或个别作答取代学生深入的思维活动,形成学生思维的虚假活跃,削弱了教师的讲授作用等。总之,课堂教学中存在低效提问、无效提问的现象,长此以往将严重阻碍学生思维发展。

那么,如何设计有效的提问呢?

一、课堂提问的类型

祝新华教授提出的"六层次阅读能力结构系统"把阅读能力分为复述、解释、重整、伸展、评鉴和创意。参照认知能力从低到高发展的要求,可产生六种提问类型。

(一)复述型提问

认读原文,抄录词句,指出显性的事实。通过找出恰当的事实,了解学生对篇章最基本的、直接的理解。这是最低层次的提问类型。

(二)解释型提问

用自己的话语解释词语、表面句意。句子的表面意义(命题意义),是由一个个词语意义连接而成,不顾语境也大致能把意思说出来。这种问题可了解学生对词句的理解程度以及对篇章局部的理解水平。

(三)重整型提问

分析篇章内容关系,抽取篇章重要信息,概括段篇主要意义,辨识表达技巧等。它主要考核分析与综合能力。

(四)伸展型提问(推论)

在理解篇章表层意义的基础上,找出隐含信息(引申含义,拓展内容)。

(五)评鉴型提问

在理解意义的基础上,评说人物与思想内容,鉴赏语言表达。学生回答只要持之有故,言之成理即可。

(六)创意型提问

在理解篇章意思后,找出解决问题的新想法,提出文章的新写法,或运用所读的信息解决实际问题等。

下面以特级教师王崧舟执教《与象共舞》(人教版第10册)为例做简单说明。

【案例2—11】

片段一:触摸词语,初步感受

师:这是课文里出现的几个成语,有的带生字,有的不带生字,我们谁来读一读?

(出示:熟视无睹　冲锋陷阵　小心翼翼　彬彬有礼　翩翩起舞)

师:这五个成语在课文中都是写什么的呢?

生:大象。

师:没错,都是写大象的。那么它是怎么写大象的呢?谁来读第一句?

出示:在泰国,大象对人群已经(　　　　　　)。

生口头填空补充完句子。

师:很好,第二句——

出示:在泰国,大象曾经驮着武士(　　　　　　)。

依次出现第三、四句。

在读词语,用成语,读句子这些朴实的做法中,通过预习检查,既巧妙介入关键词教学,又达到整体感知课文的目的。属于调动学生原有认知的解释型提问。

片段二:把握中心句,深入理解

师:第一自然段讲什么?有没有现成的句子帮助我们概括?

生:在泰国,如果你在公路边或者树林里遇到大象,那是一件很自然的事。

师:给你个小建议,去掉表示地点的词。

生:在泰国遇到大象,是一件很自然的事。

师:像这样能概括这一段大意的现成的句子,我们把它叫做——

生:中心句。

(按照这个规律,放手让学生寻找概括第三、四、五这三段的中心句。)

师：我们一起把这五句话连起来读一读，它们几乎把课文的主要内容一网打尽。

《与象共舞》一课脉络清晰，王老师针对这篇文章段落多中心句的特点，有意识地训练学生寻找中心句，这是学习阅读概括的一个好方法，也是写好作文的一把金钥匙。这部分提问属于重整型提问，整体分析篇章结构，抽取篇章重要信息，概括段篇主要意义，辨识表达技巧。

片段三：聚焦重点段落，品读积累语言

师：在脑海里迅速搜索课文哪一个画面、哪个场景留在你的脑海里？让你一下子想到人与大象没有一点距离？（学生自由说）

默读第五段，思考你从哪些地方体会到人象之间没有距离。读"与象共舞"的画面，纠正"踮脚抬腿"的读音。引导：时而——时而——时而——，读出节奏。

生自由朗读。

替换角色朗读：把"观众、人群、人"换成"我们"；把"象群、大象、它们"换成"我们"。

想象说话：舞之蹈之的观众在对大象说：朋友——朋友在哪里？

生大声喊：朋友，我们一起来舞之蹈之吧！齐读"与象共舞"的场面。

师追问：此时此刻，此情此景，舞之蹈之的大象和观众还有没有距离？除了身体，还有什么没有距离？（心灵）还有什么没有距离？（友谊）还有什么没有距离？（亲密无间）大象就是我们自己，观众就是大象。这叫"人象合一"。

齐读"与象共舞"的场面，感受作家赵丽宏的"天作之合"。

这部分提问属于鉴赏型提问，抓住"舞之蹈之"，赏析"与象共舞"的场面，层层深入，品鉴语言的妙用。

需要注意的是，各种类型的提问在课堂上绝非线状呈现，而是互相交织、融为一体。教育观的核心是学生观，课堂提问是否有效，最终要根据学生的学习情况而定。要从学生已有的认知经验出发，根据学生的学习现状，有效组合各种类型的提问。从这个角度而言，有效的提问就是能够促进学生发展的提问。

二、课堂提问的策略

（一）关注问题设计的有效度

1. 问题需要有效整合

我们的课堂，问题还是问得太碎。一项研究表明：一位语文教师在一节课上竟向学生提出了 98 个问题。教师平均不到半分钟就向学生提出一个问题,几乎以问题贯穿课堂教学始终。"对吗?""是不是?""喜欢不喜欢?"这类没有思维含量的提问充斥在课堂中。如果有一问,能起到"提纲挈领"的作用;如果有一问,能"一石激起千层浪",让学生欲罢不能;如果有一问,能串起听说读写,能将重点和难点一起解决,那么它一定是有效整合后的主干问题。

【案例 2—12】

《狼牙山五壮士》(人教版第 9 册)的问题设计

方案一:哪些词语、句子特别触动你的心?这句话最触动你心,为什么?如果让你聚焦到某个词,最先映入你眼帘的会是哪个?谁来解释这个词语的意思?这个词用在这儿,有什么感受?谁来发表高见?默读第 4、5 自然段,五壮士的哪个举动又会深深地烙在你的脑海中?烙在你脑海中的是什么?请大家仔细读这个句子,读着读着,你仿佛看到了什么?有什么感受?请同学自由朗读文章最后几段话。读完之后想一想,哪一处最震撼你的心?⋯⋯

方案二:狼牙山五壮士是一群怎样的人?

方案三:五壮士"壮"在哪里?作者是怎么写出"壮"的?

案例中,方案一问题过细,过于碎烦,指向一些人、事、时、地、物的具体问题,课堂中教师不断地问,学生只有一步步回答,思维被禁锢。在这种浅显低层问题引领下学习,学生的阅读能力是很难得到提高的。方案二过于笼统,按照这样的套路,叙事的课文都可以问:这是一件怎样的事?写人的课文,都可以问:这是一个怎样的人?写景的文章都可以问:这个地方美在哪里?这就变成了"千课一问"。而方案三来源于对文本的深入研读,针对核心内容(英雄品质)的高度提炼和人物行为的言语表现,提出了问题,更有助于沉潜言语,感悟文本表达的内涵。

2. 问题需要引领能力提升

提问的六种类型中,"重整型、伸展型、评鉴性、创意型"体现了提问的深度、广度、开放度。这些问题往往需要学生在梳理、分析、统整文本内容的基础上,经历分析、概括、综合、比较、分类、评鉴等历程,用自己的"解释"给出答案。近来,语文教育界都在呼吁阅读教学的转型,崔峦先生提出"与内容分析说再见",阅读教学应该更多地关注习得阅读策略,提高阅读能力。因此,课堂有效提问的方向,也应该指向学会阅读。

【案例 2—13】

《草船借箭》(人教版第 10 册)的问题设计

山东省滨州市教研室 刘红星

核心问题 1:周瑜为什么说诸葛亮神机妙算?

核心问题 2:现代科技如此发达,为什么今天人们仍不能像诸葛亮那样对天气做出准确预测?

本课是一篇历史小说,往往以忠实于历史事实和逼真的细节等手段,艺术地再现历史风俗和社会概况。它不同于历史著作,可以有细节上的想象和虚构。案例中,核心问题 2 的设计跳出文章内容,把关于本篇课文体裁的知识和各种人物历史上的真面目呈现给学生,让其自然辨清小说的虚构和生活的现实。通过这一问题的设计,能够引领学生感悟一种阅读历史小说的方法,一种认识世界、看待问题的思维方式。

(二)关注问题呈现的时效度

课堂提问的时效度,即掌握好课堂提问时机。教师要善于利用或创设一个最佳时机提出最有效的问题。"不愤不启,不悱不发",当学生处于"愤悱"状态时,是教师提问的最佳时间。

1. 根据不同学生,梯度提问

课堂提问应该面向全体学生,内容要有梯度,有层次,要坚决避免让少数优秀学生或愿意表现的学生独占课堂上回答问题的时间。教师所提出的问题,对学优生有空间"提高";对中等水平的学生可逐步"升级";对学困生可适当"降低"。复述、解释型提问,要穿插点问学困生,给其创设舞台;重整、伸展型提问,要照顾中等生,使其得到锻炼;评鉴、创意型提问,要垂青优等生,引领课堂学习向纵深发展。回答问题的方式可以是个别回答或小组代表回答,也可以是抢答。这样可以使每个学生都有机会参与,都能体验到成功的感觉,使课堂真正变成学生主动进取、施展才华的场所,使课堂提问发挥更大的效应。

以《青山不老》(人教版第 11 册)为例,这是一篇略读课文,教学的重难点就是理解"青山不老"语言背后所蕴藏的深刻含义,体会人物的思想情感。可以围绕"奇迹"展开教学,使学生对"老人 15 年如一日的坚持,创造了这一奇迹"的理解水到渠成。最后一个环节可以安排自主练笔:是谁创造了这个奇迹?(81 岁的老人)你佩服他吗? 赞赏他吗? 你可以尝试用课文中的词句,也可以用自己已有的语言积累来赞美这位老人。学生课堂写话呈现两个层面:一个层面是基本引用文章中的句子来写；第二个层面属于优生层面，能够理解到"青山不老——赞扬老人与环境做斗争、绿化家园、保护环境、造福人类的精神"。教师在反馈交流环节，可以先提问第一个层面的学生，交流他们的写话，并肯定学生本节课学习的成果；接着提问第二层面的学生，充分利用优生写话资源进行升华。这样，既调动不同层面学生学习积极性，又突破了教学难点。

　　2. 根据课堂生成，及时追问

　　根据提问设计的时间先后分，可分为预设性提问和临时生成性提问。预设性提问是教师在解读文本、研究学生的基础上，预先设定的问题，往往贯穿课堂学习的主线。生成性提问是针对学生实际课堂学习临时生成的问题，可以是"拨云见日"，也可以是"循循善诱"，既给思考肤浅的学生指明方向，又给积极思考的学生开拓思维。生成性提问往往成就精彩、高效的课堂学习，也是对教师课堂教学智慧的考量。

　　【案例2—14】

《我的战友邱少云》(人教版第11册)教学片段

著名特级教师　王崧舟

　　面对《打击侵略者》的视频剪辑，一个男孩说："邱少云，假如我是你，我就打几个滚先将火灭了，说不定这个时候山上的敌人正在睡觉呢。"

　　王老师沉默了十秒钟后，缓慢而低沉又字字灌注着声气说："孩子，你不希望邱少云死，是吗？"

　　男孩郑重其事地点了点头。

　　王老师："这样的希望，不光你有，大家也有。不光大家有，我相信，在邱少云的内心深处也一定有——我要活下去。但是，作为一名军人，一名以服从命令为天职的军人，此时此刻，面对残酷的战斗形势，面对自己的危险处境，我相信，一定还会有另一种声音在他的内心深处响起。大家听，另一种更加强烈、更加坚定的声音在对他说……"

　　最终课堂气氛被学生的发言一步步推向高潮。

　　(三)关注提问后的等候时间

　　教师提出问题后不要急于找学生回答，需要停顿，有等待时间，并且，等待时间与问题的难度要相匹配。研究表明，当教师把等待时间从不到 1 秒增加到 3~5 秒时，课堂就会出现许多有意义的变化，如学生会给出更详细的答案，会作出更多以证据为基础的证明，会提出更多的问题，学生的成就感会明显增强。需要注意的是,并不是时间越长越好,因为随着时间的延长,一些学生的思维可能要脱离课堂教学的问题范围。因此,教师要把握好提问后的等待时间。

三、课堂提问的原则

优秀教师的课堂教学往往波澜起伏、有声有色,令学生流连忘返,其中一个重要的原因,就是他们精彩的提问艺术发挥了不容忽视的作用,起到"一石激起千层浪"的效果。他们的课堂提问,遵循着以下基本原则。

(一)目的性

课堂提问应有明确的目的。为实现教学目标服务,并围绕本节课的教学重点和难点进行设置。课堂提问忌不分主次轻重,为提问而提问,而要有的放矢,紧紧围绕重点,针对难点,扣住疑点,体现强烈的目标意识和明确的思维方向,避免随意性、盲目性和主观性。如果脱离这一点,往往会导致"问无实质,问多无趣",影响课堂教学效果和学生能力的发展。

(二)启发性

《论语·述而》指出,"不愤不启,不悱不发,举一隅不以三隅反,则不复也。"教师提出的问题不宜太宽太大,含糊不清。提问不在于数量的多与少,而在于教师的提问是否能激发学生的兴趣,开启学生的心智。过难,学生无从下手,没有意义;过简,不用动脑思索就答,没有价值。要从学生和教学目标、内容的客观实际出发,有的放矢,避免盲目设计问题。

(三)逻辑性

课堂教学中的问题,不是孤立无援,毫无联系的,而应根据学生的知识、能力水平和心理特征,以某种教学逻辑顺序为标准,由浅入深、从易到难统一起来,构成一个问题系统。

(四)灵活多样性

教学是师生双向互动的过程,作为学习主体的学生并不像机器那样完全受教师控制,而是有着主观能动性,因此课堂上的教学情况也往往不断变化。教师要根据具体情况,适时地提出问题,相机诱导,不可死背教案。

四、课堂提问的理答

理答是指教师对学生回答问题后的反应和处理,是教师对学生答问结果及表现给予的明确有效的评价。它是课堂问答的一个环节,是重要的教学行为之一。

智慧的课堂理答是一种民主的课堂文化的体现,是师生对话的关键环节,也是最见功力的环节。教师如何修炼智慧理答的技能呢？

(一)多给予"积极反应"

积极强化是教师经常使用的一种课堂理答技巧，一种非常有效的鼓励学生踊跃参与学习的方式，可以让学生有一种成功的情感体验。积极强化这种技巧主要表现为以下两个方面：一是言语强化，从最简洁的语言"好"、"很有趣"、"好观点"等，到针对具体学习环境展开的评价，如"你的回答不仅充满情感，而且极富思维含量，真是个聪明的孩子!""你有高度的概括能力，能把长长的一篇文章读成5句话，不简单!""你的回答不但语言组织有条理，而且还很有见解。"这样类似的话语就向学生表明，他的回答不仅被接受，而且还得到了称赞。另外，教师要善于把学生在回答中的用语或观点吸收到自己的教学语言、教学内容中去，这也是认可学生的观点的一种方式。二是非言语强化，也指"身体语言"强化，包括运用面部表情、动作表情等。利用身体语言来传递信息也是一种非常有效的方式，这在课堂提问中表现尤为突出。如微笑、爱抚、竖大拇指等都可以传达教师对学生的鼓励和肯定。另外，教师要善于利用自己那双"会说话"的眼睛，与学生经常保持不间断的目光接触，让学生随时感受到来自老师的关注。

(二)适时"追问"和"转问"

"追问"在学生回答不正确或不完整时运用较多。基于学生的认知经验及水平，学生的回答可能会偏离问题的主流价值，往往浅尝辄止，流于表面，不能一步到位，特别是涉及推论、评鉴、创意等较高层次的深度问题，此时就需要教师采用"追问"智慧地加以点拨、提升，让学生透过字面，寻微探幽，走进文中所描绘的情境，走进作者的心灵。

【案例2—15】

班级读书会《吹小号的天鹅》教学片段

浙江省杭州市长青小学　王碧蓉

在学生讨论"当人们把这一枚金灿灿的奖章挂在路易斯胸前的时候，路易斯会怎么想"这个问题时，有一名学生回答："我觉得它会想：哎呀，现在飞行已经非常困难了，但是有了这个荣誉，我觉得这样是很值得的。"

师问："现在飞行已经很困难了，顺着你的意思就是说，奖章挂上去——"

孩子们替他回答："有点麻烦。"

此生也点点头表示认可。

教师沉默片刻，追问："是不是飞起来更加困难了?"

生："这枚奖章让平果斯金纳改变对我们鸟类的看法。"

生:"我觉得这枚奖章挂上去很有意义,路易斯舍己忘生的精神,使这枚奖章很有价值。"

生:"这枚奖章是他的荣誉,挂上去不重。"

生:"如果我是路易斯,我觉得这枚奖章一点也不重,反而觉得很轻。因为这是自己救了平果斯金纳的性命,在库库斯库斯夏令营第一次赚 100 块钱的时候获得的。"

……

此生很郑重地为路易斯挂上了这枚奖章。

案例中,教师起初没有预设到孩子会认为奖章挂上去影响飞行,但是教学中选择以此为契机进行追问,恰恰形成了一个热烈讨论的话题。孩子们在思维碰撞中达成共识:这枚奖章意义非同一般,非挂不可! 正如书中的主人公路易斯一样,挂着奖章自豪地飞行。这个在备课中没有预设的讨论在一追一问中反而成为这节课中最难忘的记忆。

当提问无效时,或为了使问题得到更多学生的讨论,就需要转问,将问题抛给其他学生,目的是使问题得到更好的解决。

追问和转问这两种方式有利于学生专注于学习活动,改善学生思考方式,教学中可大量使用。

第三节　课堂讲解技能

讲解是教师运用教学语言,引导学生理解教学内容并进行分析、综合、抽象、概括、形成概念和认知规律的教学行为方式,是课堂教学中关键的一环。

一、课堂讲解的类型

(一)观察法

【案例2—16】

某教师教学生学习"口"字的片段:

师:请学生看"口"的图画,说说这是张开的嘴巴。"嘴"也就是"口"。

学生比较图画"口"和象形字"口"的相像之处。

师:"口"字刚造出来的时候,和嘴巴的样子很像,还有向上翘起的嘴角呢!

出示"口"字演变的不同字体,学生观察,理解象形的特点。

师:看到"口"字,想到嘴巴。请学生组词运用:开口、闭口、笑口常开;引申运用:门口、入口等。

师:古代人,真聪明,他们能根据一样东西的样子创造出汉字,慢慢地,为了书写方便就成了我们现在使用的汉字。这些字,我们看到字,就可以想到这一事物,通过这个事物就可以了解字的意思了。这样的字我们叫它象形字。

案例中,教师引导学生观察、比较图画"口"与象形字"口"的相像之处,并演示"口"字的字体演变过程,在学生观察的过程中教师结合进行讲解,帮助学生记住"口"的字形,并初步理解象形字的概念。

(二)讲读法

以教师讲解为主,一会儿以讲带读,一会儿以读代讲,穿插想象、说话等语文能力的训练。

【案例2—17】

《燕子》(人教版第6册)教学片段

著名特级教师　于永正

师:课文中一些生字词(出示第一组词),谁会读? 不会读的请认真听同学读。

生 1:微风　掠过稻子　翼翅　荡漾

师:很了不起,课文没有教,你已经会读课文中的生字新词了。说明你养成了预习的好习惯,请坐! 现在谁会读了? 认真听的同学都会读。

生 2:再读。

师:不错。现在会读的举手! (生举手,师面带微笑以赞许的目光环视。)

师:好的,我们一起来读一下。(师范读,生整体跟读。)

师:好,再看这一组词(出示第二组词),谁会读?

生 1: 沾　小圆晕　电线杆　几痕细线

师:不错,四个词里面读对了三个。有一个字音要纠正一下。小圆晕(yùn),念第四声,再读一下。

生 1:再读。

师:不错,请坐! 现在会读的请举手。(生举手)

师:哈,真好,你来读。

生 2:读。

师:不错,会读的举手! 好的,我们一起读,起!

生齐读。

师:课文中的生字、生词课前可以在预习课文的时候根据课文后的生字表上的注音来预习,清楚了吗?

生:清楚了!

师:这些生字当中有两个字是多音字,我们看一下第一个(出示"晕"及相关词语)这个"晕"还有一个音念"yūn",看一下后面组成的几个词语,你读读看,到底念"yùn"还是念"yūn"。来,读读看! 指名读。

生 1:晕(yūn)倒　晕(yūn)头转向

师:两个都读对了,下面两个词。

生:月晕(yùn)　晕(yūn)车

师:"月晕"读对了。我们一般都说是"晕(yūn)车",其实啊有的同学坐在车上感到头晕目眩,不叫"晕(yūn)车"念"晕(yùn)车"。

……

师:如果我们在读到的课文中遇到一些多音字的时候,你拿不准念什么音,该怎么办? 有什么办法吗?

生 1:查字典。

师:很好,查字典。请坐。

生 2：问老师。

师：问老师，问家长。如果没有字典，可以请教别人。课文中的生字，课文中的生词，要会读，要念正确。

案例中，于老师通过多种形式的认读，帮助学生扫清了生字读音的障碍，为深入理解课文奠定了扎实的基础。

（三）演示法

演示法是为了使学生能够把抽象的认识转化为形象的认识，并且获得他们所缺乏的感性认识，而向学生展示各种直观教具、运用各种电教媒体或做某项实验等。它常配合讲读法、谈话法一起使用，对提高学生的学习兴趣，发展观察能力和抽象思维能力，减少学习中的困难有重要作用，特别适用于低年级的语文教学。

在具体运用中，可以细分为多种形式，如角色演示、挂图贴画演示、课件演示等。例如《乌鸦喝水》是一篇很受学生欢迎的童话故事，但乌鸦是怎么喝着水的，为什么能喝到水是本文的难点，限于年龄和知识水平，一年级学生是很难弄明白这一道理的。为了突破这一难点，老师做了以下实验：找一个瓶口很小的长颈瓶子，盛上少量水，再找像乌鸦嘴巴形状的模型，试着用它去触碰瓶子里的水，够不着，于是问学生：为什么乌鸦喝不到水？然后沿着水面，在瓶子上做好水有多高的记号，再把一块一块石头用模型嘴巴衔来放进瓶子里，边放边问：为什么要一个一个地放？接着让学生观察瓶里的水有什么变化，并让学生说一说是怎么变化的。很显然，这一实验，能起到事半功倍之效，可以深入浅出地揭示抽象的科学道理，给课堂教学增添趣味。

再如，教学生学习书写时，教师可以在黑板或实物投影仪上直接演示书写过程，通过示范让所有学生对教师的用笔过程一目了然，直观掌握书写要领。

要注意的是，运用演示法必须围绕教学内容，考虑教学对象，精心选择，有机组合，突出特点，突破难点。如果脱离了教学目标，违背了语文教学规律，再好的演示也只能是花架子。在演示的过程中，教师要引导学生进行观察，把学生的注意力集中于对象的主要特征、主要方面或事物的发展过程；要重视演示的适时性；结合演示进行讲解和谈话，使演示的事物与书本知识的学习密切结合。

（四）谈话法

也叫问答法，是教师引导学生运用已有的经验和知识，回答提出的问题，借以获得新知识、巩固新知识或检验知识的教学方法。谈话法有助于激发学生的思维，调动学生的积极性，培养独立思考和语言表达能力。

【案例 2—18】

《清澈的湖水》(人教版第 3 册)教学片段

浙江省杭州市长江实验小学　蔡红霞

师:现在我们就要坐着船,在湖上轻轻荡漾。哪句话写出了湖水特别的清澈呢?(学生画对了句子,随文学习"镜、映、幻",看图理解"湖水像一面镜子")。

生齐读:<u>湖水像一面镜子</u>,映出了<u>蓝天</u>、<u>白云</u>,还有变幻的山峦。

师:(课件出示山峦的图片)瞧,这就是山峦,这大的山,小的山,连在一起,就成了山峦。山峦是什么呀?

生:大的山,小的山,连在一起就是山峦。

师:对啊,(指生字)这座大山下就有小山藏着哩。课文里说这就是变幻的山峦。谁能给"变幻"换个意思相近的词?

生:"变化"的山峦。

师:山峦映在水里,怎么就会变了呢?

生:因为船经过哪个地方,山就会在船的后面。

师:那是因为船在行,所以看到的景色不一样了。还有呢?

生:因为风吹过时,湖面就会有波浪,有波浪山峦的倒影就会变了。

师:你真会思考,有这个原因。还有一个原因,山石奇形怪状。看见了吗? 这像什么?

生齐:青蛙、骆驼。

师:课文里怎么说,赶紧找出来,画下来。

生:"看,那边的山石像一只正要跳起的青蛙,这边的山石像一只展翅欲飞的雄鹰,半山腰的石兔、石龟,好像正在赛跑呢。"

师:找到这一句的一起读。

课件出示句子。生齐读。

师:点"欲",这个字,读。

生:yù。

师:不久前我们学过一首古诗,就有这么一句(出示)"李白乘舟将欲行"。

师:在这首诗里"欲"是什么意思啊?

生:将要。

师:就是李白将要走还没有走。那么带到这个词语里,"展翅欲飞"的意思是?

生:就是老鹰张开了翅膀,将要飞了。

师:有个词用的很准,是——

生:将要。

师:对,展开翅膀,想飞还没飞,这个词语就叫"展翅欲飞"。把它送到句子里,争取读得再流畅些。

生自由读句子练习。

师:咱们来比赛,看谁句子读得更熟练。我会说山石像一只正要跳起的青蛙,谁能接着往下说。

生1:山石像一只展翅欲飞的雄鹰。

师:你读懂了这句话,谁还能说。

生2:山石像石兔、石龟,好像正要赛跑呢。

师:我们还可以来换个顺序:山石像正在赛跑的石兔、石龟。你们瞧,远远望过去,这些山石还会像什么呀?

生3:山石像正要走的骆驼。

师:思考过了,加上了动作。谁再来挑战。

生4:山石像蜿蜒盘旋的蛇。

生5:山石像正在吃老鼠的猫。

师:应该是像正在捕食的猫。

生6:山石像在吃草的老牛。

师:你看,有这么多的动物被想出来了,还有其他的可以说吗?

生7:山石像一大片茂密的竹林。

师:想别人没想的,不错。那这些动物啊,植物啊,是真的吗?

生:不是,是想出来的。

师:对啊,是想出来的,所以小朋友看这个词(再次出示生字卡片"变幻"),它充满了想象,特别的神奇。

生再次读词:变幻。

师:有些词跟它一样,同样带着想象的感觉。

随着教师出示的词语卡片,生齐读词语"科幻"、"幻想"。

上述片段教学中,教师运用文本语境,从词语的正确认读入手,在和学生平等的谈话基础上,不断挖掘课文中的语言训练点,通过近义词建立词义的初步概念,完成字面意思的理解,再通过扩词、辨析、用词说句子等一系列方式对"变幻"进行了诠释性理解,体现了生态理论下阅读理解的多样性、丰富性。在这个过程中,多层次的词句复现,帮助学生达成了词语积累,完成其从物象、表象到意象、想象的完整建构。

谈话法的基本特点是通过师生间的"问题性对话"传递和交流信息。在学生认为理当如此的地方,提出与常规看法相悖的问题,展开深入讨论,培养学生思维的灵活性、独特性和创新性。也可以引导学生对已解决的问题进行深入的探索,或以题目本身提出的疑问或变换题目的条件来拓宽学生的视野,诱导学生发散思维,增强学生的应变能力,培养学生思维的广阔性和深刻性。

使用谈话法要注意避免细碎、繁杂的提问。教师要对教材做深入分析,在看似随意的谈话中围绕课文核心的知识点展开,否则就变成不停提问的课堂,学生只是回答问题的机器了。

二、课堂讲解的原则

(一)准确

准确讲解包含两方面的要求。一方面是指教师讲解的知识要正确,这是讲解的基础要求。这要求教师不仅要深刻领悟课标精神,吃透教材,能正确解读文本,准确把握教学的重难点,还要不断提升自己的文学素养,对语言文字要有敏锐的洞察力,对语言现象和规律要有深刻、正确的理解。另一方面是指教师讲解针对性要强,力求语言精练,指向明确,避免漫不经心、言不达意。

(二)有效点拨

有效点拨需要教师抓住四个时机及时讲解,即学生发言的"精彩处"、"偏差处"、"浅薄处"和"瓶颈处",让学生有拨云见日的感觉,推动教学流程不断向纵深处行进,让学生在点拨中启迪思维、品悟方法、习得能力。

比如在学生初学汉字的时候,有的教师认为汉字"一"笔画简单,讲解时只要求学生"在横中线上从左到右写"。在这样的讲解中,一年级学生能达到的效果就是在横中线上画横线,很难实现汉字的书写美。有经验的教师就会更细致地分解为几步。首先,教师会提示学生仔细看,"一"在田字格中,住在哪儿呢?待学生反馈后,教师一边示范书写,一边说要领:从横中线上靠近左边的地方起笔,可以重一些,然后从左到右慢慢写,收笔时向右稍按一下,整个笔画长而平稳。然后,教师小结:看,这就叫"上留天,下留地,左右留空间",请学生跟读田字格书写口诀。最后,学生再练习书写。此例就是在学生容易"浅薄处"进行了有效的点拨。

第四节 课堂调控技能

课堂调控是教师在课堂教学过程中进行的一种管理,即师生遵循一定的规则,有效处理课堂上影响教学诸因素及其之间的关系,使课堂教学顺利进行,促进学生发展,实现教学目标。

课堂调控可以指向学习氛围、学习节奏等多方面,本节重在针对课堂组织教学的调控而展开讲解。

一、影响调控的因素

影响小学语文课堂教学调控的因素主要有:

(一)课堂规模。主要是指班级人数的多少。一般而言,班级人数越多,课堂教学调控的难度就越大。

(二)课堂的学习环境。学习环境不仅包括教室的色彩、物品的摆放、直观教具的运用情况,也包括教师的装束、言谈、举止,座位排列情况等。创设舒适优雅的学习环境有利于学生的学习,对课堂教学的调控也非常有利。

(三)学生的学习风气。学习风气是一种无形的力量,它对人才培养的质量起着重要作用。

(四)师生的情感关系。良好的师生关系有助于课堂教学调控的顺利进行,反之,会严重影响课堂教学调控的效果和质量。

(五)课堂教学的推进速度。学生在课堂教学中出现问题行为,与教学的推进速度过快或过慢有着密切的关系。因此,教师在课堂教学中要特别注意教学节奏的把握。

(六)课堂教学常规。必要的课堂教学常规,既是组织教学的基础,也是学生遵守教学秩序的行为依据。即使像开始上课,教师走进教室,学生起立致敬,教师还礼这样的常规习惯,也对学生的课堂学习产生着一定的影响。

(七)学生的个人状况。小学语文课堂教学的调控与学生的求知欲望、自制能力以及实时的疲劳程度等多方面的状况有关。注意力需要强有力的自我控制,疲劳会影响注意力的集中,学习兴趣和求知欲望又直接影响着学生注意力、自制力。这些因素都会对课堂教学的调控产生影响。

（八）教师的个人状况。教师的语言、声调、动作、表情以及注意的分配情况，直接影响着课堂调控的效果。

二、课堂调控的类型

（一）体态语提示法

教师在课堂上讲课，除了运用有声语言外，还需借助一些表情、手势、动作等无声语言的表达来传递特定的信息，以加深印象，取得良好的教学效果。这种用表情、动作或体态来交流思想的辅助手段是一种伴随语言，称之为体态语。运用体态语调控学生课堂学习行为的方法就是体态语提示法。

1. 眼神关注法

体态语提示首选的是眼神。眼睛素来被喻为"心灵的窗口"，人们内心的思想感情可以通过这个"窗口"折射出来。它是一种非常复杂、深刻、微妙，富有表现力的语言。

有的教师上课时两眼不看学生，只管按照自己设计的程序讲课。学生在下面听得如何，他一概不知，这种"有眼无珠"的讲课方式无法掌握学生获取知识的程度，更无法与学生进行信息沟通与交流。学生在听课时，眼睛往往是注视着教师的，如果教师以一种和蔼的目光一边讲课，一边巡视学生，用目光语来询问、了解，与学生沟通，学生就会觉得老师是在对自己讲课，就会集中注意听课，做到心领神会。如果学生在回答问题时，教师用亲切的目光注视他，学生会有一种被鼓舞、信任的感觉。如有学生做小动作，教师用关注的目光看他一下，实际上是一个提醒暗号，学生会意识到自己的不对而改正过来。因此，在课堂教学中，教师采用一种亲切、关注、持续不断的目光巡视全班同学，能随时把握学生的动向，及时沟通信息。

此法最多使用在课前的组织教学阶段。当上课铃声响起，教师不要急于进班上课，可选择在教室门口处或讲台前站定，用温和而镇定的目光扫视整个课堂，督促学生做好上课的各种准备，包括检查学生是否准备好学习用品，检查学生注意力是否集中在学习上。如果此时，碰见有个别学生匆忙准备或还在交头接耳，教师可表情严肃地用眼光注视其一段时间，不用多余的语言，只静静地看着对方。等到全班学生的情绪都安定后，教师再开始正式的课堂教学，这样学生可以更自觉投入到教学活动中。

2. 手势提示法

手的姿态、动作是表达形体语言和思想感情的有力手段。我们可以借鉴日常交流约定俗成的一些手势，如在唇前竖起食指表示"安静"，双手平放掌心向上抬表示"起立"，动作不变掌心向下按表示"请坐"。除此之外，我们也可以在正式课堂教学前与学生约定一些课堂特有的手势语。如有教师给学生整队时，就把传统的"1、2、3"数字进行了新的约定："竖一根手指"为"起立"，"竖两根手指"为"放凳子"，"竖三根手指"为"排队"。这样，凡是需要整队，教师不必说一句话，只要用手势就能顺利完成要求。同样，"坐正"、"举手"、"暂停"等都可以通过手势约定实现。

3. 肢体示范法

俗话说："坐如钟，站如松，行如风。"这是指人与人交往中应有的正确体姿。在教学过程中，立姿和步姿是最多的。立姿语是通过站立的姿态传递信息的语言，不同的立姿，传递着不同的信息。教师站在讲台上，弯腰曲背，表示精神不振，上起课来有气无力；有的教师整堂课都侧身对着学生，是一种漫不经心的表现，会使学生注意力集中不起来，课堂气氛不浓厚；有的教师整堂课都两手撑着讲台，这种没精打采的立姿显示出一种单调感，学生会提不起精神来。除了立姿，在讲台上还有步姿。一个小小的讲台，它可以展示教师的心态。有的教师来回不停地走动，这种不自觉的习惯性步姿会影响学生的思维和课堂的宁静。因此，教师在教学中要注意挺身直立，面对学生，给人以潇洒自如、稳重自信之感，给学生树立起行为规范的榜样。

总之，体态语提示法使用得当，可以在引导个别学生的同时，又避免影响班级整体的学习氛围，能在课堂上最经济、自然地调控学生的学习行为。

(二)语言调节法

1. 停顿吸引法

教师在讲授过程中发现个别学生注意分散时，可以采取停止讲课的方法，使学生感到意外后，集中注意。一般来说，停顿的时间以三秒左右为宜。这样的停顿足以引起学生的注意。停顿时间不可过长，长时间停顿反而会导致学生注意力涣散。

2. 声音控制法

除停顿以外，教师也可以通过突然改变音调、语调来吸引学生的注意。当学生习惯于教师同一频率的讲述时，教师突然加快或减慢语速，可以突出讲解的重点；当学生习惯于教师的日常语音时，教师突然在轻声讲述中变高音量或者在慷慨讲解中突然降低音量，亦能瞬间吸引学生注意，突出讲解重点。

3. 提问点拨法

当某些学生注意力不集中时，教师可提出问题请他们回答，促使他们把注意力转移到学习活动中来。也可以采用指名板演的方法，在帮助个别学生的同时还可以吸引其他同学的注意力，其刺激强度更进一层。当学生答题不理想时，要趁势点拨,鼓励他们动脑思考或用心倾听,提高他们注意的稳定性,以积极的状态投入到学习活动中来。

4. 表扬示范法

表扬示范法是教师根据教学的需要,用语言重点表扬某个学生或某种行为方式,引起其他学生的注意,从而明确学习重点与学习方法。表扬示范法可以使学生产生一种愉快的情绪体验,提高学习效果。

(三)游戏休整法

在低年级课堂教学中,学生较容易出现疲劳、精神不集中的状态,教师可以在10—15分钟左右改变一种教学状态,从诵读到书写,从书写到认读,力求动静结合地进行休整。同时,可以辅以课间操或游戏、竞赛的形式,帮助学生缓解疲劳。

1. 课间操

幼儿授课的时间大多在20分钟一节课左右,进入小学阶段变成40分钟一节课。这期间,为了更好地帮助小学生完成从幼儿园到小学阶段的衔接,教师可以在授课中穿插课间操,以此作为一个短暂休整,帮助更多学生恢复精力,把注意力集中到下半节课的学习中来。

2. 游戏

除了在课中部分进行课间操休整外,低中段教学还可以在课前引入或课后巩固环节穿插游戏形式的练习。教师可以把拼音、生字、词语的复习融合到"开火车"、"摘苹果"、"送信"等游戏中,使学生在活动中兴趣盎然地学习,一举两得。

3. 竞赛

在课堂学习过程中,还可以灵活采取竞赛形式,大面积地调动学生积极性,在游戏的情境中保持学生注意力的高度集中。竞赛的形式可以是男生、女生比一比,可以是小组、大组间的比赛。竞赛可以改变传统的一问一答形式,有效刺激小学生的课堂参与。

(四)巡视指导法

在学生作业或合作环节,教师可以利用巡视,对个别学生的学习行为进行表扬或批评,合理协调学生合作的任务分配等。

要让巡视真正到位,教师不能只是按部就班地在教室内游走,而是要心中有预设。这个预设的前提就是对学情的充分把握。教师既要在巡视期间,照顾到全班学生的学习情况,又要重点指导个别学生。这类学生有的是学习能力比较弱的,教师可在巡视时进行一对一的学法指导;有的是自我行为约束能力比较弱的,教师需要在巡视时强化其正确的行为,借助手势、眼神、语言等多种形式提醒他。当然,巡视过程中的语言提示也应该根据实际情况突出针对性、具体性。

(五)因势利导法

借助生活中、学习中的突发情况,将意外"点石成金",点化成有效的课堂教学资源。

【案例2—19】

广东省韶关市翁源县龙仙第一小学陈志新老师课堂调控事例:

一次上语文课,当我理发以后走进教室,四年级的小学生就围过来。"老师,您今天的发型很好看,是'山'字头。""老师,您的发型是麦当劳的'M'字。"小学生真诚的笑容、可爱的话语,让我差点儿不能自己。得意忘形之后,一个念头在我脑中一闪,这堂课何不教学生留心观察周围事物的描写方法呢?于是,我大声宣布:"这堂课的内容就从老师的'山'或'M'字头说起,大家说行吗?""行!"大家异口同声。我立即顺水推舟,学生们开始兴致勃勃地认真听我讲起了留心观察周围事物的描写方法,有的学生还讲起了他们的亲身体验……当师生开始评价时,我就知道,这堂课没有白费。因为学生很快乐,当然我也非常满意。

案例中,教师抓住"意外"因势利导,将一场"暴风雨"机敏地转化为"风平浪静",将烦人的"事故"变成动人的"故事",获得了意想不到的教学效果。

课堂调控的方法还有很多。如统筹分配法,幽默转移法等。一名具有丰富课堂管理经验的老师应该追求调控方法的多样化,最终实现自然、高效的课堂氛围。

三、课堂调控的原则

(一)教育性原则

在课堂上,教师无论是维护课堂纪律的方式,还是调节师生活动的安排,都要体现明确的教育目的。或者是知识教育,或者是思想教育,也可能是多种教育因素并存,教师要认识清楚,把握准确,运用恰当。教师在课堂上的一切行为,都要体现出尊重学生、爱护学生、激励学生、教育学生的指导思想,而不能存有压抑学生、放纵学生、惩罚学生、愚弄学生的意识。

(二)管理性原则

教师是课堂教学的主要组织者,富有管理教学的职责。因而,教师在课堂上运用组织教学技能要遵守管理性原则,适时调控教学目标,掌握教学进度,调节教学活动,集中学生注意力,采取有效措施维护教学秩序,确保课堂教学活动的顺利进行。

(三)协调性原则

教师在课堂上一方面要发挥自身的引领、组织作用,另一方面又要大力调动学生学习的主动性和积极性,突出学生的主体地位,使师生活动呈现紧密、活泼、和谐、有序的状态。教师在面对突发情况时,要控制情绪,冷静分析,不以负面情绪影响学生。

叶澜教授指出:"课堂应是向未知方向挺进的旅程,随时都有可能发现意外的通道和美丽的图景。"教师想要"发现意外的通道和美丽的图景",就要在平时的教学实践中不断自我磨砺。只有增强感知课堂状态的敏锐度,提升自己的调控技能,才能在"意外"出现时沉着"接招"并瞬间决策,才能化腐朽为神奇,化枯燥为趣味。因此,作为语文教师,除了要提高自身的文学修养外,练就课堂调控应变能力这一基本功也是十分重要的。

第五节　课堂评价技能

　　课堂评价形式是多种多样的,但最直接、最快捷、使用频率最高、对学生影响最大的莫过于课堂教学中的评价语言。教师充满魅力的课堂评价语言,虽不是蜜,但可以粘住学生;虽不是磁,但可以吸引学生。教师充满魅力的课堂评价语言,能把死气沉沉的课堂变得生机盎然,能把吵吵闹闹的氛围变得宁静祥和,能把昏昏欲睡的学生变得精神抖擞。这一切都得益于教师的课堂评价艺术。

一、课堂评价的含义

　　课堂评价,主要指课堂教学中教师对学生的各种活动所进行的评价。课堂评价是课堂教学的重要手段,贯穿于教学活动的各个环节。课堂评价应该是课堂教学中激励学生不断开发自我、超越自我的核心手段,是师生生命历程中共享成功的快乐所在,是师生关系不断走向和谐的催化剂。

二、课堂评价的作用

(一)激励表扬,增强自信

　　教师在课堂评价时要尽可能多给学生一些赏识与鼓励,能调动学生学习的积极性、主动性,使学生有被认可的满足感与成就感。这种催化剂般的激励表扬,会让学生感受到学习的兴趣,激发求知欲,促进学生积极主动地发展,增强自信心。

(二)幽默风趣,营造和谐

　　幽默风趣的课堂评价能够激发学生学习的热情;能够解疑,让学生在愉悦中学到知识;能够解乏,让学生在笑声中远离疲劳;能够解围,让学生在欢乐中走出尴尬。善用幽默风趣的课堂评价,课堂气氛立刻宽松起来,使课堂充满智慧和生机。

(三)自评互评,增进合作

　　课堂评价中适当的自评、互评,学生会逐渐感受到与同学相处的重要,增强合作交往的意识。学生能发现并欣赏他人的长处,也就会学着取人之长补己之短。学生也会通过合作交流解决学习中的问题,从中体验合作获取知识的快乐。

(四)引导方法,培养习惯

　　课堂教学过程中,学生对学习内容的理解程度不一,回答问题不一定能一步到位,这时教师启发性、导向性的评价语言就显得尤为重要。围绕教学目标进行的评价语的设计,再加上语文老师特有的驾驭语言的能力,可以使评语既充满诗意,又让学生从中寻求到方法,打开他们的思路,使他们有进一步思考的欲望,从而培养学生良好的学习习惯。

三、课堂评价的基本类型

课堂评价的类型有多种:从评价的对象分,有教师评价、学生自评、学生互评等;从评价的手段分,有口头评价,体态语言评价,物质评价等。

(一)教师评价

在课堂学习过程中,教师充分发挥主导作用,通过语言、动作等合适的方式,不失时机地给不同层次的学生以恰当的课堂评价,是促进学生发展的有效手段。教师评价主要有以下几种类型。

1. 激励式评价

【案例2—20】

《天游峰的扫路人》(苏教版第12册)教学片段

著名特级教师　孙双金

师:(引导学生朗读课题以后)你们有什么问题想问?

生:天游峰的景色怎样? 它有什么特点?

师:你可真会思考! 你提出的这个问题很有价值。你真是个小小思想家!

生:作者为什么不写天游峰的好山好水,而要写天游峰的扫路人呢?

师:你真会提问题! 我们不仅要会提问题,还要提有价值的问题。你这个问题很有价值,请你把它写在黑板上,并署上你的姓名,这是你的专利。我们要尊重专利。

孙老师这一段话中,运用激励性的课堂评价,拉近了师生之间的距离,培养了学生的自信心;并且,使学生明白了提问就要提"有价值的问题"。

2. 善意式评价

【案例2—21】

《麻雀》(人教版第8册)教学片段

浙江省杭州市安吉路实验学校　徐　莉

生1:(声情并茂地朗读)"老麻雀从一棵树上飞下来,像一块石头似地落在猎狗面前。它扎煞起全身的羽毛,绝望地尖叫着。"

师:听你朗读是一种享受,你不但读出了声,而且读出了情。同学们,你们听懂了什么?

生2:我听懂了老麻雀很勇敢。

师:你从动作体会到内心,懂得了老麻雀的品质。你是怎么理解的?

(生3站起来,一时说不出话)

师:(微笑地注视生3)你的目光告诉老师你理解了,但一时说不清楚,你先听听其他同学是怎么说的,好吗?

在课堂上教师应以爱心和善意去理解学生的行为,尊重学生的学习感受。在学生"手足无措"的时候,尊重、幽默和委婉尤其重要。"你的目光告诉老师你理解了,但一时说不清楚,你先听听其他同学是怎么说的,好吗?"没有责难和冷漠,只有尊重和理解。教师创设了轻松愉快的氛围,让学生"体面"地坐下,保护了学生的自尊心,此时的课堂气氛安全而和谐。

3. 准确式评价

【案例2—22】

《天鹅的故事》(苏教版第8册)教学片段

著名特级教师　薛法根

(教师让学生用一两句话或三四句话把故事内容说出来)

生1:(口齿不太清楚)一群从南方飞来的天鹅要找东西吃。但是北风呼啸,天鹅找不到东西吃,就要饿死了。后来一只老天鹅用自己的身体把冰弄破。后来,很多天鹅帮它一起把冰弄破。终于把冰面弄开了。

师:大家听懂了吗?

生:(声音轻)听懂了。

师:他能把这么长的课文用三四句话概括出来,而且大家都听懂了,这就是水平。不错。但是我有一个建议。你们有没有听到他经常用一个字,而且这个字不太好听,就是"弄",老天鹅把冰"弄"开,其他天鹅"弄"。(众笑)能不能换一个词?你自己行吗?

(生1答不出)

师:弄是弄不出来了。

生2:砸。

生3:敲。

师:用手才能敲,用榔头才能敲。老天鹅用什么敲?

生4:撞。

师：对呀。老天鹅用——(生回答：身体)撞开冰面。(对刚才的学生)以后能用"撞"的时候千万不要用"弄"。(众笑)不过，他第一个发言，很有勇气。而且大家都听懂了，这点很重要。下面谁能说得更文雅些？

生5：一群天鹅遇到寒流，它们看到湖面结了冰，就把冰面击破，找到东西吃。

师："击破冰面"说得特别好。第二个同学比第一个同学说得简洁，非常不错。

缺乏批评、指正意义的评价是不圆满的评价，课堂评价还应该包含批评和纠错。这种准确式的评价对学生语言表达能力的提高有着激励、赏识所不能替代的作用，是教师深厚的语言修养在课堂动态生成中的流露和显现。案例中薛老师评价"这个字不太好听，就是'弄'。老天鹅把冰'弄'开，其他天鹅'弄'。能不能换一个词？""他第一个发言，很有勇气。而且大家都听懂了，这点很重要。下面谁能说得更文雅些？"评价准确地指向学生语言表达的精确和简洁，既肯定学生的努力，使学生不至于泄气，又明确地指引学生不断修改和提炼语言。

4. 幽默式评价

【案例2—23】

全国著名特级教师于永正在教学《我爱故乡的杨梅》时，请一个学生朗读课文，让其他学生边听边想象情节。学生声情并茂的朗读，仿佛把大家带入了果实累累的果园。这个学生读完后，于老师看了看全班同学，煞有介事地说："这位同学读得多好，陆晓荣同学听得都入了迷了。我发现他在边看边听的过程中，使劲咽过两次口水。"回过味来的同学们都会心地笑起来。于老师接着说："课文中描写的事物，肯定在他的头脑中变成了一幅鲜明生动的画面。我断定，他仿佛看到了那红得几乎发黑的杨梅，仿佛看到了作者大吃杨梅的情景，仿佛看到了那诱人的杨梅果正摇摇摆摆地朝他走来，于是才不由得流出了'哈喇子'……"学生们都哈哈大笑起来。于老师又郑重其事地说："如果读文章能像陆晓荣这样，在脑子里'过电影'，把文字还原成画面，那就证明你读进去了，就证明你读懂了。老实说，刚才我都流口水了，只不过没让大家发现罢了。"同学们笑得更厉害了。

于永正老师常常以恰到好处的教学幽默润色课堂，为教学增添亮色。在这节课中，于老师用幽默的语言，既肯定了那位同学精彩的朗读，又借助听课同学的表现把一个重要的读书方法——"边读边想象，把抽象的文字还原为生动的画面"揭示出来，而学生发自肺腑的笑声，则表示着他们对课文的理解和对教师语言能力的折服与钦佩。在这样轻松愉悦的情境下学习，学生怎么会不感到学习的无穷乐趣呢？

5. 多维式评价

【案例2—24】

《最大的麦穗》(苏教版第12册)教学片段

著名特级教师　孙建锋

师:现在你们明白了文章所讲的道理,但读文如观山,横看成岭侧成峰,远近高低各不同。如果能从不同的角度欣赏《最大的麦穗》,譬如:大学者苏格拉底教育学生有什么独到之处? 他的弟子如此学习对你有什么启发? 带着这样的问题再次与课文对话,肯定会有更多"美丽"的收获。

(学生兴趣盎然,再次潜心读书。几分钟后,师生对话。)

生:一般上课是在教室里,而苏格拉底上课是在麦地里,我们上课用课本,而苏格拉底却用麦穗。

生:你的"发现"给了我灵感——不仅麦地可以当教室,社会也可以当教室;不仅麦穗可以当课本,整个大自然都可以当课本。

师:说得好! 你思路很开阔,其实,宇宙就是一个神秘大课堂,生活就是一部无字大书,那里有广阔的天地,更有丰富的知识。

生:苏格拉底教育弟子不是直接告诉他们道理,而是让他们亲身实践、体会,最后悟出人生哲理。

师:直接告诉道理不是很省事吗? 何必兜圈子、绕弯子?

生:直接告诉,容易忘记,如果是自己体验、悟出的道理,往往是刻骨铭心的。

师:你回答得很精彩! 我赞同你的看法。有时靠别人告诉的道理,就像戴在自己身上的假发、假牙一样,看上去很逼真,但没有生命力,而凭自己体验悟出的道理就像扎根沃土的大树,生机勃勃。

生:我认为苏格拉底的教学并不是完美无缺的。课文中他的弟子也试着摘了几个,但并不满意,便随手扔掉了。从"随手扔掉"可见他的弟子不够爱惜粮食,由此也可以说明苏格拉底的教育有疏漏之处。

师:你敢于向权威挑战,精神可嘉! 掌声鼓励!

生:我认为文中苏格拉底的第一句话是自相矛盾的:"你们去麦地里摘一个最大的麦穗,只许进不许退……"所谓"最大的麦穗",一定是有比较才能产生的,"只许进,不许退"就导致弟子们没有办法进行全方位比较,那么,这个"最大的麦穗"是没有办法找到的,所以,这种提法本身就是自相矛盾的。

生:从中也能看出苏格拉底的弟子们是太听话了,不敢怀疑老师,盲目行动,最后落得两手空空。

师:同学们,这节课,咱们一同走进了《最大的麦穗》的"精神殿堂"。人人都收获了一个"最大的麦穗",咱们不虚此行。

案例中,教师珍视学生所表露出来的不同智能倾向,确立了多维式的评价标准,给予了学生彰显特性、张扬个性的课堂评价。在这种评价中,学生对课文涵咏、体味、评价,读出疑问,读出新意,读出他人未曾有过的感悟和新异的结论。

6. 情境式评价

【案例2—25】

某教师教学《两个鸟蛋》(人教版第2册)片段

师:孩子们,看到这么心碎的妈妈,又看到我们身边可爱的鸟蛋,你有什么话要对鸟蛋说呢?

生:小鸟蛋,我一定要让你回到妈妈的身边。

生:小鸟蛋,妈妈正在找寻你,我要把你送回到妈妈的身边。

生:我也要把你还给妈妈。

师(喜悦地):听到小朋友的话,老师真高兴,因为我们是鸟类的朋友,我们希望它们快乐、幸福,老师相信,我们每一个孩子都会这么做的。

(课件出示:我小心地捧着鸟蛋,连忙走到树边,轻轻地把鸟蛋送还。)

(生自由朗读句子。)

(生1朗读句子,但读得不流利)

师(亲切地):别急别急,我和你一起来读一读。

(生2朗读句子,"小心地、轻轻地"读得很好。)

师(评价):孩子,你为什么要小心捧,又为什么要轻轻放呢?

生2:如果不这样做,鸟蛋要破碎的,那样鸟妈妈会很伤心的。

师(欣喜):多善良的孩子呀。(摸摸孩子的头。)

(生3朗读句子,但比较平淡。)

师:你为什么要"连忙"过去,不能慢一点儿吗?

生3:鸟妈妈已经焦急不安了,再慢一点儿,鸟妈妈会更担心的。

师(爱抚地):你心里想着鸟妈妈,我替鸟妈妈谢谢你。(与学生亲切握手。)

师:孩子们,我们把鸟蛋还给了鸟妈妈,让它回到了大自然,虽然它远离了我们,但从小朋友的行动中老师发现,我们已经和鸟蛋结成了真正的朋友。

案例中,通过老师的评价,运用描述性的语言和极具亲和力的动作,给学生描绘了一个个贴近孩子生活的真实情境。如"孩子们,看到这么心碎的妈妈,又看到我们身边可爱的鸟蛋,你有什么话要对鸟蛋说呢";又如"听到小朋友的话,老师真高兴,因为我们是鸟类的朋友,我们希望它们快乐、幸福,老师相信,我们每一个孩子都会这么做的。"运用这样的真挚语言和恰如其分的表情动作,把孩子带入了课堂情境中,带到了"鸟蛋"身边,叩击学生的心扉,激起孩子的感情波澜。与其说孩子们在朗读课文,不如说他们在与鸟蛋亲切对话。

7. 启发式评价

【案例2—26】

《两个名字》(沪教版第 2 册)教学片段

著名特级教师　贾志敏

(为了迁移、运用课文中"我有……你也有……哈哈,我们都有……"这一表达形式。)

师:你好,我有一支铅笔。

(贾老师主动和一位学生握手,并举起一支铅笔。)

生:您好,我也有一支铅笔。

(学生高兴地站起来,也举起自己的笔。)

合:哈哈,我们都有一支铅笔!

生:您好! 我有一件衣服。

师:(摇摇头)一件衣服有什么稀奇?

生:(顿悟)我有一件漂亮的衣服。

师:(高兴地)我也有一件漂亮的衣服。

合:哈哈,我们都有一件漂亮的衣服!

师:现在你们能不能说说看不见、摸不着的东西?

(教室里静极了,但可以感受到无数思想的小溪在流淌,在跳跃,并腾起一朵朵美丽的浪花。 突然,一只小手高高举起——)

生:您好! 我有一颗爱心。

师:(激动地竖起大拇指并深情地)你好! 我也有一颗爱心。

合:(快乐地)哈哈,我们都有一颗爱心!

生:您好! 我有一个幸福的家庭。

师:(与学生双手相握,并激动地)你好! 我也有一个幸福的家庭。

合:哈哈,我们都有一个幸福的家庭。

……

阅读上述案例,我们不得不被贾老师的课堂评价艺术所折服,每一次评价总是在赞美与肯定中启发学生,向学生提出更高的要求。小学生年龄小,生活阅历浅,因此他们的认知水平、思维层次也受到了一定的限制。在教学过程中,当学生的思维停滞在一个层面时,教师的启发性评价既可以统串起学生点滴的、零星的答案,又能够为他们铺设必要的台阶,让他们跳一跳摘到心仪的果子,从而提高认知水平,锤炼思维品质。

8. 发展式评价

【案例2—27】

《全神贯注》(人教版第8册)教学片段

著名特级教师　于永正

师:课堂上要大胆表现自己。你来读。(于老师有意请一位不敢举手的学生读课文第一段)

(生读得不流利,还漏了两个字)

师:这么长的句子,第一遍读只漏掉了两个字,不容易。最好一个字也不漏,那就完美了。来,再读一遍,老师相信你一定能读好。(生再读,还是没读好)

师:哎呀,太可惜了,我们都准备给你鼓掌了。来,别紧张,放松一下,再读一遍,你要相信自己一定能行。

(在于老师的一再鼓励下,该生信心倍增,终于正确、流利地把这段话读出来了,教室里自发响起雷鸣般的掌声,该生的神情中分明多了一份以前少有的自信。)

每一个学生都希望得到来自老师和同学的关注和爱护,认可与赞同。于老师饱含真情的发展式评价满足了学生的这种心理需求,使学生彻底放松了紧张心情,信心倍增,终于正确、流利地把这段话朗读出来。教室里热烈的掌声,是对学生的接纳和认可,更是对于老师丰厚的人生修养和精湛的教学艺术的喝彩与赞叹。

9. 延时式评价

【案例2—28】

《落花生》(人教版第9册)教学片段

著名特级教师　孙双金

师:同学们,下面孙老师搞一个栏目《实话实说》。怎么搞呢?首先要说真话,说实话,你说当代社会和未来社会你想做落花生这样的人,还是想做苹果、石榴这样的人?为什么?

(学生讨论,然后教师根据学生的观点分好组,强调辩驳要求,前两轮正、反方

分别讲花生、苹果的好处和缺点)

师:现在进入第三轮。[现场指导](对反方)当代社会我为什么做苹果这样的人？我的理由是什么？如果我不做这样的人呢？我在社会上会怎样？为什么？我做这样的人又是为什么呢？这样的人在社会上会怎么样？(对正方)当代社会我为什么要做落花生这样的人？当代社会需要什么样的人？我为什么要做落花生这样的人？给1分钟时间,四人小组讨论。

师:(学生与学生、听课者与学生现场辩论明理)照理说讨论到现在,孙老师应该给大家一个答复。但今天,孙老师不给大家答复,到底该做什么样的人呢？请大家带着这个问题问问你的父母亲,希望大家搞一次社会调查,各行各业选一个代表去问一问,也希望大家把这个问题带到中学、大学,以至一生中去思考,相信你们最后会给孙老师一个满意的答案。

在传统的课堂教学中,我们常见到这样一种现象:教师为了充分调动每一位学生思维的积极性,对学生的发言总是及时地给予评价。在多数情况下,这种即时评价确实在很大程度上激励了学生发言的积极性。但教师权威性的评价,常常是"盖棺定论"、"一锤定音",容易挫伤学生深入探究的积极性,助长学习上的依赖性,学生甘当听众、观众。而延时评价是在课堂教学中,教师对学生正在研讨的问题,不立即给予肯定或否定的评判,而是以普通的一员参与讨论,鼓励学生畅所欲言,让学生去发展、去分析、去论证。教师给予学生充分的探索新知、获取新知的时间,让学生展示自己的个性,发表独到的见解。上述案例中,孙双金老师就很好地运用了延时式评价。

10. 体态式评价

除了口头语言评价外,教师还可以充分运用自己的肢体语言进行评价。一个眼神、一个手势、一个微笑……都能起到评价的作用。这种方式在第一学段教学时运用得最为常见。例如,一年级孩子年龄较小,上课注意力集中的时间较短,于是在整个教学环节中,教师会对坐得笔直的孩子或大组竖起大拇指;对不够专心的孩子摸摸头;对读书不专注的孩子,走到这个孩子面前,轻轻地帮他把书立起来,当孩子与教师四目相对时,他一定会从你的眼神中明白教师的温馨提醒。

11. 物质式评价

物质式评价就是给予一些物质的奖励,比如"红五星"、"小红花"、"表扬卡"、"本子"、"铅笔"等,都会燃起学生的希望和期待。全国著名特级教师孙建锋就用过此法。他执教《最大的麦穗》时,用从家乡百年的银杏树上采下的银杏叶,从清华校园摘的竹叶,以及热情的鼓励、深情的拥抱来激励学生,令学生信心倍增,激动不已。

(二)学生自评

现代教学理论认为,自我评价能够消除被评者本身的对立情绪和疑虑,调动参与评价的积极性。从心理学角度来看,每个学生都具有一定的自我监控能力,这种能力越强,对学习的促进也越大。因此,教师可以尝试让学生进行自我评价。如一个学生读课文后,教师要求他自我评价,他说:"我读得很有感情,但声音太轻了。""那能不能改进一下?"他又读了一遍,读得声情并茂,教室里响起了热烈的掌声。实践证明,自我评价能引导学生以批判的眼光评价自己,在反省中不断地完善自我,促进学生个性的健康发展。在教学中,学生在朗读、讲故事、做小老师和合作学习等过程中,教师都可以引导他们对自己的表现作出判断,逐步由概括性评价向具体、客观的评价发展,提高学生的自我监控能力。

(三)学生互评

生生互动评价,即学生与学生之间在课堂中交换思想的过程。它的运作方式是课堂上学生之间的互相讨论、互相切磋,这是一种有效的教学手段。首先,在生生互动中每个学生都处于一种相对放松的心理状态,不用担心说错,特别容易激发想象,能为每一位同学提供一种"畅所欲言"的机会。第二,在互动中,学生会获得更多的信息和思维模式,这对拓展他们的思维空间,培养思维能力是有益处的。第三,在互动中,学生会获得一种平等的交流权利,这有利于他们的身心发展,使学生的合作精神、交往能力得到培养和提高。

课堂教学中主要有两种学生互评的方式。

1. 小组评价

小组评价,能够创造更多的机会让学生站起来评价学生。例如,提出一个问题,学生讨论后,会互相交流,评一评,说一说,有的同学还会针对别人的想法提出意见。这样每一位学生在评价的过程中发现别人的优点,而且在相互点评中,又锻炼了口头表达的能力。另外,在组长的带领下,组员们共同质疑、讨论、学习,彼此加深了了解。组员之间的客观评价,效果大于教师的评价,更可喜的是,这种平等关系下的评价,也促进了学生自我评价能力的养成。

2. 学生互评

除了常规型的学生互相评定外,教师还可以尝试让学生当小老师,来考评别人,过一把"老师瘾"。学生是学习的主体,学生间的相互评价不仅能提高学生思考问题、分析问题、理解问题和判断问题的能力,还能培养学生的自信、勇敢的品质,增强学生学习的动力。

四、课堂评价的注意事项

评价的最终目的,是促使学生素质得以全面发展,实现学生自身的价值,因此评价必须科学,正确把握评价尺度。

(一)评价要自然真诚,重在激励

真诚的情感是打动一切的泉源。教师的评价只要真挚诚恳,都能让学生获得一种幸福感和成就感。虽然学生年龄小,但他们总是和大人一样,期盼一种真挚诚恳的交流和表达,希望自己被对方认可,希望得到尊重、宽容和教诲。尤其要忌讳的是挖苦、讽刺学生。讽刺挖苦没有任何真挚诚恳,它带给学生的往往是一种长期并沉重的心理伤害。课堂评价要保护学生自尊和自信,关注个体处境和需要,激发积极主动的情感。在课堂中,教师要用孩子的眼光去看待孩子,用孩子的价值观去理解孩子,要把话说到孩子的心灵深处。教师要善于发现孩子身上的闪光点,肯定孩子的优点,尽量采取赞赏、激励性的评价,这有助于保护学生的自尊心,激发上进心。教师要用真诚的语言、亲切的语调、鼓励的言辞、友善的微笑,营造一个充满关爱的课堂氛围,让学生感受到被人尊重的喜悦,感受到期待的幸福。

(二)评价要指明方向,重视归因

教师的评价不能只是一味的表扬,对学生错误的回答,一定要或委婉地,或直截了当地指出。马卡连柯曾说:"要尽可能地尊重一个人,也要尽可能地多提出鉴定明确和公开的要求。""教师的评价,不只停留于表层的简单肯定,而是指出错在哪里,好在何处。评价语要同教学意图结合得相当紧密。"作为教师,当发现学生理解上有偏差时应该及时抓住学生认识上的误区,因势利导,使他们在启发引导下获得正确的价值取向。

教学过程中教师还要正确引导学生的归因心理。不要一味赞赏学生的智能,如"你真聪明","你在这方面很有天赋"等等,应更多地赞赏学生优秀的学习品质,良好的学习方式。如"你肯动脑筋","你读书真仔细"。这样的评价能引导学生在受挫时归因于自己未尽全力,从而尝试以加倍的努力去战胜困难,有利于培养他们顽强的意志和勇于接受挑战的进取心,有利于创新人格的塑造。

(三)评价要形式多样,避免单一

课堂评价有语言评价、动作行为评价、物质奖励评价等。一个充满希望的眼神,一个赞许的点头,一个鼓励的微笑,拍一拍学生的肩膀,甚至充满善意的沉默,都不仅仅传达了一份关爱,还表达了一种尊重、信任和激励,这种"润物细无声"的评价方式更具亲和力,更能产生心与心的互动,其作用远远大于随意的口头表扬。当学生发表见解时,教师多微笑,多点头,专心地听,诸如此类的态势语可以明确地传达这样的信息:"我喜欢你!""请继续说下去!"听后友好地评价:"好,这是你自己的见解!""说得很有道理!"评价应尽量少用物质奖励,避免转移学生对学习本身的兴趣。

(四)评价要共同参与,多元发展

课堂评价除教师评价外,还要关注学生的自我评价和相互评价,应引导学生积极地参与课堂评价。在学生评价的过程中,教师可适当采取延时评价的策略,使学生的思维趋向活跃,然后引导学生自评和互评,在自评和互评中产生智慧的火花和积极的情感,尊重个性差异,发展多方面的能力。

总之,以课堂评价促进学生发展是语文课堂评价的目的。不管教师采用哪种评价方式,都要注重每个学生的感受,以激励为主,敏锐地捕捉其中的闪光点,并及时给予肯定和表扬。要让学生感受到教师和同伴心诚意切、实事求是的评价,激励学生积极思维,营造一种热烈而又轻松和谐的学习氛围,调动所有的学生关注评价、参与评价,使学生在评价中交流,在交流中学习,共同提高,全面发展。

第六节　课堂结束技能

课堂结束，又称"课堂结尾"、"课堂收束"、"结课"等，它与课堂导入正好相反，属于课堂教学的最后一个环节。课堂教学的结束和导入一样重要，也需要精心设计，追求一种"课虽尽而意无穷"的效果。

一、课堂结束的含义

课堂结束，是教师在课堂教学任务的终结阶段，通过反复强调、归纳总结、实践运用等各种方式，回顾、概括、运用和提升所学的主要内容，使学生对所学知识形成完整的认知结构并纳入自己的知识体系，发展学生语文能力的教学行为。

二、课堂结束的作用

课堂结束是课堂教学的有机组成部分。它既是本堂课的总结和延伸，又是后续学习的基础和准备。

（一）课堂结束具有巩固、深化知识的功能

它使本节课的主要学习内容得以归纳总结，学习重点和方法得以强化，学生情感得以升华。一方面，使学生对本节课所学的知识增强理解和记忆，突出知识的难点；另一方面，又便于从整体上掌握知识的重点，使知识更具系统化。

（二）课堂结束具有反馈、评估学习成果的功能

通过知识运用、检测评价，不仅使学生进一步巩固知识，有利于形成知识体系，而且对学生反馈信息的捕捉也有利于教师了解学生的学习情况以及教学目标达成的程度，检查自己的教学效果，为改进教学策略提供依据。

（三）课堂结束具有延伸、拓展学习内容的功能

好的课堂结束不仅是巩固课堂教学的重要环节，而且是衔接新旧知识、贯通前后内容的纽带，是从课内到课外、由知识向能力过渡的桥梁，是开发学生的学习潜力，将学生的学习活动引向深入的良机，具有承前启后的作用，能够激发学生不断探究新知识的兴趣和欲望，促进学生的自主学习。

三、课堂结束的基本类型

课堂结束主要有三种类型：一是总结回顾型，目的是审视教学目标的落实与完

成情况,巩固所学知识,强化记忆效果,总结学习方法,养成良好的学习习惯。它包括概括总结式、前后呼应式、画龙点睛、明旨悟理式等。二是深入挖掘型,目的是挖掘教材潜在的教学因素,升华教学主题,开发学生的学习潜力,将学习活动引向深入。它包括练习运用式、领悟升华式、悬念质疑式等。三是拓展延伸型,目的是引导学生拓展阅读,培养学生浓厚的阅读兴趣。它包括延伸阅读式、拓展探究式、比较赏析式等。

(一)概括总结式

这是最常用的一种课堂结束方法。它是对课堂教学内容、课文语言特点以准确、简练的语言作提纲挈领的总结和归纳,对知识进行条理化和系统化梳理,意在让学生明白知识线索,巩固知识内容,加深理解,强化记忆,提高教学效果。

【案例2—29】

《真理诞生于一百个问号之后》(人教版第12册)教学片段

著名特级教师 薛法根

师:这篇文章作者先提出了一个观点——

生:真理诞生于一百个问号之后。

师:列举的三个事例是——

生:洗澡水的漩涡、紫罗兰花的变色、睡觉时眼珠的转动。

师:这证明科学发现需要——

生:见微知著,善于发问,不断探索。

师:最后告诉我们,科学发现中的偶然机遇属于那些——

生:有准备的人,善于独立思考的人,具有锲而不舍精神的人。

师:观点、事例、结论,是一篇简单议论文的基本要素和结构。阅读这样的议论文,就是要把握观点、事例、结论这三个要点。只有敢于怀疑,善于发问,勇于探索,才能最终发现真理。陶行知先生说:"真理千千万,起点是一问。"这一百个问号,最重要的是——

生:第一个问号。

师:这是不是一个真理呢?有待大家课后去用事实来证明。

在这一课例中,薛老师把视点聚焦在对文本写法的概括上,根据文本内容,提炼议论文的基本特点。这样的结语,能够加深学生的印象,起到强化和深化的作用。

(二)前后呼应式

写文章讲究起承转合,首尾呼应,以显示构思之精妙。一堂好的语文课也可以前后呼应,使整堂课浑然一体。课堂结束呼应的内容包括开头设置的问题、悬念、困难、假设等。是问题则解决,是悬念则释疑,是困难则克服,是假设则证实。这种结尾方法逻辑性强,能使学生豁然开朗,激起进一步学习的兴趣。

【案例2—30】

《家是什么》(沪教版第6册)教学片段

浙江省杭州市崇文实验学校 虞大明

课堂导入:

师:问你们一个非常简单的问题。同学们,你们有家吗?

生:(齐)有。

师:那谁能介绍一下自己的家?

生:我家面积很大,我很喜欢。

生:我家布置得很漂亮,我很喜欢。

生:我家的阳台上养了很多花草,闻起来很香。

师:同学们一说起自己的家,个个滔滔不绝。看得出来,大家都非常喜爱自己的家。那你们知道家究竟是什么吗?

课堂结束:

师:同学们,刚开始上课的时候,老师请三位同学介绍了他们的家。学了这篇课文后,相信大家对家又有了新的理解。如果虞老师让你再次介绍你的家,你会怎么介绍?

生:我的家有三十多位亲人,我们互相关心、爱护,我们都很开心。

生:我家是一个充满亲情的地方。当我生病时,爸爸妈妈会无微不至地关心我;当爸爸下班回家时,妈妈会送上一杯热茶,我还会帮爸爸捶背。

生:我的家也是一个充满温馨的地方,虽然我家只有四口人,但我们在吃饭时,说说笑笑,有话好好说!

师:真好,大家都有一个真正的家!虞老师真诚地祝愿所有在场的人,都能永远拥有一个真正充满亲情的幸福的家!

案例中,虞老师在课堂结束时让学生再说说自己的家,以呼应开头,强化感悟。这时,我们欣喜地看到了学生的发展。学生课始介绍"家",关注的只是"面积大"、"布置漂亮"、"花草又多又香",唯独没有关注到家里的人。可课堂结束时学生介绍的"家",关注的则是温馨的亲情了。这样前后呼应式的结束方式有利于学生理解文章的主旨和意义,也使教学系统完整,浑然一体。

(三)画龙点睛式

在课堂小结时,教师运用准确简练的语言,提纲挈领地总结本节课的内容,会起到画龙点睛的效果。

【案例2—31】

《宋庆龄故居的樟树》(苏教版第8册)教学片段

江苏省徐州市铜山区马坡中心小学　樊庆侠

师:通过刚才的学习,我们来梳理一下学习方法,送你们几个词。第一个词是"联系"——对前三节反复出现的"两棵树",我们通过上下联系,发现它们同中有异,这是阅读的智慧;第二个词是"推敲",扣住"蓬蓬勃勃"这个关键词细细品味,我们读出了丰富的内容,这也是阅读的智慧;第三个词是"联想",我们由树联想人,进一步体会到作者表面是写树,其实是在写人,这更是一种阅读的智慧。"联系,推敲,联想",只要我们长期坚持,一定会越读越有趣,越读越聪明!

学生在教师的总结中,领悟了读书方法,明白了读书要学会联系、推敲、联想。有些课文学习时,教师可先详细讲述,尽情铺陈,然后用一两句话点明重点、要旨,使教学精辟得神,犹如画龙先不点睛,而后"点之则飞去矣"。这样,"一石击破水中天",学生会有所顿悟;或"牵一发而动全身",这样的结题,起到了画龙点睛的效果。

(四)明旨悟理式

我们在课堂教学之末,还可以通过结束语的设计,让学生以文本为载体明旨悟理,获得心灵的启迪与净化。

【案例2—32】

《朋友》教学片段

著名特级教师　窦桂梅

师:通过这堂课的理解,你对朋友想要说什么,用一句话或者一个词或者一首诗等等都可以,或者你想唱,也可以。好,用你喜欢的方式表达此时你想对朋友说的话。

生:人世间最真诚的莫过于朋友间的友谊了。

师:老师提一个小小的要求,你想对谁说,你面对谁,用眼睛看着他说。

生:我想对徐薇说,"你好,朋友间最重要的是互相信任,不能互相猜疑。"

生(徐薇):我也想对你说,"要相信朋友,信任朋友。"

生:朋友,我的老师,您是我人生中最亮的启明星。

生:您就像甘泉滋润着我的心田,您就像阳光驱走了永久的黑暗,您就像五彩缤纷的彩虹,为蓝天增添了光彩,朋友,我的妈妈,您太伟大了。

师:亲爱的同学们,就像你们所说的那样,当你对朋友的理解走进心灵的时候,我们才真正地感到朋友的意义。那么把这些散落的珍珠穿起来,朗诵给大家吧……(师有技巧地指黑板,生读黑板上的所有词句,听起来,就是散文诗。)

师:千言万语化作开始我们朗诵的那句话,让我们大声歌唱,警醒自己,也唤醒别人——

生:"没有朋友,生活的菜肴里就缺少油盐;没有朋友,生命的天空中就缺少光线。"

师:亲爱的同学们,随着年龄的增长和生命的感悟,你对朋友一定会理解感悟得更多、更深刻,这两节课的朋友话题感悟只是一个人生思考的开始,什么是真正的朋友,应该怎样做朋友,选择怎样的朋友等等话题还等待我们进一步去体会。但愿这两节课像一颗健康的种子深深种在你的心灵里,最后开出朋友的真理花朵。

案例中,孩子们倾听着,交流着,感受着。他们读懂了,原来"朋友"就在自己身边,就驻在我们心间。不仅如此,窦老师又将他们的视线带入更辽阔悠远的心灵之境,"随着年龄的增长和生命的感悟,你对朋友一定会理解感悟得更多、更深刻"。窦老师犹如一位高明的向导,更是一位真诚的朋友,伴着孩子们徜徉在文本之中,"品有字书之美味,悟无字书之人生"。明旨悟理式的课堂结束,真正展现了语文课程的动人魅力!

(五)练习运用式

练习运用式也是最常用、最简便的课堂结束方式之一。它是教师设计有效的练习,让学生运用语言的结束课堂教学的方法。假如我们能利用课末几分钟,抓住一堂课或一篇课文的教学重点、难点,设计一些精巧的问题,让学生动脑、动口、动手,无疑能帮助学生消化吸收语文知识,提高语文能力。

例如浙江省舟山市定海小学王飞红老师在《索溪峪的"野"》(人教版第11册)课堂结束时,选择"开心旅游"的练习,先让全班学生当旅游团成员,请一位同学当张家界索溪峪的导游,要求小"导游"把课文改编成导游词,根据课文描述的景点,依次向全班同学作介绍。同学们则以旅游团成员的身份向"导游"提问题,由"导游"解答。如果"导游"答不出,也可以请老师或能回答的同学作答。

练习运用式课堂结束还包括总结巩固和布置作业。总结巩固是让学生总结所学的内容,然后在此基础上,运用提问或做练习巩固新课,检查学生掌握的情况,发现问题及时解决。家庭作业对加深理解教材、巩固知识、熟悉所学的技能有重要的作用,因此,精心地布置家庭作业,也是教师结课时常用的做法。

(六)领悟升华式

这是从教材的人文因素与学生情感的结合点入手,用富于激励性的语言,激发学生的感情和思维的课堂结束方法。这种方式,能紧紧抓住学生,激人奋进;同时,能引起学生的感情共鸣,利于培养学生真善美的高尚情操。

【案例2—33】

《难忘的一课》(人教版第9册)教学片段

著名特级教师　窦桂梅

完成对课文的重点研读后,在悠扬婉转的《思乡曲》中,师生共同深情朗诵台湾著名诗人余光中的《乡愁四韵》——

小时候,乡愁是一张小小的邮票/我在这头/母亲在那头/长大后/乡愁是一张窄窄的船票/我在这头/大陆在那头/后来呀/乡愁是一方矮矮的坟墓/我在外头/母亲在里头/而现在/乡愁是一湾浅浅的海峡,我在这头/大陆在那头

师:看得出,此时此刻,同学们的心已经沸腾,还有什么话能表达我们这份心情呢? 只有那一句——

生:(读)我是中国人,我爱中国!

师:放声朗诵,来表达你此时的心情吧!(生再读)

师:下面,请大家拿起笔,再写一写这句话,并将这句话永远地镌刻在你心灵的深处。

(师生共同凝神静气地、庄严地、神圣地写这句话。)

师:想读就读吧!

生:我是中国人,我爱中国!

生:我是中国人,我爱中国!

师:语气虽然不同,但感受和认识是一样的深刻!

师:(激情地)同学们,通过这堂课,相信大家一定记住了"我是中国人,我爱中国"这句话。世界上什么都可以选择,唯独不能选择自己的母亲、自己的祖国。或许有一天,你会出国,但请你记住今天这堂课,记住这堂课上的"我是中国人,我爱中国"! 我们大家再来读这句话。

生:(铿锵有力地)我是中国人,我爱中国!

师:读得太好了! 同学们,咱们今天的语文课不是普通的语文课,而是一堂人生感悟课。 因此,也就称得上是——

生:难忘的一课!

（教师在课题后加上感叹号,在全场掌声中结束了教学。）

以上案例,处处闪现诗意,处处充满灵性,处处涌动激情。教学中,教师把文本所蕴含的情感进行了恰到好处的加工、提炼,收到了以情生情、以情促知的效果。课虽然结束了,但孩子们在经历了这样一次刻骨铭心的情感体验之后,他们那颗被点燃、被激活的心上一定会深深地烙上鲜红的"中国印"。

（七）悬念质疑式

课堂教学的结尾也应像文章的结尾一样,讲究悬念迭出,回味无穷,给人一种课虽尽而意无穷的感觉。悬念的设置既要有思考价值,又要避免学生费解。一般而言,前后两节课的内容和形式均有密切联系的,用悬念式结课较好。

【案例 2—34】

《七颗钻石》(人教版第 6 册)教学片段①

师:从你们的朗读中,老师知道了这个水罐真的非常神奇。是啊,当小姑娘走出家门去给她生病的母亲找水的时候,水罐从——

生:空的变成了满的。

师:当小姑娘抱着水罐急着赶回家的时候——

生:水罐掉在了地上。

师:但是仍然——

生:端端正正地在地上放着。

师:当小姑娘分了一点水罐里的水给小狗喝的时候,水罐——

生:从木的变成了银的。

师:当小姑娘的母亲把水罐里的水让给小姑娘喝的时候,水罐——

生:从银的变成了金的。

师:当小姑娘把水罐里的水给素不相识的过路人喝的时候,水罐里跳出了——

生:七颗很大的钻石,接着从里面涌出了一股巨大的清澈又新鲜的水流。

师:是啊,这个水罐真是一个神奇的水罐,一个了不起的水罐,一个不可思议的水罐!其实呀,这个水罐原本也就是一个普通得不能再普通的水罐。那这个普普通通的水罐怎么会发生如此神奇的变化呢?这些变化与小姑娘和小姑娘的母亲的行为有没有关系呢?又有什么样的关系?这个故事的背后又在告诉我们一些什么

---

① 王慧琴. 在神奇的变化中感受爱——《七颗钻石》第一课时教学实录[J]. 小学语文教学·人物,2011(6)

呢?(板书:???)这些问题都很有趣,我们留到下节课再来深入认真地研究,好吗?

案例中,教师紧紧抓住学生的好奇心理设置悬念,为第二课时的教学作好铺垫,并使前后课时互相关联,形成一个整体。

(八)延伸阅读式

延伸阅读式是教师在课堂教学临近尾声时,用简短的话语向学生介绍与课文有关的内容,引导学生由课内向课外拓展,激活阅读兴趣。

【案例 2—35】

《珍珠鸟》(人教版第 9 册)教学片段

浙江省杭州市崇文实验学校　虞大明

师:动物是人类的朋友,你若是关爱它们,呵护它们,它们就会信任你,也就会创造出一个又一个美好的境界。下面这些图片,一定会让你再次明白这个道理。(课件播放人与动物和谐相处的图片)

师:还记得这堂课开始的时候老师呈现的那段文字吗? 生活就是一本书,一本无字之书,一本智慧之书;每个人都要学会读好这本书。老师建议大家抽空去读读这些文章,相信,你会学到许多读好生活之书的本领。

课件呈现:

《匆匆》——朱自清

《真理诞生于 100 个问号之后》——叶永烈

《最后一头战象》——沈石溪

《老人与海鸥》——邓启耀

《怀念母亲》——季羡林

一篇篇课文,只是一个个例子。因此,一篇文章的教学终结,应当是孩子们崭新的相关性阅读活动的开始。正如虞老师所提出的,阅读教学当有三重境界:其一,由篇及章(读好几篇文章);其二,由章及本(读好一本书);其三,由本及人(读好一段人生)。如此,让"阅读"之火,从课堂开始"燎原",方能真正让孩子们"善读"。

(九)拓展探究式

拓展探究式是教师依据学生的年龄特征和认知水平,创设具有探究性的问题情境,鼓励学生自主选择、主动探究的课堂结束方式。

【案例2—36】

《花钟》(人教版第5册)教学片段

浙江省杭州市安吉路实验学校　傅旭英

师：同学们，学了这篇课文后，你们还想知道什么问题？

生：我想知道是不是所有的睡莲都是在早晨开花。

生：我想知道昙花开放的时间为什么这么短。

生：我想知道外公养的杜鹃花是什么时候开花的。

师：真有意思！这些问题我们现在都不知道。怎么办呢？

生：上网查资料。

生：向别人请教。

生：到图书馆查找相关书籍。

生：每天观察。

师：好，研究这些问题需要耐心、细心。边观察，边研究，边记录，你们一定会有更多的发现。课后，老师还希望你们能据此制作一个完整漂亮的大花钟。

拓展探究式课堂结束以学生原有知识经验为基础，为学生提供多样化学习资源，创设生动有趣的自主学习环境，引导学生在合作中积极、主动参与学习，真正成为学习的主人，在实践活动中提升学生的语文素养。

(十)比较赏析式

比较赏析的课堂结束方式，就是从内容、结构、语言等方面，有所侧重地将课文与以前学过的其他课文进行对照比较，同中求异、异中求同，从而加深学生对课文的理解。

【案例2—37】

《江雪》教学片段

浙江省杭州市西湖小学　郑雪琴

师：接下来我们学习另外一首古诗(王士祯《题秋江独钓图》)。这首诗又给我们勾画了一幅怎样的画面，反映了作者怎样的心情呢？希望你运用上一首诗学到的办法，自己来学懂这首诗。如果有什么需要老师帮助的，可以提出来。

学生自学，教师巡视，根据学生要求提供王士祯的生平简介。

师：现在我相信每一个同学心中都有一幅图。谁来用语言为大家勾画这一幅《秋江独钓图》？

指名两个学生说。

师：看来每一个的理解不同，心中画出的图景也不同，所以想象也是体会诗意的一种好办法。

师：那么，这一首诗与《江雪》有什么相同点，又有什么不同？我们四人小组来研究一下，看看一共可以列出多少条。讨论以后，请小组派代表发言。

学生代表1：相同点：都在江上；都是一个人；都是一个披蓑戴笠的老翁；都在钓鱼。不同点：一个是江雪独钓，一个是秋江独钓。

师：地点相同、人物相同、事件也相同，但是时间不一样。还有补充吗？

学生代表2：一个是"天寒地冻"，一个是"秋意正浓"。

师：也就是景色也不一样。

学生代表3：心情更不一样，一个是苦闷的，一个是怡然自得的。

老师：你的发言真有水平。你是怎么知道王士祯是怡然自得的？

生：从诗句中可以看出——"一曲高歌一杯酒"，也就是一边唱歌一边喝酒，能不高兴吗？

生：从诗人的简介中也可以了解。当时王士祯是刑部尚书，而柳宗元却被贬永州。可以说一个是官场得意，一个是官场失意。

师：人生经历不同，心境也不同。

生：我感受到虽然都是独钓，但是他们表达的却不一样，前一首诗有一种"傲气"，后一首诗有一种"霸气"。

师：你体会得更深了。这两首诗虽然描写的都是钓鱼的景象，但是心境不同：一个是借钓鱼表现高傲的骨气；一个是借钓鱼欣赏优美的秋景，这真是各有所得。

学生带着不同的感受读自己喜爱的诗。

师：我国古代描写钓鱼的诗词还有很多。你们看，老师从网上下载了那么多的资料。这些诗人，除了钓鱼，还收获了一些什么样的心情呢？请同学们到他们的诗中去寻找答案。

此案例是在教学《江雪》的课堂结束环节进行延伸拓展学习，推出清代诗人王士祯的《题秋江独钓图》，让学生比较阅读。这种同一题材不同意境的作品阅读，不仅拓展了学生的视野，而且让学生学会运用比较的方法，更加深入地感悟作品的人文内涵，起到了一举多得的作用。

课堂结束的方式根据文本的特点和学生的需求，有着丰富多彩的类型。只要以生为本，认真揣摩，精心设计，就能升华教学主题，深化教学内容，增强教学情趣，提高学生言语实践能力，最终提升学生的语文素养。

四、课堂结束的注意事项

小学语文课堂教学结束类型的选择，受着多种因素的制约。如教材特点与所承担的教学任务；不同年级学生的不同学习心理特征；教师自身的教学风格及教学手段的运用能力等。这些教学因素要协调统一，才能设计出最恰当的教学结束方式。

（一）整体着眼，紧扣目标

就一堂语文课而言，每个环节都是这堂课的有机组成部分。在教学设计中，应该综合考虑整堂课的结构，不仅要有引人入胜的课题导入，精彩的正题讲解，还要有贴切自然、恰到好处的结束，使课堂教学做到自然过渡，水到渠成，浑然一体。课堂结束的设计不能孤立地进行，而应放在整节课的教学目标中加以考虑。一般来说，课堂教学要注意首尾照应，结构完整。如果讲课有头无尾，或"虎头蛇尾"，会严重影响教学效果。

（二）灵活运用，交替使用

课堂结束方式应该多样化。长期使用一种固定的、一成不变的结束方式，往往让学生感到枯燥、乏味，产生审美疲劳。课堂结束方式应根据学生的实际情况和课文的具体内容加以灵活运用，多种结课方式还可以融合在一起使用，以起到更好的教学效果。

（三）扩大视野，延伸拓展

在学校教育中，课堂教学只是教学的主要场所和形式。课堂教学结束时，不能只局限于课堂本身，而是要注意课内与课外的沟通，学科课程与实践课程的沟通，还要注意给学生留有思考的余地，以便培养学生的创造性思维能力。

（四）语言精练，干净利落

课堂教学结束要注意适可而止，水到渠成。课堂的导入要像凤凰的头饰一样美丽，展开过程要像猪的肚子那样丰满充实，结尾要像豹的尾巴那样刚劲有力，简练生动。课堂结束不宜拖沓冗长、当断不断，而应简洁明快、适可而止。语言一定要少而精，紧扣本节课的教学目标，干净利落地结束全课。

正如邵守义教授所说："结尾无定法，妙在巧用中。"小学语文教材中，每个单元的侧重点不同，每篇课文的内容情感与表达形式不同，每个班级的学生情况也不尽相同。因此，教师应根据各种不同情况精心设计课堂结尾，有效达成教学目标。

第七节　课堂板书技能

课件的完整和优美永远无法取代课堂板书。正如苏联著名教育家阿莫纳什维利所言:"对于学校来说,没有电影放映机固然不好,而没有黑板则是灾难"。课堂板书技能,不仅能体现教师对教材的掌握程度和授课水平,而且是一门艺术。运用恰当的板书,可使教学收到事半功倍的成效。

一、课堂板书的含义

课堂板书是教师根据教学的需要,在黑板上书写文字、符号、图画或表格等,以辅助知识信息传输,揭示学习内容的教学行为。因其浓缩了教学内容,体现了教学思路,折射了教材分析,所以又被称为教师的微型教案。

二、课堂板书的作用

(一)突出教学重点,利于学生理解和掌握知识

好的板书从教材内容出发,突出重点,具有层次清楚、主次分明、逻辑性强、各种关系表示准确等特点,可以启发学生的思维,帮助学生记忆、分析、消化、巩固所学知识,引导学生掌握学习重点,顺利解决学习难点,从而促进学生各方面能力的提高。

(二)理清课文脉络,便于学生学习文章的写法

阅读教学要在整体上把握文章的脉络和写法。"披文而入理",通过文字而进入文章的脉理,要理清作者是怎样开头,怎样展开写具体,并且要理解为什么要这样写。而板书的过程,就是帮助学生理清文章脉理的过程。

(三)引发思维碰撞,促进师生互动合作

学生参与板书的设计,参与板书的书写,可以使师生双边思维碰撞,形成"动态生成板书"。动态生成板书把学习的自主权还给学生,使语文课堂更有语文味。

总而言之,板书是科学也是艺术。只要教师设计精巧,运用得当,书写美观,课堂板书定能提高教学效果。

三、课堂板书的类型和形式

(一)课堂板书的类型

课堂板书按开放度分,包括两种基本类型,一类是封闭型,一类是开放型,其中开放型又可分半开放型和全开放型两种。按板书内容的逻辑分,板书可分为总分式板书、线索式板书、对比式板书、阶梯式板书、对称式板书、阐述式板书、联系式板书、列表式板书、启发式板书等。按板书的工具分,板书又可以分为粉笔板书、课件板书、投影板书、电子白板板书等。

下面简单介绍封闭型板书和开放型板书。

1. 封闭型板书

封闭型板书是按照教师课前的规划或计划,在课堂上随着教学进程逐步呈现预设板书。教师上课时,对于板书内容呈现的次序、文字的详略、布局的编排、符号的运用、字体的大小、板书与讲述的协调、板书与提问和讨论等教学活动的匹配等问题,都进行精心策划,周密思考,而非随心所欲,信手涂鸦。当学生出现不同的表述时,也要想方设法地回到教师的设计上来。

2. 开放型板书

课堂教学是师生双边活动,所授内容不同、学生实际状况不同,课堂生成情况也会有所不同,预先设计的板书也需要随着教学的实际情况变化而变化。打破课堂板书由教师一手包办的局面,把板书的“专利权”让出来,让学生参与板书,就产生了开放型板书。

让学生参与板书,可以使学生认真阅读,大胆揣摩,充分调动自己的知识经验和创造力,积极思考,主动探究,在学习过程中不断发现新问题,产生新感悟,重组新知识,使个性得到张扬,使思维得以深化。在学习课文的过程中,可以引导学生合作讨论、概括板书内容,可以采取学生先写、教师后写或者教师先写、学生补写的办法。师生共同完成板书,有利于调动学生学习的主动性,学习效果会显著提高。

(1)半开放型板书

半开放型板书即教师设计板书骨架,由学生充实板书内容。如《燕子》(人教版第6册)一课,教学的重点是引导学生体会燕子的可爱以及作者细致观察和生动描写的方法。课堂对话总结出燕子飞行和停憩都很美丽,教师相机板书:飞行的美(动),停憩的美(静)。再引导学生深入学习课文,品读重点字词,并根据学生找的重点词句板书:

飞行的美（动）	停憩的美（静）
飞倦了	落
唧……的一声	几痕细线
掠	几个小黑点
沾	像正待演奏的曲谱
荡漾	

如此由板书切入，自然进入教学状态，师生展开讨论，共同筛选语言信息，在思维碰撞中比较优劣，吃透文本，帮助学生读出独特感悟，使板书得以丰富和定格。

（2）全开放型板书

全开放型板书即把板书的权力全交给学生。例如教学《天游峰的扫路人》（苏教版第12册）一文时，让学生就题质疑，就文质疑，学生提出了一系列有价值的问题。教师启发学生：面对这么多问题，我们用什么办法来学习，效果最好呢？学生提议先把问题归类，看看哪个问题最具代表性。于是，学生把以上问题归类，筛选出两个核心问题，即"老人为什么觉得扫天游峰不累？"和"老人能活到100岁吗？"板书在黑板上，师生围绕着板书上的两个问题再次和文本对话，在读中悟，读中议，读中思，读中练。学生学得兴趣盎然，生动活泼，有滋有味，十分投入，真正体现了自主、合作、探究的学习方式，展现了学生的生命活力和智慧风采。

（二）课堂板书的形式

1. 高潮时机板书

教学是一门遗憾的艺术。因为，即使在课前我们准备得非常充分，有些意料之外的情况还是会发生。更何况如今的学生，见多识广，视野开阔。课堂上，对他们那些奇思妙想教师也未必应答自如。因此，如果我们拘泥于备好的教案赶"羊"入"圈"，那课堂必定是教师一人的独角戏。相反，教师应该在学生灵活多样的发言中，捕捉霎时闪出的思维火花，迅速地作出判断，当即板书，这样的板书定能为课堂高潮的出现创造时机。

例如，在教学《东方之珠》（苏教版第5册）一课时，教师和学生共同畅游了香港这座繁华、迷人的大都市。课堂上，有景色怡人的浅水湾，鳞次栉比的高楼大厦，光彩夺目的夜景，有海洋公园里海豚、海狮的精彩表演，有情深意重的歌曲"东方之珠"。一堂课，学生沉浸在多媒体辅助教学营造的氛围中，在训练中感悟，在感悟中朗读。临结束时，教师提问："同学们，畅游了一天的香港，临走的时候，你想对香港说些什么？"学生畅所欲言："香港，你真美！""香港，你真是个繁华、迷人的大都市！""香港，你真是颗璀璨的东方之珠！"教师相机板书：

东方之珠——璀璨的明珠

照理,学生有了这样的认识,可算达到了预定的教学目标,取得了满意的教学效果。但就在教师准备进入下一环节时,一位学生站起来说:"香港,你是祖国的南大门。亲爱的香港人,感谢你们为祖国的繁荣所作出的贡献,让我们手拉手,心连心,共唱一首'祖国,祖国,我们爱你'。"这是何等深刻的认识啊!听罢学生发言,教师在黑板上迅速写下了"祖国,我爱你"五个大字。而后,全班响起了激昂的歌声。此时,无须多言,黑板上这五个醒目的大字既是对学生精彩发言的充分肯定,也加深了学生对香港的热爱之情,对祖国的热爱之情,使全班学生的认识得到了升华。动态生成的语文课堂板书,就像一剂催化剂,起到了推波助澜的功效,使我们的语文课堂充满生气,洋溢激情。

2. 梳理思路板书

教师在教学过程中,借助板书,把课本中相对纷杂的知识进行整合,使之清晰、有条理,使前后知识环环相扣,将有利于学生对知识的记忆和巩固。例如,《再见了,亲人》(人教版第 10 册)一课可以设计如下板书:

> 大娘　　送打糕(昏倒);救伤员(失孙)
>
> 小金花　救老王(失母)
>
> 大嫂　　挖荠菜(致残)
>
> 　　　　深情厚谊
>
> 　　　　心永远在一起

以上板书,通过概括课文中的典型事例,将以大娘、小金花、大嫂为代表的朝鲜人民与志愿军战士血浓于水的深厚情谊呈现于学生眼前,使学生对课文的内容情感与脉络线索一目了然。

3. 层层递升板书

学生的学习,要遵循由易到难,由浅入深的过程。课堂板书应体现鲜明的层次性和梯度性,使学生一步一步跨向更高的知识平台。比如,《一次比一次有进步》(人教版第 1 册)可以这样设计板书:

> 硬 重 有籽　　软 轻 无籽
>
> 细毛(皮)　　小刺(柄)
>
> 绿　　　　　紫
>
> 大　　　　　小
>
> (冬瓜图)　　(茄子图)

　　课文围绕小燕子的妈妈让小燕子三次到菜园,观察冬瓜和茄子有什么不同,来反映小燕子一次比一次有进步。因此,对于小燕子三次去菜园观察到的冬瓜和茄子的不同:大、小、绿、紫,细毛(皮)、小刺(柄),也是根据学生的回答,逐步地板书,并用一个个箭头表示小燕子的一次次进步。为了鼓励学生更仔细地观察,发现冬瓜和茄子更多的区别,在板书中不仅增加了学生们的发现,还刻意留下了省略号。这份板书图文结合,层层递升,既是对小燕子的夸奖,也是对学生的夸奖和鼓励。

　　4. 对比呈现板书

　　对比呈现板书是把相近或截然相反的两件事物放在一起进行比较,分析其特点,进一步揭示事特的本质特征和发展规律。如《科利亚的木匣》(人教版第 5 册)一课,随着课堂的进程,孩子们慢慢悟出了道理:

| 四年前埋 | 五岁 | 步子小 | 十步 |
| 四年后挖 | 九岁 | 步子大 | 五步 |

周围的一切都在起变化

　　这样的板书设计,对比呈现两组数据,使学生不难发现,"时间在变,人也跟着在变",从而明白了"周围的一切都在起变化"这个道理。

　　5. 书写示范板书

　　《语文课程标准(2011 版)》在第二学段"学习目标"中提出,学生"能使用硬笔熟练地书写正楷字,做到规范、端正、整洁";在第三学段"学习目标"中提出,学生能用"硬笔书写楷书,行款整齐,力求美观,有一定的速度"。要知道,语文教师在课堂上的板书,就是对学生进行书写指导的极好机会,就是在进行书写示范。并且,教师不同的板书风格,或谨严,或飘逸,或刚劲稳健,或洒脱豪放,或端庄秀丽,或雍容典雅,或行云流水,都体现了教师的性格气质与人文素养。学生长年累月地目染神驰其中,必然受到影响而获得精神与人格的提升。

　　板书对学生的影响是课件所无法比拟的,板书的重要作用也是课件不能代替的。在新课程的理念下,应提倡动态生成的板书,将板书与讲解、分析、提问、讨论等教学活动相互协调,达到提高教学效果,提升学生语文素养的最终目的。

四、课堂板书的注意事项

(一)板书要重点突出,具有目的性

　　语文课堂板书一定要为达到教学目的、提高教学效率而设计。既要针对教学内容的重点、难点,又要针对学生的学习实际,激发学生的学习兴趣,提高学生理解、记忆的效率。不能无的放矢,随心所欲地板书,只有目的明确,才能使板书设计

具有实用性。

(二)板书要条理清晰,具有层次性

板书要条理清楚,化繁为简,化难为易,使学生一目了然。除采用纵式、横式、回环式等层次分明的板书设计外,在重点、难点等关键部分,还可以恰当运用彩色粉笔进行标注,以引起学生的注意,帮助学生理解和识记。

(三)板书要布局合理,具有计划性

所谓计划性,就要求教师备课时要根据教学内容认真设计板书,对用什么形式表达效果最好,在什么时机进行板书效果最佳,都要做到心中有数。

(四)板书要时机恰当,具有及时性

板书要讲究时机,才能创造出教和学的良好氛围,使学生的思维与教师的教学和谐共振,从而取得最佳的教学效果。教师或边讲边书,或先讲后书,或先书后讲,或只书不讲。究竟采用何种方式,要根据教学情境的实际需要选择与确定。

(五)板书要形式多样,具有灵活性

教学是动态生成的过程,教师需要根据课堂实际情况灵活调整板书设计。如发现板书设计有不妥之处,应敢于放弃;如发现需要增减的内容,应及时增减;如学生有更好的创造,应积极采纳。总之,板书要因人制宜,因时制宜。

(六)板书要工整规范,具有示范性

教师要写工整的楷体,字迹端正美观。书写规范是语文教师的基本素质,也是板书的基本要求。书写规范,不仅能表现文字美,而且能对学生起到良好的示范作用,使学生逐渐提高书写质量。

总之,板书不是课堂中可有可无的点缀,它既体现出教师的功力和智慧,也对学生的汉字书写、学习态度起着潜移默化的影响。老师们,拿起粉笔,花点工夫,练一练写字的基本功吧!漂亮潇洒的板书一定会让你的课堂魅力指数倍增!

第八节　多媒体运用技能

随着现代科技的飞速发展,现代教育技术也不断推进。多媒体作为一种集音、画、视频、动画、交互功能为一体的现代教学手段迅速进入课堂,冲击着传统的语文教学模式。多媒体的形象性、直观性、交互性、实用性、集成性等特点,使它区别于传统的教学手段,多媒体运用使语文教学如虎添翼。

一、多媒体运用的含义

多媒体运用是指在教学过程中,根据教学目标,合理选择和运用教学媒体技术和现代化教学手段,如投影、电视、电脑、录像、录音机、电子交互白板等,并与传统教学手段有机组合,达到最优化的教学效果的教学行为。多媒体已经成为现代语文课堂教学的有机组成部分。

二、多媒体运用的作用

在语文教学中,运用多媒体辅助教学,能使抽象的语言具体化,枯燥的内容直观化,深奥的知识浅显化,从而突显教学的重点,突破教学的难点,达到预期的教学目标。

(一)激发学习兴趣,调动各种感官,提高教学效果

传统教学的主要工具是一支粉笔、一块黑板,课堂教学的形式比较单一。现代小学语文课堂教学中,利用多媒体的直观、形象、生动、新颖等特点辅助教学,学生面对的不只是过去的一块黑板、一支粉笔、一些静态的图片,而是融"声、光、电"为一体的一个个生动形象、妙趣横生、图文并茂的情境世界,使学生在观察过程中有身临其境之感,接受大量的教学信息,收到事半功倍的教学效果。

(二)突显重点难点,有效突破瓶颈,提高教学质量

多媒体在处理语言、文字、声音、图像等方面具有非常强大的功能。根据教学和学生的需要,将语文教学中的重点和难点部分,运用现代多媒体技术,进行视、听、触等多种方式的形象化教学,使课文中抽象的内容变具体,静态变动态,使原来枯燥的课本内容更形象、更生动,解除抽象思维、逻辑思维、语言理解方面的困难,从而起到突出重点、突破难点的作用。

（三）师生有效合作，体现人文关怀，突显交互功能

在传统课堂教学中，黑板就是教师与教学内容交互的界面，就是学生与学习内容交互的界面，换句话说，黑板就是一个交互平台。现在更增加了多媒体这个交互平台，尤其是电子白板替代黑板成为课堂教学的新交互平台，有效地体现了师生合作。交互式电子白板不仅能够全方位地展示所有与课文相关的教学内容，引发学生无穷无尽的想象力，而且能发挥教师主导、学生主体的作用。在整个学习过程中，电子白板可以保存教师在课上对学生作出的批改，也可以保留学生在课上的一些书写记录。借助这些原始资料，师生可以共同反思，获得共同发展。

此外，运用电子白板时，教师只需点击或拖动，课堂教学又能恢复以往"黑板＋粉笔"时代的灵活性。当"黑板"写满后只需要新建另一个"黑板"即可，节省大量擦黑板的时间，也免除擦黑板时的粉尘对教师身体的伤害，解放教师的身心，还教师以愉悦的心情，实现现代信息技术对教师的人文关怀。

三、多媒体运用的类型

多媒体运用的类型主要有文字、图像、声音、动画、视频等，并可将其整合在课件、电子白板等交互式界面上。

（一）文字

多媒体课件中的文字不仅具有展示教学内容的作用，而且，精心设计的文字还能促进学生的记忆。首先，文字的字体不宜过多，而且要清晰易辨认，对于小学生来说，应该尽量使用楷体。字号、字距、行距要以不影响学生阅读为原则。标题要与正文有区分。其次，对课件中文字的设计要求突出重点，避免不必要的干扰出现。据研究，信息在短时记忆中一般只能停留几秒钟，而且短时记忆一次只能存储 7 ± 2 个项目。因此，课件中的文字一定要精炼，不宜在同一屏幕上出现过多的文字。同时，要将重点词汇加以特殊标注，如加大字号、改变颜色、加下划线等，以引起学生注意。

1. 突显法

运用突显法，突显关键笔画，通过色彩、加粗或者放大等进行区分，以达到提醒学生注意、增强记忆的效果。例如教师在教学"练"这个字时，学生极易将右面的部分写成"东"。在利用多媒体呈现这个字时，我们可以将它的右边部分（特别是"横折钩"）换上醒目的颜色或加粗，同时提醒学生，这里是容易写错的地方。又如生字"啄"，学生在书写时容易漏掉一点。在教这个字时，可以先联系课文提问："啄木鸟为什么不跟大公鸡比美？"学生会说："啄木鸟要给老树治病，啄去老树身上的虫

子。"教师接着提问:"请同学们看清楚这个虫子在哪里?"这时将屏幕中出现的"啄"字中间那点变成小虫子,与点轮流闪烁出现。这样既形象又直观,学生书写时再也不会忘写这一点了。

2. 补充法

【案例2—38】

《独坐敬亭山》(人教版第8册)教学片段

浙江省安吉县递铺镇第三小学 王自文

师:好一句"相看两不厌,只有敬亭山"。李白啊李白,你游历了那么多名山……为什么这么深情地看着敬亭山呢?(孤独)

师:你又是从哪里感受到了"孤独"呢?

生:"众鸟高飞尽,孤云独去闲。"各自根据理解说想法。

师(过渡):在自然环境中,鸟飞云走,是很自然的。为什么这时候的李白却是那么孤独?你想过吗?

根据学生猜测,教师及时补充背景资料(多媒体课件出示文字资料:《独坐敬亭山》作于天宝十二载(753年),当时距李白被罢官离开京城长安已整整十年时间了。长期过着漂泊不定的生活,使李白饱受了人间的辛酸苦辣,倍添了孤独与寂寞的感情。)

师:现在你明白了吗?谁再来读读前两句。

王自文老师在学生走进诗句感受到李白孤独的心境,很想明白原因的"愤""悱"时刻及时呈现背景资料的介绍,时机拿捏得恰到好处。多媒体文字的运用,不仅印象深刻,更使学生深深地领悟到此时诗人空有满腹才学,却得不到重用的寂寞与伤感。

3. 拓展法

江苏省特级教师孙双金老师执教《幸福人的衬衫》,在课堂结束时,他借文字课件朗诵海子的诗歌《面朝大海 春暖花开》。无需更多的语言,就一遍深情的朗诵,让同学们自然从文本回到现实,思考该怎样去理解、体验和获得我们的幸福。由此可见,多媒体课件运用不在多而贵在精,适时运用媒体拓展文字能展现语文课堂的无穷魅力。

4. 比较法

教材的特别之处往往表现了作者独特的表达智慧,运用比较法能引导学生品味语言的秘妙。

【案例 2—39】

《这片神圣的土地》(人教版第 11 册)教学片段①

师:孩子们,如果你就是印第安人中的一员,在这最后的时刻,你最想看看这片神圣土地上的什么?

生:我想看河流。动物——

生:我想看这片神圣土地上的所有一切。

师:请同学们用心去读课文第二段,看看我们的印第安人最想看看这片土地上的什么。

(生默读课文第二段。)

生:是每一处沙滩,每一片耕地,每一座山脉,每一条河流,每一根闪闪发光的松针,每一只嗡嗡鸣叫的昆虫,还有浓密丛林中的薄雾,蓝天上的白云。

师:刚刚这位同学说过想看这片神圣土地上的所有一切,印第安人又是如此地热爱着这片神圣的土地,那么在这最后的时刻,他们应该是想看所有的沙滩,所有的耕地,所有的山脉,所有的河流,所有闪闪发光的松针,所有嗡嗡鸣叫的昆虫啊,可是课文中为什么不这样写?

(教师点击课件,出示教师改过的课文第二段:所有的沙滩,所有的耕地,所有的山脉,所有的河流,所有闪闪发光的松针,所有嗡嗡鸣叫的昆虫,还有那浓密丛林中的薄雾,蓝天上的白云,在我们这个民族的记忆和体验中,都是圣洁的。)

学生讨论……

在这里,教师抓住"每一处……每一处……"这一特殊的语言表达形式,引导学生感受印第安人对这片土地的热爱,体现了从语言文字入手感受人文精神的理念。经过比较阅读,促使学生形成良好的语感,较好地体现了工具性和人文性相统一的语文课程特点。

比较法是一种重要的方法,除了上述案例中的变化词语的比较外,还可以进行句式或句型的比较,增删词语的比较,语序的比较,标点的比较,人称或陈述对象的比较等,目的是通过文字媒体的比较,让学生揣摩不同句子的表达效果,提高学生的分析力、鉴别力和创造力。

5. 练习法

练习法在文字媒体运用中是比较常见的。例如,某教师在指导学生背诵《珍珠

---

① 沈培萍. 将研读落到实处[J]. 小学教学参考(语文),2009(2)

鸟》(人教版第 9 册)第 5 自然段时,先用多媒体出示:"＿,它淘气地陪伴着我;＿＿,它就在父母的再三呼唤声中……"学生一读完就很容易地记住了"白天"和"傍晚"两个关键词,并且很快明白这一自然段讲了珍珠鸟白天和傍晚的活动情况,理顺了记忆的思路。接着,教师再用多媒体出示:"＿,它淘气地＿着我;＿＿,它就在父母的再三呼唤声中,＿＿笼子边,＿滚圆的身子,＿那绿叶＿＿进去。"学生在朗读时,发现横线上填充的词语"陪伴"、"飞到"、"扭动"、"挤开"、"钻"都是动词,只要记住这些关键词,其他的内容背起来就容易多了。就这样,教师将背诵的内容以填空练习的形式出示,帮助学生掌握语言规律,由浅入深、循序渐进地达成理解和记忆。

(二)图像

以往对于课文的重难点,教师曾反复讲述、说明,但学生听起来仍是"如坐雾里",而运用图像媒体,能较好地解决重难点。

1. 呈现法

浙江省杭州市安吉路实验学校谢芸芸老师在教学《火烧云》(人教版第 7 册)一文时,把火烧云的图片资料在大屏幕上投影出来。当那些奇幻的图片展现在学生面前的时候,学生产生了进一步学习的欲望,并自然而然地产生了这样一些疑问:什么叫火烧云? 火烧云是怎么形成的呢? 火烧云的形状、颜色有哪些变化? 课文是按怎样的顺序写火烧云的? 这样就突出了学生在学习中的主体地位,调动了学生的学习兴趣,为课堂教学创设了良好的氛围。

2. 重组法

浙江省特级教师虞大明老师执教《观潮》(人教版第 7 册)一课时,在播放钱塘江潮的图片让学生欣赏后,随即布置了一个特殊的作业——为钱江潮制作音乐风光解说片。虞老师利用特殊的程序设计,在学生选择了图片和音乐后,让多媒体自动合成风光片。也就是说,学生能当场看到自己的"成果",这一新的学习形式令孩子们兴趣大增。在课堂上,我们不难发现,不论是选择电脑图库中的图片、音乐库中的音乐,还是配解说词,都需要学生仔细研读课文,与课文中的语言文字进行亲密接触。学生大部分时间都在诵读课文,感悟课文,围绕课文进行自主、合作、探究学习。自始至终,学生学习情绪高涨,学习成果精彩纷呈。

(三)声音

声音是多媒体运用中的一种重要媒体。声音媒体的运用使得教学内容更加丰富,并提供更强的学习刺激,有利于激发学生的学习积极性。声音媒体包括语言(人声)、音乐、音响三个部分。动听的音乐和解说词可使呆板的文字和静态的画面更加生动,音乐和音响的运用还可以创设真实的教学情境。

1. 情境法

在语文教学中把抽象的东西转化为具体形象的东西,学生更容易接受。例如,教学《月光曲》(人教版第 11 册),单靠语言描绘,学生很难把握《月光曲》的优美意境,很难理解皮鞋匠联想的合理性,而运用多媒体就可以帮助突破上述难点。让学生闭眼倾听声情并茂的配乐范读,边听边想:你仿佛看到了什么?让学生借助多媒体产生联想与想象,仿佛看到大海由静到平缓再到波涛汹涌的画面。

2. 烘托法

【案例 2—40】

《"诺曼底"号遇难记》(北师大版第 9 册)教学片段

浙江省杭州市崇文实验学校　虞大明

师:同学们,在这次灾难当中,所有的人都是强者。当然,最令我们感动,最令我们敬佩的强者,是谁?

生:哈尔威船长。

师:想见见这位英雄船长吗?

生:想。

师:请看屏幕——(课件出示哈尔威船长的图片,音乐起)这就是英雄的哈尔威船长!这就是与船同沉的船长!这就是把船视为生命的船长!这就是常年在大海怀抱中的船长!这就是在大海中永生的船长!拿起笔,把你心中最想对船长说的话写下来,表达你对船长的敬佩,表达你心中的感动。

(学生写话。)

师:好,把你最想对船长说的话倾诉出来,表达你心中的感动,表达你对船长的敬佩。

生 1:船长,你为我们晚辈树立了一个好榜样,我们永远怀念您!

生 2:哈尔威船长,你是个真正的强者。虽然你与船同沉,但你永远活在我们心中,永远!

师:两个"永远",表达了她对船长的情感。

生 3:船长,你临危不惧,生死关头,把生存的希望让给了人们,你不愧是一个真正的强者!

生 4:哈尔威船长,您时时刻刻为别人着想,具有那种镇定自若、绅士风度和舍己为人的精神,我为您这种精神而感动、骄傲。

师:同学们,相信每一个人学了这篇文章之后一定会记住这样一位船长——与船同沉的船长!记住这位常年在大海怀抱中的船长!记住这位把船视为自己生命的船长！记住这位在大海中永生的船长！记住这位在英伦海峡上没有任何一个人能与他相提并论的船长！

利用电影的聚焦艺术将目光不断缩小,最后集中在哈尔威船长这张沉着冷峻的脸上;音乐的响起,使"强者"定格,使"坚强"升华。在声音媒体的辅助下,学生的情感得以升华,明白只有强者才能不惧灾难、战胜灾难的人生道理。

3. 增趣法

声音媒体对于引起学生注意、激发学习兴趣都有重要作用。

【案例 2—41】

《珍珠鸟》(人教版第 9 册)教学片段

著名特级教师　窦桂梅

师:三个月后,听!(播放珍珠鸟的叫声)

生:这声音,和它的爸爸妈妈叫得一样,笛儿般又细又亮的叫声,还更娇嫩,真好听。

师:(出示画面)快看,它钻出了笼子。你看到了吗? 看到了吗?

生:看到了!"雏儿,更小哟,正是这个小家伙!"(教师指导学生朗读)

窦老师在教学中利用了珍珠鸟的声音和画面,看似随意,实为有心。不仅让学生感受到珍珠鸟的可爱,增强爱护动物的感情;更重要的是激起了学生的学习兴趣,为下一环节的学习奠定了情感基础。窦老师恰当地运用声音媒体,一举多得,尽显名师大家的深厚功底。

4. 配乐法

【案例 2—42】

《为人民服务》(人教版第 12 册)教学片段

福建省福州市教育学院一附小　林　莘

师:从古至今,人们就有这样的想法、这样的认识。你看,经典就是古老的智慧、永恒的真理。经历了时间的考验,已经被人们认可、被人们传诵,所以主席引用司马迁的名言,令人信服啊! 那谁能把这句话读一读?(课件出示:人固有一死,或重于泰山,或轻于鸿毛。)

(一生读。)

师:读得真好,声情并茂。其实,我们在课内外积累了许多关于生死的名言,你还记得吗?(悲壮而豪迈的音乐响起,生配乐吟诵。)

生1：生当作人杰，死亦为鬼雄。

师：这是李清照的生死观，女英雄也可以豪情万丈啊！

生2：宁为玉碎，不为瓦全。

生3：春蚕到死丝方尽，蜡炬成灰泪始干。

生4：人生自古谁无死，留取丹心照汗青。

生5：杀了我一个，还有后来人。

师：死又算得了什么，江山自有后来人。

生6：捧着一颗心来，不带半根草去。

师：这是谁说的？陶行知，这既是对教育的爱，也是对祖国的爱，对人民的爱。

生7：粉身碎骨全不怕，要留清白在人间。

师：这首诗大家刚刚学过，一起来一遍。

生（齐）：粉身碎骨全不怕，要留清白在人间。

师：于谦也向天下人诉说他顶天立地的豪情壮志。同学们，这些都是关于生死的经典名言，它表达了一种英雄气概、民族气节，是那样可歌可泣、可敬可佩。同学们，刚才我们引用的是耳熟能详、经久不衰的——（生接答：名人名言）；引用的是给人启迪、引人深思、让人震撼的——（生接答：名人名言）。所以，主席用的第一招就是引经据典。（板书：引用）

读过这篇文章的人都知道，主席在文中引用了司马迁的名言，起到了很好的效果。名言是古老的智慧，它经过了岁月的洗礼和历史的检验，引用名言进行论证是很常见的方法。林莘老师在文本的基础上进行拓展，让学生回忆在课内外学习、积累的有关生死的名言，并在音乐的伴奏下反复诵读，体验英雄的民族情怀，感受英雄的豪情气概，激发学生对英雄的敬佩之情。在音乐的渲染下，在林老师恰到好处的评价中，学生用心、用情，读懂了主席的生死观，读懂了至理名言的永恒美。

（四）动画

在小学语文课堂中运用多媒体动画，对提高学生学习兴趣，突破难点，提高课堂教学效率，都能起到一定的作用。

1. 形象法

【案例2—43】

"口耳目"（人教版第1册）教学片段

浙江省杭州市安吉路实验学校　陈国芬

师：你们看这是什么呀？（课件演示：太阳图）

生：太阳。

师：太阳与我们人类有着密切的关系。那么古人是怎么记录太阳的呢？我们一起来看一看，(播放动画)古人就是用这个符号来记录的。随着时间的不断变化，为了便于书写，就把这弯曲的笔画写成这样的字了。(播放动画)今天我们就来学习这样的字，这一课还有几个生字也是从图形变化来的，你们想不想看一看？打开课本46页，看看这些生字是怎样变化来的？

就这样，运用动画媒体使枯燥的生字教学形象化、生动化、趣味化，不但激发了学生学习生字的兴趣，而且使学生对生字的音、形、义真正达到了心领神会。

2. 演示法

汉语拼音是一年级新生学习语文的第一道难关。在拼音教学中运用多媒体手段，借助形象直观、富有情趣的多媒体动画来进行直观演示，能有效地唤起学生的正确感知，从而突出教学重点，突破教学难点。例如，教学音节"ba"，可以先用电脑出示"a"，再出示小女孩推着卡片"b"，告诉学生声母"b"和韵母"a"碰到一起可以拼出音节"ba"，并且课件演示动画效果，小女孩推着卡片"b"和"a"相碰，变成音节"ba"。最后，借助"前音轻短后音重，两音相连猛一碰"的口诀帮助学生掌握拼读音节的方法。动画形式的直观演示，使学生很轻松地记住了拼读方法和拼读规则。

3. 模拟法

课堂上的动画可以是课文原有插图由静变动，也可以根据课文内容构造新的动画，将教学内容具体化、直观化、形象化，使学生在轻松、愉悦中启发思维，接受知识。例如《燕子》(人教版第6册)中有这样一句话："还有几只横掠湖面，剪尾或翼尖偶尔沾了一下水面，那小圆晕便一圈圈地荡漾开去。"学生很难理解其中"横掠"的意思，教师可以适时播放燕子"横掠"的动画，展现燕子飞行的动态，降低学生的理解难度，突破教学难点。又如《小壁虎借尾巴》(人教版第2册)中有三个动词"摇、甩、摆"，学生不易分辨它们的细微区别，借助动画模拟动作，可以使学生学得愉快，记得牢固。

（五）视频

视频媒体的优点是生动直观，能逼真地表现各种事物，具有广泛的表现力和感染力，能激发学生的学习兴趣，加深学生对课文内容的理解，使教学收到良好的效果。

【案例2—44】

《圆明园》(人教版第9册)教学片段

著名特级教师　窦桂梅

师:8640个半分钟,我亲爱的同学们,一个半分钟就刚才你们体会的平湖秋月瞬间就化为灰烬,一幅字画不用几秒钟就变为一片灰烬,那么,这8640个这样长的时间里,你想想,烧掉的……所以现在请同学们抬头,让我们静静地去体会,这8640个半分钟里的一个半分钟会烧掉些什么呀!

(窦桂梅老师出示视频媒体)

学生看火烧圆明园视频画面(半分钟)

师:同学们,轻易地过去半分钟你不觉得什么,当你静静地去体会它的时候,像这样的圆明园被烧掉的时候,我想同学们是怎么样的心情。是这样8640个这样长的时间哪,烧掉的,烧掉的,烧掉的,而且是在我们所说的将近一万多个这样大的面积的地方,火呀,熊熊地烧,烧了8640个这么长的半分钟,所以,我国这一园林艺术的瑰宝、建筑艺术的精华,就这样化为一片灰烬。同学们哪,就这样——,所以,圆明园中没有了金碧辉煌的……

在这里,窦桂梅老师呈现给学生的一段视频只是半分钟熊熊燃烧的火焰,就其画面而言,实在算不得漂亮,然而,这半分钟的火焰却燃起了学生心中的万般滋味。也就是这半分钟视频媒体的巧妙出示,让文本情景再现,让学生真实体验,教育效果显而易见。

(六)多媒体课件

语文教师在制作课件时,要注意课件的丰富性和实用性,并结合小学生的学习特点,采用最新的图片和材料,准确地将文章的主题凸显出来,使学生在最短的时间内真正地理解文章的内涵。

福建省特级教师林莘老师执教《为人民服务》(人教版第12册),就很好地运用了多媒体课件辅助教学。课始,林老师先播放六十周年国庆阅兵式片段,通过一遍一遍的口号声"为人民服务"点题,激发学生的激情,使课堂充满活力。课中,为了升华"为人民服务"这一主题,她把经过精心剪辑重组的《张思德》电影片段插入其中,使学生对张思德的事迹形成初步的感知,对"为人民服务"的内涵获得更深刻的认识,达到了理想的教学效果。

课堂离不开情,离不开趣,巧妙地运用多媒体,综合文字、图像、声音、动画、视频,精心创设与教学内容相吻合的情境,可以增强学生的感官刺激,调动学生的情感体验,活跃学生的主动思维。

(七)电子白板

使用多媒体课件,教师要在黑板和鼠标间切换,影响课堂教学的流畅性。而电子白板可以直接用手指或电子笔代替鼠标触摸大型显示屏,操作多媒体,能对动画、视频随时暂停、控制或标注,从而将教师从单纯的电脑操作中解放出来,适应了教师"边走、边说、边写"的行为习惯,有利于教师的即兴发挥。

1. 电子白板的功能[①]

(1)标注。在教学过程中,通过新建透明页教师可以对投射到电子白板上的内容随意用文字、线条、尺子进行标注,文字可以是教师的手迹,也可以选择排印体,线条可以是任何曲线,颜色、粗细等都可以按照个性调整。讲解完某一个问题,教师需要擦掉批注等内容,可以用电子橡皮擦掉,而丝毫不影响原来的内容。

(2)教学资源库。电子白板的后台都有为每一学科专门准备的资料库,这些资料对教学帮助很大,教师可以根据自己的讲课需要随意调用。一般来说,资料库需要生产厂家和学校教师充分合作,共同开发。

(3)课堂回放。电子白板有录像功能,讲完课后教师可以回放全部过程,记录并反思教学中存在的问题,使得讲课更加完善。

(4)随意放大缩小内容。对于图片等内容,为了使其更加显著,教师往往需要放大展示,只要点击相应的放大和缩小工具就可以实现,或者通过拇指和食指的扩张和缩小来放大或缩小图片。

(5)拖动内容。在讲课过程中教师需要把某一部分内容拖到一边,展示下一部分内容,这时就可以任意拖动图片或文字到一些闲置的空间。

2. 电子白板的运用

《海底世界》(苏教版第5册)通过优美流畅、形象生动的语言从海底的动物、植物和矿藏三方面介绍了海底世界鲜为人知的景象,引发学生对神秘的海底世界产生好奇,并激发了解自然、探索自然的兴趣。然而,海底世界对于孩子来说是陌生的,他们对海底世界充满了兴趣,却缺乏感性的认识。江苏省南通市通州小学李云芳老师根据教学实际,在课堂上充分利用电子白板,为学生创设了形象、直观、生动的教学情境。

课上,李老师要求学生大声朗读第二自然段,理解海底的奇异之处。之后,在白板上操作演示海面上的波涛汹涌与海底的悄然无声的对比情境,使画面、声音、

---

① 杜恩龙,高红超. 现代化教育技术中的"电子白板"[J]. 教育实践与研究,2012(5).

文字在学生头脑中真正结合起来,既分解了知识信息的复杂度,又拉近了学生与文本的距离。为了将能力训练落到实处,在探究海底动物的活动时,李老师让学生在白板上亲自动手操作:画出本段的中心句,了解本段的构段方式;圈出本段着重介绍的几种海底动物,说说作者采用了哪些方法来说明这些动物的活动;最后,轻触白板上静止的动物,使他们灵动起来。学生仿佛亲临海底世界,真切感受到海底动物的活动特点,萌生出探究海洋秘密的浓厚兴趣。

就这样,李老师充分利用电子白板的特有功能,与课件有机整合,构建了一个教与学的交互、协作平台,使文本"动"了,课堂"活"了,学生自然也就"明了"了。

四、多媒体运用的原则

毋庸置疑,多媒体在小学语文教学中确实有其他教学手段无法代替的优势,但这并不是意味着它能包办一切。对于语文教学而言,它终究只是辅助教学的手段之一,而不是唯一的手段,更不是最终的目的。我们要从语文教学的实际出发,注重科学性,使多媒体的运用遵循"适时、适度、适当"的原则。

(一)从认知规律出发,坚持适时性原则

适时性原则是指教师在上课时,要根据学生的认知规律和情感需要选择适当的时间使用多媒体,使教学达到最佳效果。

例如,在多媒体运用上,一些教师喜欢先让学生观赏图片和视频,然后再读课文。其实,这样的安排并不合适,不仅影响学生品读语言文字的兴趣,而且阻碍学生思维的发展,扼杀学生的想象力。一般来说,语文教学中要先引领学生品味语言,琢磨文字,想象意境,然后再出示声音、画面,这样更有利于发挥多媒体的功效。

(二)从学科特点出发,坚持适当性原则

适当性原则是指运用多媒体一定要有针对性,所选的媒体、资源、课件能适合小学语文学科的内容,要根据教学需要,选用适当的方法,进行优化组合,起到辅助教学、提高教学效果的目的。

语文教学以理解与运用语言为主。在语文教学中,多媒体如果运用不当,易使语言品读淹没在音画之中产生以直观形象取代想象的偏差。相反,如果根据教学需要运用得当,则会为语文教学助一臂之力。教师应把多媒体运用于创设情境,激发兴趣丰富表象,启发思维,拓宽信息渠道,巩固所学知识。必须注意,多媒体以服务教学、辅助教学为前提,不能采用"拿来主义",在课堂上生搬硬套,为用而用。并且,现代化教学手段时必须"适当"地与传统教学方法相互渗透,相辅相成,才能使小学语文教学达到至真至美的理想境界。

(三)从教学对象出发,坚持适度性原则

适度性原则是指运用多媒体时要做到既不喧宾夺主地滥用,也不因噎废食而全然不用。通俗地讲就是在适时、适当的前提下用多用少的问题,也就是把握好度的问题。

适度性要求教师做到当用则用,不当用则不用。能用板书解决的问题就不用课件,能用图像解决的问题就不用动画、视频,并且权衡多媒体课件制作成本与实际效益的问题,避免把语文课变成多媒体课件展示课。有的教师讲课时手不离鼠标,眼不离屏幕。鼠标点到哪儿,教师讲到哪儿,学生也跟到哪儿。其实,表面热闹的背后是对学生主体地位的忽视,是以"人机对话"取代"人际对话"。因此,多媒体运用既要体现教师的主导作用,又要彰显学生的主体地位,从学生的实际出发,根据学生的年龄特征及接受能力,坚持适度性原则,做到合理安排,恰到好处。

第九节　作业设计与评阅讲评技能

精心设计作业,认真评阅和讲评作业,不仅仅是教学的重要环节,还能使师生双方及时接受正确的反馈信息,使每个学生的个性得到充分的发展,学习能力和知识水平得到提高。

一、作业设计与评阅讲评的含义

作业设计是语文教师根据教学的目标与要求和学生的实际情况,设计形式多样的作业,既是对所学知识的复习巩固和深入拓展,又是检查课堂教学效果、指导学生学习的重要手段。评阅讲评是语文教师对学生学习效果的评价,它包括作业评阅和作业讲评两个环节,是学生巩固知识、开阔视野、发展能力的重要途径,也是教师获取信息、及时调控的重要手段。

二、作业设计与评阅讲评的作用

(一)增强学生的学习主动性

适合的作业设计可以激发学习兴趣,开发智力,拓展知识面,点燃创造性思维的火花,培养独立分析问题和解决问题的能力,使每一个学生的语文素养都得到良好的发展。教师在评阅讲评中注意由单纯的作业质量评价转向激励性的评价,又将大大激发和调动学生学习的积极性。

(二)提高课堂教学效率

当堂作业与评阅讲评,能帮助教师、学生及时了解教与学的效果,有利于学生反思、调整自己的学习,有利于教师进一步改进、完善自己的教学,从而提高课堂教学效率。

(三)形成人格影响

教师认真批改作业,就是在以良好的人格、认真的工作态度影响学生,潜移默化地教育学生,对于培养学生的学习兴趣、养成良好的学习习惯都具有积极的意义。

三、作业设计与评阅讲评的基本类型

(一)作业设计的基本类型

小学语文作业设计的类型较多:按照课内、课外分,有课堂作业和课外作业;按照作业完成的方式分,有书面作业、口头作业、听力作业、实践作业等;按照作业的内容分,有差异性作业、实践性作业、趣味性作业、开放性作业、探究性作业等;按照作业所需时间的长短分,有长时性作业,即时性作业、宽时性作业等。

1. 课堂作业

教师必须围绕教学目标,依据文本的语言特点精心设计形式多样的作业,为提高教学质量服务。

(1)积累型作业

积累型作业重在巩固基础知识和基本技能,增加语言的积淀,主要形式有:抄写听写词语、背诵、默写、按要求摘抄句段等。

【案例2—45】

《祖父的园子》(人教版第10册)教学片段

著名特级教师　薛法根

师:请同学们拿出课堂练习本来听写。我们写三组词语,请三个同学到黑板前听写,一人写一组,带书上去,不会的可以迅速地看看。

师:(有一定的速度,几乎是一连串报出来的)第一组:蜜蜂、蝴蝶、蜻蜓、蚂蚱。请你再写一个同一类的词语。第二组:倭瓜、黄瓜、玉米、韭菜、谷穗。第三组:摘花、拔草、下种、铲地、浇菜。

(黑板上,"倭"写错了,"拔"写成了"拔",师指点。)

师:老师这里还有一个词——草帽,看看应该写在哪一组?

(生思考,最终三位学生谁也没有落笔。)

师:你在下面写上"蚂蚁"了,"草帽"为什么不写上?

生:因为它们都是昆虫。"草帽"不是。

师:哦,"草帽"没有翅膀。(转另一人)你为什么不写?

生:我这一组都是吃的,"草帽"不能吃。

师:你够馋的,是在饭桌上的?

生:是在地里长的。

师:在地里长的,叫什么?

生:庄稼。

师:"草帽"不是庄稼,不好写第二组。那这个词应该写在第三组啰。(问第三人)你也没写?

生:我这一组都是干的农活。"草帽"不是农活吧?

师:不错。老师的问题没有难住你们,那写在哪儿呢?对,写在另一边。我们写一写。（师详细指导右边"冒"的写法。）

师：如果我们把课文里的词语分分类，记忆起来就方便多了。比如，我和祖父的园子里的昆虫真多呀，有——

生：（齐）蜜蜂、蝴蝶、蜻蜓、蚂蚱。

师：园子里长着许多庄稼，有——

生：（齐）倭瓜、黄瓜、玉米、韭菜、谷穗。

师：我和祖父一起在园子里干农活儿——

生：（齐）摘花，拔草，下种，铲地，浇菜。

　　薛老师的这个教学片断，独具匠心。一次看似简单的听写作业设计，具有多重功能。既检查了预习，训练了思维，又有针对性地进行了难写字的讲析。更重要的是，这三组词语还自然牵引出课文内容的学习：园子里有什么，这是怎样的园子？在园子里干了什么，这是怎样的童年？就这样，下面的课文学习不时回应听写的这三组词语，体现了词语积累与阅读感悟的有机整合。

　　（2）感悟型作业

【案例 2—46】

《鲸》（人教版第 9 册）课堂作业：

读一读，比一比，下列一组句子有什么不同？

（1）鲸隔一定的时间必须呼吸一次。

（2）鲸隔一定的时间需要呼吸一次。

　　这一作业是根据课后思考题三"体会句子有无加点字，意思有什么不同"而设计的，通过对比朗读，帮助学生感受说明文用词准确的语言特点。

　　（3）运用型作业

　　运用型作业的主要形式有扩写、续写、改写等，适用于诗歌、小说等空白比较丰富的课文。

【案例 2—47】

《秋思》（人教版第 9 册）课堂作业：

仔细阅读《秋思》这首古诗，展开合理想象，把它改写成一则故事。

　　这项作业涵盖了对这首诗内容的理解、诗意的体悟，同时又沟通了学生的经验世界与想象世界，提高学生的语言运用与表达能力，充分体现了语文课堂作业的综合性。

除了书面运用型作业外,还可以设计口头运用型作业。比如,教学《北京》(人教版第 3 册)一课,可以安排游览北京的课堂活动。请一位同学当导游,其他同学当游客,由导游按照课文内容有顺序、有详略地向游客介绍北京。这样的课堂作业将观察、复述、讨论融合在一起,能够取得很好的效果。

(4)拓展型作业

【案例 2—48】

《一夜的工作》(人教版第 12 册)课堂作业:

周总理的一天

时间:1974 年 3 月 26 日至 27 日(此时已身患重病)

下午 3 时　　　起床

下午 4 时　　　与尼雷尔会谈(五楼)

晚上 7 时　　　陪餐

晚上 10 时　　　政治局会议

早晨 2 时半　　约民航局同志开会

早晨 7 时　　　办公

中午 12 时　　　去东郊迎接西哈努克亲王和王后

下午 2 时　　　休息

1. 以上是周总理一天的工作日程。阅读之后,请你模仿它的式样,把周总理一夜工作的过程列出来。

2. 周总理多么辛劳,多么简朴! 你想对他说些什么?

历史性文本的阅读往往需要结合历史语境进行拓展,以降低学生的理解难度。《周总理的一天》这个文本的补充阅读,使学生从《一夜的工作》这一具体个例延伸到普遍状态,有助于学生对周总理这个人物的理解。最后,整合两个阅读材料练笔,将学生的感悟进行总结升华。

2. 课外作业

课外作业是语文教学的一个重要环节,它是语文课堂教学的延伸和扩大,能有效地帮助学生理解教材,巩固课堂上所学的知识,增加学生的见识,发展学生的思维能力,培养自主学习能力,是提高学生语文素养的一个重要途径。课外作业由预习作业、课后作业等构成,类型主要有基础型、阅读型、练笔型、观察型、实践型、自助型等。

(1)基础型作业

课前识字写字,读准生字的字音,记忆字形;借助工具书,联系文章内容和生活实际理解词句;正确、流利、有感情地朗读课文,初步了解文章大意,尝试概括主要内容;课后进一步巩固字词,背诵课文,适当地摘抄,迁移运用基础知识和基本技能的练习等都属于课外基础型作业。

基础型作业中,预习作业是必不可少的。小学生要养成良好的预习习惯,必须通过老师的指导,所以教师要精心设计预习作业,要让学生觉得预习是必要的,要让学生明确预习的主要内容和基本要求。就小学语文阅读课的预习来说,一般以诵读、摘记、思考、收集等为主要手段。

下面这首关于预习的儿歌,可以帮助我们了解各年段预习的主要内容。①

学语文,得预习,方法好,分步行。

第一步,读课文,标小节,内容明。

第二步,画字词,读准音,记住形。

第三步,勤思考,多质疑,会点评。

第四步,查资料,广积累,头脑灵。

儿歌中,第一、第二步侧重于指导低年段学生预习,第三、第四步难度加大,可逐步向中、高年段学生提出要求。

(2)阅读型作业

课外阅读是课内阅读的延伸和补充。教师要引导学生广泛地阅读课外书籍,尤其要引导学生读好三类书:一是与教材密切相关的文章;二是优秀的少儿读物、世界名著;三是科普读物,以引起学生浓厚的阅读兴趣,丰富知识,开阔视野。要教给学生阅读课外书的方法,培养"不动笔墨不读书"的良好习惯;要引导学生学会大量阅读,提前阅读,主动走进书的世界,筛选信息,增加语言积淀,提高阅读能力,陶冶思想情操。

福建省武夷山实验小学严丽芳老师在教学《草船借箭》(人教版第 10 册)一课后,布置学生以 3～5 人为一组,编一张有关"三国"内容的小报。一周后,同学们共上交了二十份小报。这些小报内容充实,形式多样。有"人物介绍"、"三国成语"、"三国歇后语"、"精彩故事"、"人物评说"等栏目。通过课外阅读,共同编报,学生相互交流自己获取的信息,加深了对故事人物的认识,丰富了自己的知识,还学习了报纸的编辑与排版,学生的多元智能得到了全面发展。

(3)练笔型作业

随文练笔是一项很好的语文课外作业。可以针对课文重点部分写感想和体

---

① 李燕萍.要看银山拍天浪,开窗放入大江来[J].小学教学参考(语文),2012(5)

会,可以模仿课文的写作方法进行片段仿写,可以对课文留白处进行想象性补写,也可以扩写故事、续编故事,等等。

例如,教学《穷人》(人教版第 11 册),可以抓住课文最后一句话——"桑娜拉开了帐子",引导学生展开合理想象,想象之后发生的事情。要求学生把想到的写下来,比比谁想得更丰富、合理,谁的语言风格更贴近原文。这样,既调动了学生的写作积极性,培养了他们的想象能力,又帮助学生进一步领悟了文本的思想感情。

(4)观察型作业

设计观察型作业,能够提高学生的观察能力,丰富学生的生活积累。比如,学习《大自然的文字》、《青海高原一株柳》等课文前,均可安排学生进行一些相关的观察,获得丰富的感知,为课文学习奠定基础。又如,学习《蟋蟀的住宅》后,可以让学生观察、介绍自己的家,使观察与写作方法得到迁移。除了引导学生观察身边的生活外,还应让学生多渠道、多角度地观察社会生活,丰富生活阅历,提高认识能力。

(5)实践型作业

开展参观、调查、采访活动,配音、讲故事、课本剧表演等都是小学语文实践活动的重要内容。这些实践型作业是综合体现学生听说读写能力的平台和载体。

上海市松江泗经小学沈君老师在教《小珊迪》一课前,让学生选择"旅馆门前,旅馆里,小珊迪家"三个场景中的一个,自由组合小组,自己分配角色,排演一段课本剧。为了演好课本剧,同学们饶有兴趣地钻研课文内容,分析角色性格,从道具到台词,都尽量考虑周全。等到上课时,同学们不但表演得好,而且对课文的理解非常深刻,学习效果相当突出。

实践型作业将学生从单一的"抄抄写写"中解放出来,不但激发了学生浓厚的作业兴趣,而且培养了学生动手、动脑、合作、交际等能力,使作业不再成为沉重的负担。

(6)自助型作业

新课标要求语文教学应注重学生身心发展,了解学生的不同学习需求,根据学生个体差异进行教学,小学语文家庭作业亦应如此。教师应有意识地设计作业量、作业难度分层的自助型作业,让学生能根据自己的情况选择自己喜欢的作业,从而培养学生自主学习的能力。

【案例 2—49】

江西省南康市教研室张飞老师为《失踪的森林王国》(北师大版第 6 册)设计的"米饭+菜"自助型套餐作业:

"米饭"

背诵课文第一自然段并抄写新积累的词语 8 个。

"菜"

1.讲一讲。复述故事,把故事讲给亲朋好友听。

2.画一画。用你的神笔把美丽富饶的森林王国画下来。

3.写一写。发挥想象,把失踪后森林王国的样子写下来。

学习语文须掌握必要的基础知识,这是每个学生都必须达到的最起码的要求,在此基础上再为每个层次的学生设计适合自己的作业。"米饭"每个学生都得吃,"菜"每个学生自己选。这样,既保证了基本目标的达成,又关注了学生的个体差异,实现了因材施教和个性化发展。

教师在设计自助型课外作业时,应将不同类型作业进行分层。一般可根据难度适应性分成低、中、高三层,教师应充分考虑学生的自尊心和自主性,可由学生自主选择适合自己的那一个层级的作业。一般而言,处于低层的学生可以选作简易的题目,比如课文背诵、生词默写、词语解释等常规性作业,主要目的是复习、巩固基础知识;处于中层的学生可选中等难度的题目,这部分题目主要考查阅读理解能力和简单应用能力;对于基础扎实、学习兴趣浓郁、探索欲强的学生可以完成综合要求高、相对有难度的作业。

(二)作业评阅的基本类型

作业批改的形式多样化,能调动学生的学习积极性,提高学习效果。作业评阅有全批、面批、分层次批等基本类型。

1. 当面评阅

当面评阅,简称"面批",是教师对学习能力较弱的学生或对难度较大的练习常采用的评阅方法。这种方法把评阅作业和个别辅导结合起来,具有反馈及时、针对性强的优点,所以实际效果很好。面批以后应该让学生再次修改,而后交给教师再次批改。面批过程中,教师与学生进行面对面的交流与沟通,学生对于教师在评阅过程中所进行的无论是知识性的教育还是人文性的教育,都会更加铭记于心。

2. 全部评阅

(1)教师评阅。教师将学生做完的作业收取后逐份评阅,不但全面检查学生作业的完成情况,而且对学生作业中的错误基本上都给以符号或语言的提示。这种批改作业的方法是最常用的。

(2)学生互批。学生互批一般应在课堂上,在教师的指导下完成。初始训练要讲清批改的方法和批改的重点,如批改所用的符号,改正错误的方法等,至于正确的答案,开始可由教师公布,以后逐渐改为学生自己确定。这种批改方式,对当堂作业及练习课作业最为适宜,省时有效。一般来说,它适用于中高年级学生。

(3)学生自批。学生自批指教师布置作业后,经过学生实践练习,给出参考答案,学生对照答案进行自我批改。有些作业不必全由教师批改,学生自批作业是培养其自我评价能力的重要手段。随着学生年级的升高,应该逐渐增多这样的自评、自改的作业。学生在自批过程中,能够对作业问题或原理从知其然到知其所以然。

3. 抽查评阅

作业收齐后,找出成绩好、中、差三类学生的作业各几本,进行精批细改,了解各个层次学生的学习情况,记下这些作业中的典型错误以便分类辅导,从而全面提高教学质量。讲评后要求未抽改到的学生自行订正作业。这种方法能减轻教师批改作业的负担,使教师有更多时间钻研教材,改进教法。如果引导得当,学生会十分重视教师的作业讲评,并且培养他们自我检查和订正作业的能力。为防止学生对抽改作业可能产生的侥幸心理,可采取一些督促措施。

小学生善于模仿,这就要求教师"身正为范","为人师表"。对于学生的作业,教师要仔细阅读,精心批改,力求每次批改都不出差错,每个符号都清楚、漂亮。每当看到有损坏的作业本,教师可以细心地为学生修补好。弄脏的,把它擦干净;卷角的,把它展平压平。教师这样做,不但在爱惜作业本上为学生树立了榜样,而且让学生从这些细微的举动中,感受到老师对他的爱护,从而拉近了师生之间的距离。

(三)作业讲评的基本类型

完成作业评阅只是完成了工作的一半,另一半工作就是讲评。作业讲评要实事求是,对症下药,突出重点,突破难点,培养学生分析问题和解决问题的能力。

1. 重点讲评

重点讲评学生作业中带普遍性的问题,这是讲评课的关键。由于学生个性差异的存在,作业中出现的问题也会千差万别,因此,教师在重点解决存在的共性问题的同时,对部分学生的作业中存在的个性问题,也要鼓励学生自己讲,或启发其他同学帮助讲,这样既可以调动全体学生参与思维的积极性,也可以培养学生的逻辑思维能力和语言表达能力。

2. 比较讲评

为突出重点,有时可以进行比较讲评,也就是将较好的作业与较差的作业放在一起让学生自己比较鉴别。经过比较,让学生认识存在的问题,自己解决问题、改正问题,达到教学目的。

3. 专题讲评

作业讲评不能面面俱到,成为简单的对答案和改答案。教师应对错误集中、答案新颖、启发性强的题目进行专题讲评,让学生对症下药,改正错误。例如习作讲评,如果每次都是从错别字、病句讲到布局谋篇、选材立意,学生就会感到单调乏味,倒不如一次选择一个专题进行重点讲评。

4. 拓展讲评

作业讲评结束,有的教师让学生订正好错题就算完事,这样难以达到强化、巩固知识的效果;有的教师要求学生将做错的题目全部重做一遍,这样不仅加重学生负担,而且容易引发学生的负面情绪。要想扩大讲评课的辐射效果,就应该根据学生出现的典型问题或有训练价值的题目,设计有针对性的作业进行拓展训练,有时还有必要进行二次批改和讲评。值得一提的是,在讲评时,还应适时地梳理、消化、巩固平时在教学中指导学生的学习方法,如理解词语的方法,概括课文主要内容的方法,修改病句的方法等。这样讲评,举一反三,事半功倍。

此外,教师在讲评作业前必须作好充分的准备,包括批改记录、错题分析、讲评计划等。在讲评过程中,教师不能只根据自己的认识,一厢情愿地讲解,要关注学生主体,注意倾听学生解题中的困惑,引导学生暴露思维过程,甚至让学生参与讲评,激发学生主动学习的兴趣与愿望。

四、作业设计与评阅讲评的原则

(一)主体性原则

作业设计和评阅讲评应把主动权交给学生,让学生去作出判断和抉择,尽量发挥他们的潜能,引导学生正确认识自我,建立正确积极的自我观念。可以引导学生有针对性地设计作业,作业评阅可采取学生自评、互评、小组评、全班集体评、家长评等形式,作业讲评应让学生积极参与,让信息在师生、生生之间多向交流,促使学生养成良好的作业习惯,提高学生自我学习、自我评价的能力。

(二)层次性原则

由于学生的家庭背景、文化环境、思维方式不同,在学习上会表现出个体差异。因此,对学生不能一刀切,要允许学生出现暂时性的落后。在设计作业的时候要有层次性,以满足不同层次学生的需要,让不同层次学生都得到发展。作业评阅讲评也要体现差异性,使不同层次的学生均有获得成功的机会,均能享受到学习的快乐。

(三)趣味性原则

兴趣是最好的老师。教师要结合教学内容,设计适合儿童特点和能力的作业形式,贴近生活,贴近自然,激发儿童的参与意识,充分发挥其主动性。作业的设计就是要让孩子愿意做、喜欢做,而不是让学生为应付检查,勉强完成作业。要让学生成为学习的主人,使苦学变为乐学,最终达到自主学习、认真作业的目的。

(四)及时性原则

作业信息的及时反馈对教学而言至关重要。当天能清掉的作业尽量当天清,作文评阅讲评也宜在一周内完成,如果评阅时间过长,会影响作业效果。

(五)有效性原则

教师设计作业时,要有明确的目标意识,不能片面追求形式新颖,而不考虑作业的实际效用。评阅讲评作业,也要关注时间效率,尽可能让所有的学生都有参与的机会,提高讲评的有效性。

(六)开放性原则

作业设计的内容不应局限于书本上的知识,而应重视利用课外的自然资源和社会资源,实现课堂、社会、生活的有机结合。作业评阅讲评的主体不应只是教师,也可以让学生参与评阅讲评,使学生学会协作,学会取长补短,学会自我发展。

案例评析

●仔细阅读以下三个案例,分析、评价教师的导入技能。

【案例 2—50】

《林海》(人教版第 11 册)的课堂导入:

师:同学们,还记得之前学习过的课文《美丽的小兴安岭》吗?

生:记得。

师:这篇课文主要写了什么?又是怎样写的呢?

生:课文先概括性地写了小兴安岭的美丽景色,然后分春、夏、秋、冬这四个季节来描绘小兴安岭的特点,并对各个季节的花草树木都做了具体的描绘。

师:是的,今天我们所要学习的课文《林海》基本上也是按照这样的方式写的,但是比《美丽的小兴安岭》描绘得更加生动、细致。在学习课文的过程中,我们要注意比较两篇课文的异同。

【案例 2—51】

《游园不值》(人教版第 8 册)的课堂导入:

师:一提到春天,我们就会想到春光明媚,绿满天下,鸟语花香,万象更新。古往今来,许多文人墨客用彩笔描绘它,歌颂它。同学们想一想,诗人杜甫在《绝句》中是怎样描绘春色的?(生背)

师:你还会背哪些描写春天的古诗呢?(生背)。

师:今天,我们再来学习一首描写春天美丽景色的古诗——《游园不值》。

【案例 2—52】

王崧舟老师执教《草船借箭》(人教版第 10 册)的课堂导入:

师:有人说《三国演义》是一部谋略之书,《草船借箭》这个故事是谋略里的谋略;也有人说《三国演义》是一部智慧之书,那么《草船借箭》就是智慧里面的智慧。对于这样一个充满了谋略、充满了智慧的故事,我相信同学们一定非常感兴趣。请同学们打开书本,自由地、大声地朗读这篇课文,碰到不认识的字多读几遍,碰到读不通的句子多念几遍。读完以后,老师请你从谋略和智慧的角度,给故事当中的四个人物排一排名次,你觉得可以怎么排?明白吗?

生:明白。

(学生开始自由朗读课文,教师做现场巡视。)

● 仔细阅读以下教学片段,就其中的提问环节发表自己的见解。

【案例 2—53】

《只有一个地球》第二课时(人教版第 11 册)教学片段
著名特级教师　王崧舟

师:通过反反复复地朗读,反反复复地理解,我们走进了《只有一个地球》。我知道你们都付出了真情。古人说:"学贵有疑,小疑则小进,大疑则大进,无疑则不进。""疑"是什么?

生:友谊。

生:问题。

师:(转向那个学生)只怪王老师口齿不清。(众笑)想"进"吗?

生:想。

师:好,那就先"疑"。

师:提个要求。你提的所有的问题必须是忠诚的,自己早就懂的不必再提,很简单的问题自己一思考就可以解决的不要再提。读,一条横线,一个问号,表示你这个地方有真问题。

(生读书质疑)

师:有问题请举手。一节课才四十分钟,每个人提个问题就是五十五分钟。有三四个问题的同学提你最疑惑不解的,提到十个问题,我们就停。

生:为什么地球可爱,又容易破碎呢?地球这么坚实,怎么会"碎"呢?

师:答案百分百在书上。(板书:破碎?)

生:人类无穷无尽地破坏,地球还能活多久?

师:(板书:地球活多久?)这是一个大问题,非常有研究价值的问题。(连打两个问号,一个比一个大)

生:是什么地质变化使地球矿产资源形成?

师:一个相当不错的问题,书上没答案,在课上干讨论也讨论不出什么来。到课外找课外书。(板书:地质变化?)

生:地球离我们多遥远?

师(板书:遥远?)

生:为什么就像一叶扁舟?

师:(板书:扁舟)这个问题上节课我们还形容着呢,可能这位同学认为研究得不够深入。

生:为什么40万亿公里范围内找不到第二个适合人类生存的星球?

师:(板书:40万亿?)

生:凭什么破坏地球,地球是我们大家的。

师:好一个义正词严的"凭什么",充满愤慨的"凭什么"。(连打三个问号)

生:可以建设海上城市,范围不就扩大了吗?

师:你对"很小很小"产生了质疑,大胆地质疑。(板书:很小很小?)

生:月球上有多少人可以去居住呢?

师:(板书:月球上可以有多少人居住?)

生:今天,我们在保护地球,那些不法分子在破坏我们的精心保护,是不是一种浪费?

师:(板书:精心保护?)十个问题,是同学们在认真读书后产生的,古人告诉我们"小疑则小进,大疑则大进",想不想再进一进?十个问题,只要再读再思考就可以解决。王老师完全相信你们可以自己解决。每个人只要挑选一个你最感兴趣、认为最有研究价值的问题自己解决,行吗?

(生自主解决问题)

师:好,好,王老师怀着一份深深的期待,想和你们分享智慧的喜悦。

……

●仔细阅读以下三个案例,分析、比较其中教师的讲解技能。

《月光曲》(人教版第11册)教学片段

【案例2—54】

霍懋征

师:你们也听听这琴声,感觉怎么样?

生:平静。

(生小声读课文:"皮鞋匠静静地听着……")

师:听到了琴声,好像看到了这样一个情景。谁能背一背这一小段?(一生站起来背。)

师:静静的海面,突然间出事了。

(生读"忽然,海面上刮起了大风……"一段。)

【案例2—55】

支玉恒

师:贝多芬是什么人?

生:他是一百多年前德国的一位音乐家。

师:是个什么样的音乐家?

生:是一个著名的音乐家。

师:你怎么知道他著名?

生:我以前从书上看到过。

师:今天的书里有没?

生:有。

师:那你为什么不说今天的书呢?

【案例2—56】

蒋军晶

师:她这么激动还有其他的原因吗?

生:我觉得她是难以置信,贝多芬是非常著名的音乐家,这样的大音乐家会为她这样贫穷的姑娘弹一首曲子,她不敢相信。

师:你从哪里看出她难以置信啊?

生:我从这句话里的两个"您"看出?

师:知音难求啊……为什么此时贝多芬没有回答,我相信各人有各人的理由,谁来谈谈你的看法。

●仔细阅读以下两个案例,分析、评价教师的课堂结束技能。

【案例 2—57】

《猴王出世》(人教版第 10 册)的课堂结束

浙江省金华师范学校附属小学　王春燕

师(边总结边板书):同学们,读了《猴王出世》,我们每个人的心中都有了自己的猴王形象,他不仅仅是一个猴子,顽皮可爱;他更像一个人,敢作敢为。如果你走进《西游记》,会更强烈地感受到,他是一位神,神通广大! 喜欢这样的猴王,真的不需要理由,这就是经典的魅力! 在这篇经典名著里,语言的珍珠随处可见。请大家在最后一点时间里,挑选自己认为最精彩的语句读一读,背一背。

(学生自由朗读、背诵。)

师(出示课件):同学们,40 分钟时间很快就过去了。我想,上了这堂课,大家一定发现:读经典,不仅要读懂"写什么",更要去思考作者是"怎么写"的,因为——

生(齐读):"写什么"人人看得见,"怎么写"对于大多数人却是个秘密。

师:希望同学们一生都与经典相伴。下课!

【案例 2—58】

《我的战友邱少云》(人教版第 11 册)的课堂结束

著名特级教师　王崧舟

师:战斗就这样结束了。邱少云的战友们怀着无比崇敬的心情,用邱少云生前挖坑道时用过的铁锤和钢钎,在陡峭的'391'高地的石壁上,刻写了一句纪念他的碑文。同学们,此时此刻,假如你也是潜伏部队中的一员,你也亲眼目睹了这惊天动地、气壮山河的一幕,你会写一句怎样的碑文来纪念、来歌颂这位年轻而伟大的战士?

生:邱少云同志永垂不朽。

……

师:看大屏幕。同学们,这就是邱少云的战友在'391'高地上刻下的碑文。这句碑文,是邱少云精神的生动写照,是中国人民志愿军精神的生动写照,也是中华民族精神的生动写照。让我们一起,怀着无比崇敬的心情,深情地朗读这句碑文!

师:同学们,让我们用深情的语气来读读这句碑文。

生读。

师:让我们用自豪的语气来读读这句碑文。

生读。

师:同学们,有了这种精神的军队是伟大而不可战胜的! 有了这种精神的民族是伟大而不可战胜的！老师相信，这句碑文，一定会世代相传！这种精神，一定会永放光彩！下课！

🔄 **应用练习**

●以下是一些实用课堂评价语：

1. 你这节课发言了好几次，看得出来你是个善于思考的好孩子。

2. 你真爱动脑筋，这么难的问题你都能解决！

3. 你预习得可真全面，自主学习的能力很强，课下把你的学习方法介绍给同学们好不好？

4. 你好厉害！敢于向书本提出问题，你的勇气令人羡慕！

5. 谢谢你指出了老师的错误，使老师不会错一辈子。

6. 你虽然没有完整地回答问题，但你能大胆发言就是好样的！

7. 你很勇敢，第一个举起手来，说错不要紧，关键是敢于发表个人见解！

8. 你的声音真好听，你能大声读一遍吗？

9. 你们不仅说得好，而且你们还很会听取别人的意见和看法。

10. 你认识的字真多，真是"识字大王"啊！

11. 这个问题提得真好，谁愿意帮助他解决？

12. 你真了不起，能想出如此独特的方法，很有新意，大家用掌声鼓励他。

请给这些课堂评价语归类；并搜集、整理其他精彩的课堂评价语言。

●请为《燕子》（人教版第 6 册）一课设计板书，并写明在课堂教学哪个环节，如何呈现板书的内容？

●请为《观潮》（人教版第 7 册）一课设计多媒体课件，要求将文字、图像、声音、动画、视频等因素有机整合，并体现适时、适度、适当的原则。

●从人教版小学语文教材中任选一篇课文，精心设计课堂作业和课外作业，并阐明设计意图。

↔ **拓展学习**

1. 郭芬云.课的导入与结束策略［M］.北京：北京师范大学出版社，2010

2. 陈月茹.课堂教学组织与管理［M］.济南：山东教育出版社，2010

3. 覃兵.课堂评价策略［M］.北京：北京师范大学出版社，2010

4. 张娟妙.教师如何做好多媒体教学［M］.长春：吉林大学出版社，2010

5. 肖川.名师作业设计经验（语文卷）［M］.北京：教育科学出版社，2007

第三章　听课技能

内容提要

听课是教学研究的有效手段。本章从理论上明晰了听课的基本特点、内容、类型以及听课的目的和作用;从实践层面上,通过丰富的案例展示专家、名师、优秀教师是怎样有准备、多视角、多感官参与听课,在听课中成长;最后,总结归纳出听课的步骤、环节和要求。

关键问题

◆什么是听课?

◆听课有哪些基本特点?

◆听课的目的和作用是什么?

◆听课有哪些类型?

◆怎么听课,又如何做好听课笔记?

听课既是学生学习的主要方式,也是教师教学工作的重要组成部分。听课是当教师的开始,是教师走上讲台的基石;听课是教师的基本功,是教师专业成长的重要途径。

第一节　听课的特点

一、听课的概念

听课是指教师或研究者凭借眼、耳、手等感官,运用有关的辅助工具(记录本、调查表、录音录像设备等),从课堂情境中获取相关的信息资料,是从感性到理性的一种学习、评价及研究教育教学的方法。

听课是一种技能和方法,需要一定的学习和培训,并不是什么人都能听懂课、听好课。因为听课者一方面应具备一定的教学修养和经验,另一方面应掌握一定的听课技术要领。

听课不是目的,是手段,是途径。听课是教学研究的重要手段,也是教师相互交流、相互学习和促进教师自我反思的重要途径。我们通过听课达到甄别认定课堂教学优劣的目的,进而提升自身课堂教学研究的水平和质量。

二、听课的特点

(一)目的性

为什么要去听课?要解决什么问题?听课者必须明确听课的目的和任务。听课者总是根据听课的目的来选择时间、地点和对象等,并有选择和有侧重地听一部分课或学习哪些内容。如新教师听课最主要的目的就是观摩学习,主要看上课教师是怎样教的,重点、难点是如何突破的,板书是如何设计的,教学手段和教学媒体是如何运用的,课堂气氛是如何活跃的等,并在自己的教学中学习运用。

(二)主观性

虽然课堂教学是一种客观的实践活动,但听课活动中的主观因素很多。一是什么时候到什么地方去听什么人的课,基本上是听课者自己确定的。二是听课者和被听课者以及学生都是有主观意识的人,课堂教学的实际情况可能会因听课者的参与而发生变化。三是听课者的听课行为受他的教育思想、教学经验、对上课者的印象等因素的制约。

(三)指导性

绝大多数听课活动在听课后要形成个人或集体的认识和意见,而且在全部听课活动中,上级对下级、领导对教师、专家对教师的听课及学校内部的公开课、研讨课占大多数,形成的评价要以一定的方式反馈给学校或教师,要提出一定的指导性意见及改进措施等。

(四)情境性

课堂是一种较自然的情境,而听课又是在现场进行的一种活动。听课者和被听课者都处于一定的情境中,不同的时间、地点、条件就可能有不同的过程和结果,即使同一个教师在不同的学校上同一节课也可能会得到不同的评价。我们获得的听课资料及有关的感受和理解是离不开一定情境的,而且不可避免地带有不稳定性和偶然性。

三、听课的意义

(一)听课有利于了解教师贯彻落实教育教学法规、政策和要求等现状

现阶段,我国正在进行新的基础教育阶段的课程改革。为了确保课程改革按照预想的方向进行,就必须了解教师是否在课堂教学中实施新的课程改革方案以及教师是否习惯和喜欢这种新方案。课堂是教育政策、教学要求等最终落实的地方,因此通过听课就可以了解到一些实际问题,并供教育决策部门和教学指导部门参考。

学校的教育教学常规执行得如何?教育教学管理是否到位?课程标准、课时计划执行得如何?新课程改革的精神和要求是否贯彻落实?通过听课,有关部门都可以得到基本的信息,从而把握指导教学工作的主动权。

(二)听课有利于促进教师的专业化发展

听课是教师专业化发展的重要途径。教师在课堂教学中往往意识不到自己的教学行为,通过听课不仅可以学习别人的经验,吸取别人失败的教训,用别人的方法指导自己的教学,更可以对自己的教学进行反思和研究,将一些听课得到的感性认识上升为理性认识,发现自己教学中的不足,通过取长补短,相互交流,改进自己的教学,实现共同提高。

全国著名的特级教师于漪曾说:"我的特级教师是听课听出来的。"特级教师窦桂梅说:"几年来我听了校内外教师的 1000 多节课⋯⋯"由此可见,教师的成熟是随着"听课"的增加而递进的,名师的成长是随着"课相"的丰富而促成的,听课是教

师成长的必经之路。

(三)听课有利于总结和推广先进的教学经验和方法

通过听课,可以发现优秀教师先进的教学理念、教学方法和教学经验,经过思考分析及论证总结,就可以大面积推广。教师可以通过听课活动学习那些先进的理念、方法和经验,结合自己的教学实际进行思考和借鉴,促进自己的成长和提高。

(四)听课有利于学校良好教学风气的形成,促进教育教学改革深入

教师的发展在现代学校管理中被认为是促进学校发展根本因素。不同的学校有各自的实际情况,即使在同一学校,教师的能力、风格、专长、实践经验等也有很大的差异。教师之间通过听课,不仅可以了解其他教师课堂教学的实际情况,做到相互学习和交流,取长补短,共同提高;而且可以融洽各方面的人际关系,增进相互信任,有助于集体合作,营造良好的教研氛围,促进教学改革的深入开展和教学质量的整体提高。

四、听课的误区

(一)思想上不够重视

有些教师缺乏改革精神和教研意识,没有充分认识到听课对促进自身专业发展的重要意义,把听课当成一种应付学校检查的任务来完成。于是,听课时马虎应付者有之,做其他事情者有之,只当"记录员"者有之。可想而知,以这样的心态去听课完全失去了听课的效果,达不到听课的目的。听一节课如同读一本好书,"开卷有益"同样适合于听课。

(二)听课前不做任何准备

有些教师认为听课只要带着耳朵进教室就行了,事先不做任何准备。如果听课不做准备,匆匆忙忙走进教室,糊里糊涂地听,不理解授课老师的教学意图,不熟悉教材,不熟悉新课程对课堂教学的要求,就不会有较大的收获。新课程要求教师在听课前做好学识准备、心理准备、情况准备和物质准备。

(三)只关注授课教师的教

有些教师在听课时关注的只是教师怎么讲,在课后评论的也是教师怎么讲,很少关注学生学得如何。新课程理念倡导教师为主导、学生为主体的教学原则,要求我们听课时必须在关注教师活动的同时关注学生活动,在关注教法的同时关注学法。

(四)听课后不注意交流反思

有些教师听完课后一走了之,不对课堂实况进行回顾反思,不与讲课教师进行交流,不去进一步了解授课教师的设计思路和教学理念。其实通过交流,可以更清晰地分析课堂中的成功与失败,更好地借鉴教师的经验和教训。有些教师评课时要么一味地说好话,要么挖苦讽刺,全盘否定,不能按照新课程下的课堂教学评价标准进行全面、客观、公正的评课。

听课者盲目地去听课,和带着一定的目的性,有计划地去听课,效果是大不一样的。要想真正发挥听课的实效,让教师通过听课有所顿悟,带着思考离开教室,带着反思回味教学,需要每位听课者在课前做好充分的准备。

第二节　听课的类型

　　听课类型的划分是相对的。根据听课者的听课目的,可以分成学习型、指导型、检查型、考核型听课;根据课堂教学的情况,又分为授课前有准备的研究型、观摩型听课,以及没有课前通知的"推门式"随堂听课。这种区分也不是绝对的,在实际的教学研究和听课过程中有可能是交叉的,听同一节课有可能实现几种听课的功能。不同性质的课、不同形式的课对听课的要求也是不同的。

一、检查型听课

(一)概念

　　检查型听课是为了了解学校和教师教育教学工作的总体、过程、某一方面或某个问题的情况而进行的听课活动。

　　上级教育部门对学校督导评估中的听课,检查教学常规落实情况的听课,学校领导听新教师的课,新课程实施情况的调研性听课等都属于检查型听课。

(二)特点

1. 突然性

　　听课者是有目的、有计划、有意识地去听课,而被听课的学校、教师在绝大多数情况下,事先是不十分清楚的或提前知道的时间不会太长。学校或教师对这类听课总有被"突然袭击"的感觉。

　　一般来讲,无论是教育行政部门和教学业务指导部门的听课,还是学校领导的听课,只要是出于检查的目的,为了得到客观、真实的第一手资料,很少会提前通知被检查的学校或教师。

2. 真实性

　　检查型听课活动在绝大多数情况下,是在教学常态下进行的,学校和教师很少提前刻意做好准备。这样,学校或教师呈现给听课者的课堂教学基本上是他们的正常状况。当然不可能完全一致,因为,外来听课者的介入会或多或少地影响到学校和教师,至少他们在主观上会尽最大可能上好这节课,但由于教师的心态变化,有些课可能比平时好,有些课可能还不如平时。从总体上讲,检查型听课了解到的教学情况基本上是客观的,最接近、最真实地反映了学校和教师平时正常情况下的教学实际。

3. 灵活性

听课者可以根据自己的工作职能和工作需要,采取灵活多样的形式听课,受时间、地点、条件的限制较少。如为了了解课程改革中"自主、合作、探究"的教学方式转变的情况,就应该进行检查型听课,但什么时候听,听哪些学校的,听什么类型教师的课,采取什么形式,是集体调研还是个别调研等就可以灵活掌握。

二、评比型听课

(一)概念

评比型听课是为了对教师做定性评价而进行的听课活动。评优课,考核课及评优秀学科教师、名教师、特级教师等的听课就属于这个范畴。

(二)特点

1. 筛选性

在各级各类的优质课评比及各种考核课中,被听课的教师是通过各种形式筛选出来的,他们应该是某一方面的优秀者。听课者要对这部分教师再进行筛选,通过听课保留一部分教师和淘汰一部分教师,或推荐到上一层次去继续参加评比,或直接评出等级,或做出定性的评价。

2. 公正性

虽然其他类型的听课活动也应该具有这样的特点,但在评比型听课中,这一特点更为突出。所以,听课者应尽可能地减少主观因素的干扰,客观、公正地对待每一节课。

3. 比较性

听课者对每一位上课的教师不仅要有定性的分析和评价,而且要对上课教师进行横向的多角度的比较分析,如对教学基本功、教学方法、教学理念、教学手段、教学效果、学生能力的培养等方面进行比较。

三、观摩型听课

(一)概念

观摩型听课是为了总结、推广、交流及学习教学经验和方法而进行的听课活动,包括公开课、示范课、展示课等。

(二)特点

1. 示范性

活动的组织者和学校在通常情况下将这种课作为典型、示范来看待。这类课一般是由特级教师、名教师、优秀教师或某一方面有特色、有创新、有经验的教师上的课。

2. 推广性

这种听课活动能够帮助那些有经验、有特色的教师进一步提升教学层次,特别是目前课程改革过程中,往往将那些年富力强、有创新和活力、在实施新教材中获得一定成功的青年教师作为观摩的对象,推广他们先进的教学方法和教学经验等,进一步扩大他们的影响。

3. 学习性

任何听课都是一个学习过程,但在观摩类型的听课活动中,学习性的特点最突出。听课者的学习目的是十分明确的,往往会在教学理念、教学方法等方面获得启示和收获。

四、调研型听课

(一)概念

调研型听课是为了研究、探讨有关教育教学问题或了解教学改革实验进展情况而进行的听课活动。研讨课、实验课、为调研进行的听课等都属于这个范畴。

(二)特点

1. 目的性

这类听课者,无论是教学研究人员,还是学校领导和一般教师,听课的目的都是十分明确的。在事前往往对调研的问题进行反复的论证,解决为什么要进行调研,怎样调研,调研后怎么办等问题。由于目的明确,听课的主动性、积极性和针对性就很强。

2. 探讨性

这类听课活动往往是研究性质的,听课的主要目的不是去评价教师,而是与授课者一起探讨某些问题。有时候授课者事前是知道听课的有关要求的,也会积极参与到有关的调研过程中去。

3. 导向性

虽然是调研性质的听课活动,但组织者或听课者对调研的问题往往是经过认真的筛选论证,经过一段时间的实验探讨,而且对问题的解决已经有了一些初步的认识,只不过有些认识还不够明确,需要在调研中不断完善而已。所以,这类听课活动交流和研讨的导向性是比较明确的。

4. 反复性

这样的听课活动往往需要多次。如调查或研讨的问题,可以在不同的学校重复,可以让不同的教师上课,可以让不同的教师听课。但听课者中的一部分人员是相对固定的,他们与授课者往往共同讨论教学设计、教学方法等,共同切磋问题,共同反思,共同总结,经过这样多次的反复,逐步提高调研的质量。

第三节　听课的要求

伴随着新课程改革的不断推进,教学的全程都发生了深刻的变化,新课程精神也逐渐为师生所熟悉、所接纳,并对课堂中的教与学以及与之相关的管理与研究产生着全方位的深刻影响。听课活动作为教师教研活动和学校常规管理的主要方式,也必将发生实质性的变化。

那么,在新课程背景下,听课有哪些具体要求呢?

一、树立与新课程精神相适应的听课观

(一)听课应更多地关注学生学习的参与性

传统的听课重视记录教师在课堂中的"表演",而忽略学生参与课堂学习的过程。当然有的听课者也会有意识地观察学生,但是大多重视学生课堂学习的结果,而容易忽略学生课堂学习的过程。即使听课者希望了解学生在课堂中的参与情况,但由于传统课堂常常是教师的"一言堂",学生在课堂中很少有主动发言、自我表现的机会,所以听课者的愿望一般也会落空。

《基础教育课程改革纲要(试行)》指出:"改变课程过于注重知识传授的倾向,强调形成积极主动的学习态度";"改变课程实施过于强调接受学习、死记硬背、机械训练的现状,倡导学生主动参与、乐于探究、勤于动手。"这就意味着在新课程改革背景下,传统的教师授课方式将会发生改变,学生在课堂中将有更多的参与机会,有更多的表现空间。因此,在新课程改革精神观照下,听课者要重视观察学生参与课堂教学的表现,特别是学生在课堂学习中表现出的积极性、主动性和创造性。听课者不仅要注意倾听学生的言语,也要观看学生的行为,更要关注学生的情绪,注意透过外在的言行来体察学生与教师互动过程中的情感和态度的变化。

(二)听课应更多地关注教学内容的生活性

在应试教育的背景下,传统的课堂与学生、教师的日常生活脱节。在这种情况下,听课者自然就无法观察到课堂内容与现代社会生活的联系,听课者在听课过程中也不会刻意去观察教师是否将适当加工的生活事件引入课堂。

新课程精神强调课堂教学要与学生的日常生活建立一定的联系,将学生在日常生活中积累的经验带进课堂。《基础教育课程改革纲要(试行)》中指出:"改变课

程内容'难、繁、偏、旧'和过于注重书本知识的现状,加强课程内容与学生生活以及现代社会和科技发展的联系,关注学生的学习兴趣和经验,精选终身学习必备的基础知识和技能。"所以,新课程改革背景下的听课,要特别关注教学内容是否与师生的日常生活发生了联系。例如,有的教师将日常生活的内容带入课堂,听课者就要关注日常生活的经验在课堂中具体的表现方式,教师对其加工和处理是否到位,或者说日常生活的事件与课本知识的衔接是否合理,以及是否在学生学习兴趣、学习主动性的调动方面发挥了积极作用。

(三)听课应更多地关注教学方法的灵活性

传统的课堂一般会呈现出"教师一味讲、学生埋头听"的特点,所以听课者无须过多地关注上课者教学方法是否多样,是否灵活搭配、合理运用。而新课程精神观照下的课堂教学,强调学生的积极主动参与,主张将日常生活合理地融入到教学内容之中。在这种情况下,教师仅仅采用传统的讲授法来组织课堂教学显然是不合时宜的。实际上,教师需要根据教学内容的需要,在学生已有的生活经验基础上,根据课堂教学的实际情况灵活多变地综合运用教学方法。因此,听课者不能无视课堂的这一变化,而应更多地关注教师在课堂教学中运用教学方法的意识、行为和能力。也就是说,听课者既要观察教师使用了哪些教学方法,也要分析教师为什么要使用这些教学方法,以及这些教学方法的运用能够在多大程度上促进教学内容转化为学生的知识和技能。

(四)听课应更多地关注教学评价的多元性

传统的听课中,听课的主要目的是评价上课教师的教学水平。而且,传统的课堂教学中,课堂评价的主体是教师,评价的对象是学生,评价的内容主要是学生的学习结果。因而,听课者既无法感受到课堂教学评价的多元,也没有必要通过听课和课后评析去引领教师开展多元的课堂教学评价。

在新课程精神观照下,评价上课教师的教学水平的最终目的,不仅仅是给教师的教学水平分个优、良、中、差,而是通过听课来促进教学质量的改进和师生共同的成长。《基础教育课程改革纲要(试行)》指出:"评价不仅要关注学生的学业成绩,而且要发现和发展学生多方面的潜能,了解学生发展中的需求,帮助学生认识自我,建立自信。发挥评价的教育功能,促进学生在原有水平上的发展。"因此,听课者对一堂课的评价角度不应是一元的,而应是多元的。不仅要从教师的言行评析教学,而且要从学生的角度评析教学效果;不仅能够关注到学生在课堂中的行为等显性表现,更能够从学生的情绪、表情、学习状态等细节发现学生在课堂教学中的需要,以及教师是否能够准确根据学生的情况调整自身的课堂教学计划,在规定的时间和可能的条件下,尽可能满足学生的学习需要,促进学生的发展。

(五)听课应更多地关注观察方法的技术性

听课是学校中再平常不过的教学研究活动,每个教师都在学校教学工作中重复着听课的实践活动,自然而然地会积累一定的听课经验。不可否认,这些经验对于新课程改革背景下的听课是有一定作用的。但是,多数听课者并不认为听课是一件复杂的、富有技术性的活动,也很少有意识地学习一些专门的听课技术。换言之,传统的听课无非主要是凭着主观感受"听听记记"的活动,听课在教师看来并没有多少技术含量可言。

实际上,听课细究起来是"技术活",听课者需要在不断的实践中完善自己的听课技能。"工欲善其事,必先利其器。"要更好地观察、研究课堂教学,听课者必须提升听课的技术含量,娴熟地掌握和灵活地运用听课技术。例如,有意识地借助量表、图式记录等工具来观察课堂,有意识地运用摄影机、摄像机、录音机等现代电子产品来辅助记录课堂教学中师生活动的影像、图片和声音。另外,听课者也要有能力分析各种采用定量和定性课堂观察记录的原始资料。

二、掌握听课的基本方法

1. 听

(1)听授课教师的教学过程

具体讲就是听上课老师是怎样复习旧知识的?是怎样引入新知识的?是怎样讲授新课的?是怎样巩固新课知识的?是怎样结尾的?是怎样布置作业的?还要听学生是怎样回答问题的?是怎样提出问题的?是怎样组织学生讨论问题的?是怎样启发学生思维的?是怎样进行学法指导的?只有这样多问几个为什么,听后对本节课的成功和失败进行客观分析,才能达到心中有数。而要做到这些,听者在听课之前必须有所准备。首先,要掌握《课程标准》中的具体要求;其次,要了解上课教师的教学特点和听课班级学生的基本情况,这样听课才能达到良好的效果。

(2)听授课教师的教学语言

课堂教学多是通过教师的教学语言传递信息的。因而要听教师的语言是否科学准确、言简意明,是否生动有趣、富有感染性,是否具有激励性,引导是否得当,组织是否到位以及课堂随机应变的艺术等。

(3)听听课学生的发言

通过听学生的发言甄别教师的教学目标的达成和学生智慧的生成。

2. 看

(1)看教师:看教师的主导作用发挥得如何

首先,看授课者在课堂教学中折射出的教育教学思想,特别是与当前的课程改革理念是否相符。要看教师关注的是自己的"教",还是学生的"学";是关注少数学生,还是全体学生;是关注学生的知识学习,还是促进学生的成长发展。要看教师是否将学科新课程理念贯穿于教学过程中,能否体现新课程"三维目标"的落实;还要看教师的教学作风是否民主,学生是否得到"解放",是否构建和谐课堂等等。

其次,看课堂教学的效果。这里不仅要看学生对知识的理解、掌握和运用程度,还要看学生技能的培养和达成程度,更要看在教学过程中教师是否着力培养学生的科学素养和人文素养,使学生收获的不仅是知识与技能,更有科学方法、科学态度、科学精神、科学情感,收获的是良好的行为习惯和思维品质,收获的是终身发展的能力。

再次,看授课教师对教材的理解、挖掘和处理,看教学重点难点的突出和突破,看教学时间的分配,看教学程序是否优化,教学方法是否科学,教学手段的运用等等。

最后,看授课教师的教学基本功。看教师的精神是否饱满,教态是否自然亲切,看教师的板书是否合理,看教师运用教具,特别是现代化教学设备是否熟练,看教法的选择是否得当,看教师指导学生学习是否得法,看教师对学生出现的问题处理是否巧妙,等等。

(2)看学生:看学生的主体作用发挥得如何

看学生的"学习"。这里的"学习"不是指传统意义上的学,而是新课程理念下学生的全面发展和成长。看整个课堂气氛,学生是不是情绪饱满,精神振奋;看学生的注意力是否集中,思维是否活跃;看学生在课堂上是被动接受,还是主动学习,学生是否主动参与教学活动;看学生分析问题、解决问题的能力如何;看各类学生特别是后进生的积极性是否被调动;看学生与老师的情感是否交融;看学生能否主动提出问题,敢于发表自己意见,善于合作、乐于交流,是否有创新的意识和创新精神;还要看学生的思维品质的表现;等等。学生是教师的一面镜子,学生的课堂表现能折射出教师的教学思想,反映出教师的教学素质。

3. 记

就是记录听课时听到的、看到的、想到的主要内容。包括:记听课的日期、节数、班级、学科、执教者、课题、课型;记录教学的主要过程以及板书要点;记录学生在课上的活动情况;记本节课的教学思想和教材处理,了解课堂上是否做到面向每一个学生,在面向每一个学生的前提下是否兼顾"两头"(优秀生和基础差的学生),使得各个层次的学生都学有所得;记录对这堂课的简要分析。记录要有重点,详细得当。教学过程可作简明扼要的记录,讲课中符合教学规律的好的做法或存在不足的问题可作较详细记载,并加批注。

4. 想

听课者在课堂上不仅要边听、边看、边记,还要边想。就是想一想这堂课有什么特色?教学目的是否明确?教学结构是否科学?教学思想是否端正?教学重点是否突出?难点是否突破?注意点是否强调?板书是否合理?教师的教态是否自然亲切?教学手段是否先进?教法是否灵活?学生学习的主动性、积极性是否得到充分的调动?寓德育、美育于教学之中是否恰到好处?教学效果是否好?"双基"是否扎实?学生的创新精神和实践能力是否得到培养?有哪些突出的优点和较大的失误?在听课之后,听者还可以设身处地地思考这样一些问题,"这节课如果我来上,我该怎样上","假如学生像我这样质疑,我该怎么办","为什么她的学生听课兴趣这么浓",等等。

5. 谈

就是和授课老师交谈,和听课学生交谈。可先请上课老师谈这节课的教学设计与感受,请学生谈这节课的收获与不足,统计学生对这节课的满意情况,调查学生学习目标的达成程度;再由听课老师谈自己对这节课的看法,谈这节课的特色,谈听这节课受到的启迪与所学到的经验,谈这节课的不足之处,谈自己的思考与建议。交换意见时要抓住重点,做到明确的问题不含糊,吃不准的问题不回避,但要注意可接受性,切忌信口开河,滔滔不绝,夸夸其谈。要突出教学思想、教学方法和教学效果,特别是教学效果,因为一堂课的优劣,最终还是体现在教学效果上。

在新课程的背景下,如果听课老师能做好一听、二看、三记、四想、五谈,那么肯定会有所收获,不但会促进听课老师的反思能力与授课水平的提高,而且有利于教师的专业成长,有利于教师更好地适应新课程的发展。

三、尝试站在不同的角度去听课

听课要想听出特点,抓住实质,评出水平,就需要听课者依据不同的听课目的和听课任务,准确定位自己的听课角色。新课程要求听课者从以下几个方面做好角色定位。

1. 进入"学生"的角色

听课者必须首先有意识地转变角色,充当小学生,使自己处于"学"的情境中,从学生的角度来看任教者的教学是否兼顾课标要求和学生实际。同是坐在教室里听课,教师听课与学生听课是有很大差别的。首先,听课的目的任务不同。教师听课在于学习其他教师的授课经验,或者检查、指导其他教师的教学工作;学生听课则是为了学习知识、形成技能。其次,从文化水平看有很大不同。如对教材的掌握,听课教师一般对教学内容已经掌握或了解,而学生对教学内容是无知或知之不多。再次,从认识能力看,也有明显不同。单就思维能力说,教师的逻辑思维能力和辩证思维能力都已发展成熟,而学生的思维能力还处在发展过程中。这几种差异的存在,就要求听课者必须有意识地收起自己的优越心态,放下架子,自觉地进入"学生"的角色。当听课者进入学生的角色时,就能较多地关注:学生是否在教师的引导下积极参与到学习活动中;学习活动中学生经常做出怎样的情绪反应;学生是否乐于参与思考、讨论、争辩、动手操作;学生是否经常积极主动地提出问题等等。由于教学是一种学习活动,本质是学而不是教;而且教师活动是围绕学生的学习活动而展开的,因此在关注教与学双边活动时,更要关注学生的学习活动,这样才能真正提高课堂教学效果。

2. 进入"教师"的角色

听课教师仅仅进入学生的角色是不够的。听课教师真正的角色毕竟不是学生,听课也不是直接吸取知识,而是看人家是怎么授课的,这样就要根据讲课的内容和进程,把自己引入授课教师的角色,使自己处于"教"的情境中。当听课者进入教师的角色时,就能较多地关注:课堂教学确定怎样的教学目标,目标在何时采用何种方式呈现;如何引导学生复习回顾;新课如何导入,包括导入的时候引导学生参与哪些活动;创设怎样的教学情境,采取哪些教学手段;设计哪些问题让学生进行探究、如何探究(设计活动步骤);设计怎样的问题或情境引导学生对新课内容和已有的知识进行整合;安排哪些练习题让学生动手练,使所学知识得以迁移巩固;课堂教学氛围如何等等。

进入教师角色要避免两种态度:一是以局外人的身份去挑剔,看不到长处,不理解讲课者的良苦用心;二是低格调地同情、理解,看不到授课者的缺点和短处。

3. 进入"学习者"的角色

听课者在听课中要抱着虚心学习的态度,去发现授课者的长处,发现课堂教学的闪光点,以及对自己有启迪的东西,做到取长补短,努力提高自己的业务水平。我们在听课时首先应该是审美者而不是批评家,要多学习授课者的闪光点,为我所用。听课教师不仅要感受授课者的仪态美、语言美、板书美、直观教具美等外在的美;还要去领略授课者如何通过精巧的思维、严密的推理、严肃的实证来充分展示科学的理性美;更要用心去体会授课者教学过程中的尊重、发现、合作与共享,这是更高境界的美,永远值得我们学习。

4. 进入"指导者"的角色

听课是指导、培养教师的一个重要途径。如果从指导者的角度来听课,听课教师首先要熟悉教材,掌握课标,最好在课前与授课教师一起备课,分析教材,设计教案。其次,听课教师要运用已有的教育理论素养和自身的教学经验,对课堂教学作出全面、客观的分析和判断,既能敏锐地发现教者的教学风格和长处,又能准确地发现教者的失当和不足,并在归纳概括的基础上提出教学改进的建议与策略。

5. 进入"管理者"的角色

听课者如果将自己置于管理者的角度,就要履行对教师教学工作的监督、检查、评估的职责。进入这种角色,首先要求听课者要统观全面,居高临下,通过授课教师的实际授课,抓住那些富有典型性和普遍性的问题,以此作为学校决策的依据,并从教学系统的高度有的放矢地向教师提出发扬、改进教学工作的具体要求。其次,要根据教师的课堂教学情况,对教师的工作态度、责任心乃至业务水平等诸方面做出分析,为做好教师的思想工作和提高业务水平提供依据。

总之,无论听课教师在听课时将自己定位于何种角色,都应把自己定位为教学活动的参与者,而不是旁观者。只有有"备"而听,和授课教师一起参与课堂教学活动的组织(主要是指听课者参与学习活动的组织、辅导、答疑和交流),并尽可能以学生的身份(模拟学生的思路、知识水平和认知方式)参与到学习活动中,才能获取第一手的材料,才能学习授课教师的长处,有效提高自己的课堂教学水平。

第四节　听课的步骤

教师听课一般可以分为三个步骤:课前认真准备,熟知内容;课中仔细观察,详细记录;课后及时整理,全面反思。

一、课前认真准备,熟知内容

"凡事预则立,不预则废。"如同要先备课后上课一样,要先备课后听课。你准备得越充分,就像自己上课一样去准备要听的课,像自己上课一样去预想教与学可能出现的问题以及应对问题的办法,那么,听课的效果就越好,收获就越大。比如,事先了解所听课的班级、课题、开课的目的等;然后,读读课程标准、教材、教参以及相关资料;再想一想"假如我上这课,我会怎么做","假如在我的课堂,可能会遇到什么问题","我期待看到、听到学生哪些精彩的表现"等等。经过这样一番精心的准备,再走进别人的课堂,那么,"一切尽在不言中"。

【案例 3—1】

《各具特色的民居》(人教版第 12 册)的听课准备

浙江省杭州市现代实验小学　彭　音

听课前,我认真研读了《各具特色的民居》和《教师教学用书》的相关内容,知道《各具特色的民居》是人教版六年级下册第二组的一篇略读课文。这是一篇介绍我国地方民居的说明文,介绍了特色鲜明的客家民居和傣家竹楼。本文主要的教学目标是了解客家民居和傣家竹楼的鲜明特色,激起学生对民俗文化探究的兴趣;体会课文的说明方法和语言表达的特点,能够灵活运用到自己的习作中;学习对比阅读的方法。

接着,我设想自己执教可能会遇到的问题,并粗线条勾勒了教学基本框架。

一、课前准备

可以布置学生搜集有关中国民居的文字、图片资料,使学生对相关的知识有所了解。教师可以根据课后资料袋的提示,准备一些图片或音像资料。如:皖南民居、陕北的窑洞、北京的四合院、西藏的碉房、土家族的吊脚楼等。

二、教学过程

（一）初读课文，了解课文内容

引导学生根据提示自主阅读，可采用找中心句、重点句和列提纲的方法，理清说明顺序。

（二）再读课文，圈圈画画，体会民居特点

给学生充足的自读自悟时间，认真与文本对话，梳理民居特色，体会文化内涵。也可根据选学内容，组成学习小组进行合作学习。比如，分客家围屋组、傣家竹楼组，先分组读、议，再相互交流、补充，完成表格。

客家民居

位　　置	闽西南、粤东北的崇山峻岭中
作　　用	防备盗匪骚扰和当地人排挤
材　　料	在土中掺石灰，用糯米饭、鸡蛋清作黏合剂，以竹片、木条作筋骨
结　　构	大多为三至六层楼，一百至二百多间房屋如橘瓣状排列，布局均匀，宏伟壮观；土楼围成圆形的房屋均按八卦布局排列。
文化特征	吉祥、幸福、安宁；和睦相处；勤俭持家；平等互助

（三）研读课文，领悟说明方法

引导学生细读课文，抓住民居特点，边读边想：课文是怎样把这些民居特点介绍清楚的？让学生把运用的说明方法找出来，读读议议，体会表达的效果。

①列数字："……夯筑起墙厚1米、高15米以上的土楼。"（具体可感）

②打比方："它们大多为三至六层楼，一百至二百间房屋如橘瓣状排列，布局均匀，宏伟壮观。"（形象直观）

③引用："按照传统习俗，先要选好地方，打好地基……"（充实具体）

④举例子："比如，许多房屋大门上刻着这样的正楷对联：'承前祖德勤和俭，启后子孙读与耕'，表现了先辈希望子孙和睦相处、勤俭持家的愿望"（真实可信）

⑤作比较："在闽西南和粤东北……这就是被誉为'世界民居奇葩'的客家民居。"（突出强调）

（四）对比阅读，加深理解

把两篇短文对照起来读一读：两篇短文在表达方法上有什么相同或不同之处？

三、练习设计

1. 根据课后资料袋的图片，选择一种民居为中国民居博物馆写一段解说词；

2. 选择自己感兴趣的一种民居，上网搜集相关资料，以某一种民居的口吻做一个自我介绍。

上述案例中，听课教师在课前做了精心的准备，不仅仔细钻研了教材，确定了教学目标，而且进行了初步的教学预设，为后面的听课活动奠定了良好的基础。

二、课中仔细观察，详细记录

听课时要仔细观察，观察老师的言行举止、神情体态、演算板书；观察学生的应对反应、神情状态、习惯交往等等。当然这些都是表面的现象，我们还要学会"看穿"这些现象，洞悉现象背后的本质。如从老师的言行举止、神情体态等看出教师的教学态度——是否准备充分、认真负责、尊重信任；教学能力——教材组织是否科学，教学语言是否生动，教学活动是否适当；教学智能——生成是否捕捉，策略是否有效，处理是否灵活等等。从学生的应对反应、神情状态等看出学生的参与状态——是否全员参与、全程参与、主动参与；交往状态——是否多向交往、合作交往、和谐交往；情绪状态——是否积极主动、愉快有效；思维状态——是否主动思考、深层思考、多向思考等等。为了观察得更清楚、更细致，特别是能够观察到学生的表情、眼神，在不妨碍学生视线和注意力的前提下，听课教师可以考虑尽量靠前坐。

详细记录的前提是专心倾听。听课的关键在一个"听"字。听，首先是态度问题，你抱着学习的态度来听课，就自然用心听、安心听、虚心听，就自然能听出门道，听出味道；反之，你抱着应付的态度来听课，就自然心不在焉，就自然视而不见，听而不闻，那还会有什么收获，有什么心得呢？其次，是技术问题，即边听边记，快速笔记，"用笔录像"。一般要记录教学主要过程、精彩对话、意外生成、练习设计、板书作业，还有自己即兴点评或瞬间碰撞的思维"火花"等等。这种"用笔录像"是需要记录的速度和敏感度的，换句话说，听课者的记录速度越快，教育思想敏感度越高，"录像"就越全面，越真切，越细致，当然也就越有价值。

另外，对一般的研究课，应着重看其在研究方向上的达成度；对于名家的课，宜着重领略其教学风格及其相应的学术思想在课堂上的体现。听课者不仅要详尽记录课堂的教学过程，也要及时记录自己的主观感受和零星评析。

【案例 3—2】

《日月潭》(人教版第 4 册)的听课记录

浙江省杭州市下城区教育研究发展中心 张祖庆

授课教师:俞俊艳   班级:201 班

教学板块	师生活动	点评
揭示课题,建构阅读话题	师:把课文打开,翻到 39 页,哪个小朋友能够把这个单元的单元导语读给小朋友们听听。 生:台湾的日月潭……我们的家乡多么可爱,让我们一起把祖国歌唱。 师:这个单元的课文将带我们欣赏美丽的祖国,美丽的家乡。我们一起来夸夸家乡的富饶,家乡的美丽。上学期,我们一起学过一首关于台湾的儿歌—— (小朋友情不自禁地背诵起关于台湾的儿歌。) 师:出示祖国政区图。让孩子们一起继续背儿歌。台湾有很多美丽的地方。其中就有—— 生:日月潭。 师:潭,是什么意思? 生:潭,就是湖。 师:你怎么知道? 生:因为课文第一句话,就是"日月潭是我国台湾省最大的一个湖。" 师:这位同学真会学习,有时候我们可以借助课文的具体语句,就能理解一些词语的意思。那么学习这篇课文,大家想了解什么呢? 生(先后回答):我想了解名字的由来;我想了解是否比西湖大;我还想知道它的传说;我想了解还有哪些名胜古迹;我想了解日月潭旁边的风景怎么样? 日月潭到底有多深?(教师边问边板书学生的问题) 黑板上呈现了如下字样: 名字的由来 传说 大 深 名胜 风景	重视单元导读的阅读,这个意识非常好。值得学习。 这里,如果安排学生谈谈对台湾了解哪些,会更好,花个两三分钟,唤醒学生的生活体验与感受。 潭是什么意思,这个环节,处理得很到位。引导孩子们读书要细心,要善于联系上下文来理解词语的意思。渗透读书方法的指导。 让孩子们带着问题走进课文建构阅读话题。当学生的问题重复的时候,老师并不是简单地否定,而是充分肯定孩子们的质疑习惯,并适时地将问题进行归并。

续表

教学板块	师生活动	点评
范读 课文， 整体 感悟	师:老师为大家读课文,小朋友一边听一边思考,哪些地方给你印象最深？你们有什么感受？ (教师读完,小朋友情不自禁地鼓掌。) 师:你听了之后有什么感受？ 生:我感觉很美;我感觉清晨,阳光很美;下过细雨,就像仙境。(教师引导学生把话说规范)	这个整体感悟的环节,很重要。很多老师往往没有整体感知,马上就进入对课文的分析或者生字的教学。实际上,人对事物的认识,都是从整体开始的。在谈感受的过程中,俞老师很注意学生语言的规范性,不放过每一次训练的机会。好！

教学板块	师生活动	点评
自读课文，教学生字	师：请小朋友们自己读课文，把每一个生字读准确，每一句话读通顺。 (小朋友们在老师的指导下，认真读书。) 师：请小朋友来读一读这些生字。(教师打出生字，出示拼音，让小朋友读下列生字：环 绕 茂 隐 筑 晰 朦 胧 境) 师：哪些字很容易读错？ (生先后分别说了：绕 隐 晰 朦 胧。在学习的过程中，让孩子们通过组词，通过联系生活，通过复习古诗来反复重现这些字，记住这些字。) 隐——复习《寻隐者不遇》； 晰——与班级里小朋友的名字(其中有个析)对比，组词； 朦胧——说意思； 境——组词，解释"出境"的意思。 (一个学生读书有点拖，俞老师马上纠正，要有精神，并让另一个孩子示范，示范后让刚才那个孩子重读，果然有进步。) 师：下面，我们来开火车。 (生开火车读生字。) 师：这些字放到词语里，会读吗？小朋友自己读读。 (词语有下列：群山环绕 名胜古迹 风光秀丽 蒙蒙细雨 点点灯光 隐隐约约 太阳高照 湖水碧绿 树木茂盛 展现 建筑 朦胧 清晰 仙境) (学生很认真地读这些词语，读完后，孩子们都举着一只手指头。师请两组孩子站起来对读词语，然后男女同学对读。读完后，男生女生对读。) 师：把这些词语放到句子中，你还会读吗？ (生读这些句子) 1.那里群山环绕，树木茂盛，周围有许多名胜古迹。 2.小岛把湖水分成两半，北边像圆圆的太阳，叫日潭；南边像弯弯的月亮，叫日潭。 3.要是下起蒙蒙细雨，日月潭好像批着轻纱，周围的景物一片朦胧，就像童话中的仙境。 (老师先后请6—7孩子读这些句子，大部分孩子读得很棒，句子读得很美。一个小朋友第一句后鼻音没读好，老师让其他小朋友示范，再请刚才的小朋友重新读，有进步！老师发现第二句只有两个小朋友读，就再请其他小朋友读第二句。读完之后，让全体小朋友一起读这三个句子。) 师：现在，请小朋友再读课文，这遍，你一定会读得更棒了。可以自己读，也可以两个小朋友一起读。 师：课文中的哪个段落，你觉得自己读得最好，你和大家分享一下。(小朋友们怎么听？要专注，有没有读错。) (教师随机纠正"薄，倒映"等字的读音，小朋友们读得很好，老师不断地给予表扬，孩子们也听得很认真。)	运用多种方法识字，这个环节尤其精彩！扎实而灵活。 俞老师教词语，多么扎实。两两对读的方法，让孩子们不觉得累，而且不断地变换着方式，孩子们始终学得兴致盎然。课堂的效率，就是这样提高的。所谓效率，就是充分利用每一分钟的有效时间。 俞老师的教学总是这么扎实，一个字音都不放过。这样朴实而扎实的教学，孩子们怎能不进步呢？ 冰冻三尺，非一日之寒。孩子们的朗读水平，和俞老师平时的训练是分不开的。孩子们声音很阳光，听的神情也很专注。有时还会自己拿笔做标记。既关注自己的朗读，又分享他人的朗读。很难得！最值得称道的，班级里大部分孩子，朗读都很好。真是不简单！

教学板块	师生活动	点评
回顾 质疑， 学习 一二段	师:读到现在,你已经知道了哪些问题的答案? 生:风景美丽我们知道了。 生:名字的由来,我们知道了。 师:在哪一段? 生:在第二自然段。 师:请读一读这个自然段。 生:老师,我有一个问题,光华岛有没有人住。 师:光华岛很小,现在没有人住。 师:你还知道了什么? 生:知道了日月潭风光很美。 师:还知道什么呢? 生:我还知道了日月潭在什么地方。 师:哪段话告诉我们了? 生:第一段。 师:对,我们一起来读一读。 (这个时候,下课铃声响了,老师提示了下一节的内容后,下课。)	俞老师和孩子们的语言都很规范。说"自然段",而不是小节。 日月潭的来历,如果让孩子们自己来说说,就更好了。这是语言的积累、迁移、运用。这个环节,还可以做得更扎实些。 可惜,生字来不及写了。写生字的时间从哪里来呢?可以挤。怎么挤?第二次读全文,可以略去,因为这样能节省一些时间,用来写字训练。或者,把读三个句子的时间缩短。一二年级的语文课,是一定要有写字训练的。

值得一提的是,做听课记录时,许多人偏重于记课堂实录,而不做评点分析。甚至,有相当一部分人记录的内容多是教者的板书,此外别无它记。显然,这种听课记录的价值是不大的。好的听课记录应是实录与评点兼顾,并且,做好课堂评点往往比实录更重要。上述案例中,听课教师在记录师生活动的同时,就及时进行了分析与点评。在听课时,我们就是要随听、随记、随想、随评,要善于捕捉灵感的火花。否则,事过境迁,好的东西可能就溜走了,成了过眼烟云。

三、课后及时整理，全面反思

课后，把听课笔记与备课笔记进行比照，与自己的专业储备进行对照，找寻执教者教学安排、教学活动、教学智慧等背后的理论依据、思想观念，剖析其优劣得失。优者得者借鉴之，劣者失者避免之，所得就可观了。即使是一听一得，甚至是几听一得，都弥足珍贵。"他山之石可攻玉"。我们要将他人的经验和教训转化为自己的素质和智慧。

课堂记录的速度总是有限的，总会有遗漏，这就需要课后及时地回忆补充。如果有录像或录音，那就更好。听课者要在第一时间进行补充、整理、分析、思考，即全面反思。

在分析总结他人课时还要注意比较研究，取长补短。每个教师在长期教学活动中都会形成自己独特的教学风格，不同的教师会有不同的教法。听课的老师要善于进行分析比较，准确地评价各种教学方法的长处和短处，并结合自己的教学实际，吸收他人有益经验，改进自己的教学。在分析他人课时，听课者还要注意分析执教者课外的功夫，看老师的教学基本功和课前备课的情况，这种思考对提高自己的教学水平也会有很大帮助。

【案例3—3】

《摔鸡蛋的学问》教学实录及评析

张化万执教　徐雪峰评析

一、汇报实验结果

师：昨天，张老师给大家布置了什么任务？

生：鸡蛋从四楼摔下去，有什么办法能让它不破？

师：当时，你的第一感觉是什么？

生：我的第一感觉是难。

生：不太可能。

生：很刺激的。

师：现在的感觉怎样？

生：我觉得很自豪，别人做不到，我能做到。

生：我觉得很轻松，蛋壳没破，仿佛有一块石头放下去的感觉。

师：想到些什么办法？

（一学生上前展示空的花篮下垫着海绵，鸡蛋装在小布袋里，拴在篮的提手上。）

生：这是我与陶莹合作的。

师：你怎么会想到与同学合作，为什么不一个人做？

生：我觉得很多事情都需要大家一起来努力，这样才能想到更好的办法。

师：你很有现代人的意识。

（一学生上前展示鸡蛋被层层包裹，系在自制的小降落伞下。）

师：请告诉大家，你是怎么做的？

生：第一次实验时，我用两块海绵将鸡蛋包起来，用线捆住，摔到地上时，线松开了，鸡蛋还是破了。后来，我用油纸袋做了一个降落伞，系在上面，让它增加阻力，摔下去时，鸡蛋没破。

师：光脑子想还不行，还要动手实践。这是他两次实验的结果。

师：今天我们班里那么多同学想出了办法，你有什么感觉？

生：很高兴。

生：很激动。

生：很兴奋。

【评：开放了习作的内容，将学生的课堂学习与课外生活紧密联系起来，将语文学习与科学实验有机结合起来。每个学生带着好奇、疑惑的心情事先在家里经历实验过程。实验材料唾手可得，一次实验不成功，多次尝试也无大碍，学生丝毫没有后顾之忧。这种让学生独立实验探究在先、自主习作在后的程序变化，有效地激发了学生作文的兴趣，在课堂教学中的效果是显而易见的。】

二、片断练习

师：咱们小学生写作文，主要做到两条：感情真实，内容具体。昨天你感到难，感到很刺激，今天你完成后感到很自豪、很轻松。请你捕捉一点你当时真实的情感，用10分钟时间写出来，注意写出自己的心里话。

【评：真，是写好作文的出发点，也是作文的生命。教师让学生明白：作文一定要倾注真情，说真话，说实话，说心里话。即时的片断练习一方面满足了学生自我表达的需要，另一方面化解了本次习作的难点。】

生：（我写的是第一次听到要求时自己心里的想法。）听到老师说，要把一个熟鸡蛋从四楼往下扔，鸡蛋不破。我的心里有一种不敢想象的想法（师：用这句话表达自己的情感是对的，还可以写得更简单些。）生：我的心里有一种不可思议的想法。（师：写成"我简直不敢想象"就行了。）这位老师不是在开玩笑吗？这又不是铁蛋，而是比纸更容易破的鸡蛋，怎么可能不破呢？除非它是生的，而且是个鸟蛋，在空中遇到一股热气流，孵化出一只小鸟飞走了，这倒是有可能的。（全体师生热烈鼓掌。师:很有创意! 哎呀,不得了! 鸡蛋变鸟蛋,鸟蛋变小鸟飞走了。)如果不是这样,对我来说,三个字:不可能。(又一次热烈鼓掌)

师:这位同学思想很开放,想象大胆。其实只要敢于去想,你们的想象力都是很丰富的。

生:哎,这个办法又失败了。(师:"哎"这个很简单的字,把当时的什么给写出来了? 众生:难。)我烦躁极了,因为明天张老师要来上课,还给我们布置了一个任务:把一个煮熟的鸡蛋从四楼摔下去,有什么办法能使鸡蛋壳不摔破? 我的第一个办法是:让塑料袋里装满沙子,将鸡蛋放在中间,然后从 1 米高的地方扔下去。可是,落地时,沙子散开了,鸡蛋壳也破了。鸡蛋从 1 米高的地方扔下去,都破了,更何况从四楼扔下去呢?

【评:学生交流时,教师根据讲评指导的需要适时点拨,时机把握得好,内容、方式也比较恰当。】

(生修改片断。)

师:把你认为改得成功的地方,让大家欣赏欣赏。

生:"心里有一种获大奖的感觉,觉得自己既能干,又聪明,简直像个神童。"改成"心里有一种获诺贝尔大奖的感觉,觉得自己既能干,又聪明,简直像只快乐的小鸟。"

生:我实验成功后,简直像中国足球冲出亚洲一样,高兴得不得了,真想狂欢一天。

……

【评:珍视学生独特的体验和感受,鼓励学生尝试运用课内外积累的好词佳句,练习有创意的表达。】

三、自主拟题

师:张老师想请教大家,今天这个实验,我们大家都做了,怎样写出自己的个性来,写出不同的文章来。你们四个同学议一下,可以取些什么题目呢?

(生自拟题目。)

生:《鸡蛋历险记》《一堂有趣的作文课》《有趣的张老师》《有趣的实验》。

生:《"铁"鸡蛋》《鸡蛋里飞出了"小鸟"》《不可能的任务》。

生:《到底难不难》《大胆的实验》《啊! 成功了》

师:《啊! 成功了》,这个题目好。

生:《鸡蛋的故事》《鸡蛋要有安全感》《我和我的鸡蛋》

生:《我——天才》

（众生笑。）

师：为了谨慎起见，我建议你在"天才"上加个——

生：引号。

生：《鸡蛋的末日》

师：我建议你在"鸡蛋的末日"后面加上一个问号："鸡蛋的末日"？

……

【评：两个小小标点的处理，让我们感受到教师扎实的语文功底和高超的点拨艺术。】

四、自由作文

师：那么多题目，我们可以自由选择。大家用 10 分钟时间，每人写自己最愿意写的题目，写开头的一两段，或者写你最有把握、最想写的一段。要求写具体，分几步写，从不同的角度写，写你看到的、听到的、想到的、说的、做的。

（生写作，师巡回指导。）

【评：学生自主拟题、自由表达和有创意的表达表现得很充分，教师为学生的自主写作提供了有利的条件和广阔的空间。】

五、互评互改

（学生相互交换批改，教师巡回指导。）

师：你在批的时候，有没有发觉写得特别好的文章，想推荐给大家，一段、一句话也行。

【评：学会欣赏是现代人的基本素质之一。愿意将自己的习作读给他人听，与他人分享习作的快乐也是习作的目标。】

生：我的题目是《我——鸡蛋》。一天，我被主人塞进一座用海绵做的小房子里，压得我透过不气来（师：哪一句比较好？ 生：透不过气来）。房子外面套了只塑料袋，系在一个降落伞下面。我想：该不会把我当作跳伞运动员一样，从几千米高的地方跳下去吧。哎，我还不想死呢。于是，我撞撞海绵，对小主人说："不要把我从高空扔下去"。（师：是"要求"小主人，还是"乞求"他？ 生：是"恳求"。）可小主人装作没听见。于是，我又喊："救人一命，胜造七级浮屠。如果你救我一命，我会让你升到八级浮屠的。"（众生笑）可是，我喊来喊去，就是没有用。

生：我的题目是《鸡蛋实验之失败》。摔鸡蛋实验，其实很简单，至少开始我是这么认为的。不就是把鸡蛋从四楼扔下，让蛋壳不破吗？晚饭以后，我就开始做了。在做以前，我特意看了一下表，是 8 点，估计 1 小时后能做完。可是时间过得很慢，不到半个小时，一团报纸便被我从四楼扔了下去。咔嚓一声，告诉我答案：失败也。(师:咔嚓一声,告诉我答案,她用了一个:失败也,很浅近,很诙谐。)我急匆匆地跑下楼,找了半天,才找到鸡蛋。一看,四分五裂。只能剥了壳吃进了肚子里。我终于发现,这个任务原来这么难,说它是一个不可能的任务,也不夸张。只好再煮一个。

【评:写作实践当然也包括学生的自我修改和相互修改。只有这样,学生才会在反复推敲中提高自己语言文字表达的质量,才会感悟并汲取同伴习作的"亮点",并增强对自己、对他人的责任感。从上面这个精彩的教学片断中,我们不难发现学生有一定的自我修改的能力,也不难体会教师在着力引导学生怎样丰富自己的语言表达。】

六、课外延伸

师:同学们写得都挺不错。这节课在大家艰苦、辛勤的学习中,在我们愉快的笑声中就要结束了。我最后想给大家提供一个有关鸡蛋的玩法:看谁能让鸡蛋在桌面上竖着,不得用任何辅助工具,坚持5秒钟。

【评:探究是最能体现人的本性和力量的心智活动。教师又让学生去尝试一个有关鸡蛋的新玩法,非常有机地将探究的兴趣由课内引向课外。】

如果每听一课,听课教师都能认真准备、仔细观察、详细记录、及时整理、全面反思的话,就真正实现了站在"巨人的肩膀上"成长,登高望远,御风行速。

应用练习

●利用见习和实习的机会到小学听语文课,完成3—5篇听课笔记,选取其中的优秀篇目进行全班交流。

拓展学习

1. 郑金洲. 听课的技能与技巧[J]. 上海教育科研,2002(2):35—39

2. 邵光华,王建磐. 教师专业发展取向的观课活动[J]. 教育研究,2003(9):26—31

3. 崔允漷. 听评课:一种新的范式[J]. 教育发展研究,2007(9):38—41

4. 陈明娜. 提高听课效益的方法[J]. 广东教育,2007(1):21—22

第四章　说课技能

内容提要

说课技能,对于当前的师范生和一线的小学语文教师而言,是一项非常重要的教学技能。本章分别从"说课的特点""说课的类型""说课的内容"和"说课的技巧"入手,对说课进行比较详尽的介绍。旨在让学生和教师对说课有正确的认识,同时掌握说课的特点和要求。本章相关案例的运用,将起到一定的示范作用。

关键问题

◆说课的意义?

◆说课的特点?

◆说课的不同类型?

◆说课的内容和流程?

　　说课,是当今教学改革的新课题,是教学研究工作的新形式。说课活动的开展,引起了广大领导和教师的广泛重视与关注,为教学研究工作注入了新的生机与活力。当然,说课并不是简单重复教案的内容,也不是再现上课的过程,说课有其特殊的要求和技巧。本章将系统介绍说课的内容、形式和要求,以期帮助教师和师范生掌握说课这一教学技能。

第一节　说课的特点

　　"说课"是一种新兴的教研形式,最早是由河南省新乡市红旗区教师于 1987 年提出来的。这是介于备课和上课之间的一个环节,有助于教师主动积极地进行教学思考,提升教师的理论素养,提高教师的教学技能。

一、说课的概念

　　所谓说课,有广义和狭义之分。广义的说课是指教师在特定的场合,针对某一观点、问题或具体课题,面对评委、同行或教研人员系统地口头表述自己的教学设计及其理论依据,然后由听者评议,说者答辩,相互交流,相互切磋,从而使教学设计不断趋于完善的一种教学研究形式。狭义的说课是指教师以口头表达的方式,以教育科学理论和教材为依据,针对某节课的具体特点,在精心备课的基础上,以教师为对象,在备课和上课之间进行的教学研究活动。通俗地讲,说课就是说你教什么内容,你是怎么教的,你为什么要这样教。

二、说课的意义

(一)说课有利于提高教师的备课质量

　　一直以来,都存在这样的现象:很多教师备课很认真,教案也写得很详尽,参考了很多资料,可是,很少有教师去思考为什么要这样设计,教学设计缺乏理论依据。很多教师仅仅依靠自己的教学经验备课,所以常常出现教学设计"唯我独尊"的结果,教学效果往往也不尽如人意。

　　衡量备课质量的高低,关键是看教师在备课过程中能否深入分析教材、分析学生,合理选择有效的教法和学法。说课不仅要求教师熟练掌握语文学科的课程性质、课程的基本理念、课程设计思路、课程目标和课程内容等,而且必须掌握一定的教育教学理论知识。说课能够让教师在备课过程中时刻关注"为什么",从根本上提高备课质量。与此同时,说课经过同行的评论和补充,还可以丰富教学内容,完善教学设计,从而更好地服务课堂教学。

(二)说课直接促进课堂效率的提高

说课是教师对所备的课进行的系统而概括的解说。它介于备课和上课之间,以上课为目的和归宿。因此,说课有助于教师进一步明确教学的重点、难点,理清教学思路,改变以往课堂教学中重点不突出,训练不到位的现象。通过其他教师的评议,进一步促进备课内容与形式的完善,直接促进课堂教学效率的提高。

(三)说课有助于提高教师自身的素质

一方面,说课要求教师具备一定的理论素养。为了说好课,教师就必须加强教育教学理论、专业知识的学习,努力提高自己的理论水平。这样,教师就由传统的"被动地教"向"主动地教"转变,既提高教学积极性,也在无形中提高了自己的教学水平。另一方面,说课要求教师用简洁的语言把自己的教学思路及设想清晰地表达出来,这又锻炼和提高了教师的思维能力、组织能力和表达能力,提高了教师的综合素质。

(四)说课有利于提高教研活动的实效

说课是一种有效的教研活动形式。传统的教研活动在"统一进度、统一备课、统一作业、统一测试"的四统一模式之下,尽管有集体智慧的汇集和发挥,但是对于提升教学效果却是作用不大。而说课具有简便、明快、高效、省时、易于安排和控制的特点,作为教研活动的一部分,在个人支配时间相对较少的环境中,促使教师对自己的教学活动进行回想和反思;同时,说课将备课时的隐性思维转化为说课时的显性思维,把静态的个人行为转化为动态的群体性学术讨论,有利于提升教研活动的学术层次。

三、说课的特点

很多教师在说课的时候,只是把原本讲给学生听的内容照搬不误地讲给下面的老师和评委听,这其实是混淆了"说课"和"试教"。"说课"不等于"试教",两者在对象、场合、内容和方法上均有实质性的差别。"说课"是说教师教学思路的轨迹,说教学方案是如何设计出来的,为什么要这样设计,预定的教学目标是什么,打算采取什么教学策略去实现目标。可以说,说课稿就是一份关于教学设计的可行性研究报告。

说课具有以下鲜明的特点。

（一）说理性

说课有三大要素,分别为"教什么"、"怎么教"、"为什么这么教"。而"怎么教"和"为什么这么教"正是说理性的典型体现,也是说课最主要的特点。说课者要运用教育教学相关理论去阐明"这样教"的道理,使听者不仅知其然,而且知其所以然。

（二）科学性

说课的内容和方法必须具有高度的科学性。教师要以科学的理论为指导,用科学的方法解决教学中的矛盾和问题,要遵循教学原则去设计教学程序,教材的处理、挖掘及传达程度要具有科学性、逻辑性和思想性。由于说课的对象是懂教材、熟业务并具有一定科研水平的领导、评委和同行,他们的鉴别能力较强,容易发现说课中的科学性方面的缺陷和问题,这就要求教师必须认真钻研教材,学习有关教育理论,充实说课的理论依据,提高自己的专业水平,以加强说课的科学性。

（三）外显性

说课呈现教师备课过程中的隐性因素,将教师备课过程中关于教学整体或局部的设计思维过程通过语言外化于同行或专家面前,由同行和专家予以评判。同行或可从中受到启发,或可吸收其中合理之处,或从中感悟教学失败的缘由。同样,说课者也可以在与同行交流的过程中反思自己的教学设计,及时作出修改。

（四）预见性

所谓预见性,是指说课要对课堂实际教学效果及学生的接受情况等作出较准确的预见。所以,说课者要对所教学生的知识技能、智力水平、学习态度、心理特点、非智力因素等方面的差异进行分析,估计各层次的学生对教师的教法会有何不同的反应,说出如何根据不同情况采取相应的措施和办法,并说出学生对自己的提问将会作出何种回答以及教师准备如何处理等等。

（五）综合性

综合性表现为:一是说课内容的综合性。说课的内容包括说教材,说教法,说学法,说教学过程,说板书设计等,不仅要说怎么设计,还要说为什么这样设计。哪怕是其中的一部分内容,也是几种内容的综合。比如说"学法",不仅包括学情的分析,还包括学法指导的理论依据和具体的指导方法等内容。二是说课教师素质的综合性。上课和试教更多表现的是教师教学技能的水平,而说课不仅呈现教学技能水平的高低,还体现教育教学理论水平的高低,教材处理艺术的优劣等等。三是说课评价的综合性。对说课的评价,并非只从某一方面进行,而是要将说课的所有内容综合起来,通盘考虑进行评价。说课的综合性,不仅使说课成为评判教学设计优劣的标准,更使说课具备了多种功能,成为深受大家喜欢的教学研究方式之一。

第二节 说课的类型

一、根据说课的不同目的,可以分为教研性说课、研讨性说课、示范性说课、评比性说课和考核性说课

(一)教研性说课

这种类型的说课,是一种常见的教研活动形式。一般以教研组或年级组为单位,采取集体备课的形式,其目的是为了研究教材,研究教法,提高教师的备课水平。

教研性说课的基本流程如下:首先,根据教学进程确定说课教材;然后,由一教师事先准备并写好说课稿;接着,由该教师进行说课;最后,大家进行评议、修改,变个人智慧为集体智慧。教研性说课可以一星期进行一次,教研组或年级组里的教师可以轮流说课,这是大面积提高教师业务素质和研究能力的有效途径。

要使教研性说课发挥应有的作用,应当注意:第一,在说课之前,不仅说课的教师要做好准备,其他参与活动的教师也应当进行备课。如果只有一位教师备课,而其他教师在没有备课的前提下去听,又如何能够发挥集体的智慧呢?第二,教研性说课至少应当以一个学期为单位,要有计划、有系统地展开。第三,每次活动后都要及时总结,保证每次活动都是在前一次活动的基础上展开,这样才真正有利于教学质量的提高和教师教学素养的提升。

(二)研讨性说课

这种类型的说课,是一种探索与研讨性质的说课,目的是为了改进说课中存在的问题,帮助教师进一步认识和把握说课的规律和方法,不断提高说课的水平和质量。

研讨性说课一般采取以下步骤:首先,确定本次说课所要研讨的课题。例如"说教材","说学法";然后,选择统一的说课教材;接着,选定人员撰写说课讲稿,并进行说课;最后,集体进行剖析、讨论和总结。

研讨性说课要注意以下几点:第一,研讨的目的要明确。说课活动必须围绕研讨目的来进行,不仅组织者要清楚,参与活动的全体教师也应该明白。第二,讨论环节组织要严密,要保证讨论的时间。同时,讨论应当围绕研讨中心有序展开,不

能漫无边际,也不能贪多求全。第三,要调动全体教师参与,允许百家争鸣,各抒己见。对于有争议的内容,可以保留意见,要防止"一言堂"现象。

(三)示范性说课

示范性说课是指起示范、指导作用,供大家学习的说课,主要目的是推广教学经验。一般选择素质好的优秀教师。先由优秀教师向听课教师做示范性说课,然后,组织教师或教研人员对该教师的说课进行客观公正的评析。听课教师从听说课、听评析中增长见识,开阔眼界,获得启迪。示范性说课可以是校级或乡(镇)级的,也可以是区级或县(市)级的,一般一学期举行一次。

(四)评比性说课

这种类型的说课,要求参赛教师按指定的教材,在规定时间内撰写说课讲稿,然后登台演讲,最后由听课评委评出比赛名次。评比性说课有时还要求参赛教师将说课内容付诸课堂实践,或者把说课与交流有关"说课"的理论和经验结合起来,以便把"说课"活动推向更高的层次。这是培养学科带头人和教学行家的有效途径。

(五)考核性说课

考核性说课是为了了解、考察教师的说课水平和教学能力等业务素质而展开的说课。听者一般是教学行政领导、科研人员和专家。其流程是先由听说课一方确定说课的教材,规定说课的时间并提出说课的要求;然后,由说课者按照要求进行准备,并进行说课;最后,由听说课者做出结论,肯定成绩,提出问题以及需要改进的内容。

二、根据说课的不同时间,可以分为预设性说课和反思性说课

(一)预设性说课

预设性说课,简单地说,就是课前说课。这种类型的说课,重在预设课堂中可能出现什么问题,如何去解决,主要作用在于帮助教师做好授课的准备。这类说课在教研活动中最为常用。

【案例4—1】

《花钟》(人教版第5册)预设性说课稿

杭州师范大学初等教育学院小教专业09级师范生　罗　静

各位老师好! 今天我说课的内容是《花钟》。下面我就教材、教法学法、教学过程及板书设计四方面对这篇课文作一个初步的教学构想。

一、说教材

这是人教版义务教育课程标准实验教科书三年级上册第四单元的第一篇精读

课文。本组课文主题为"细心观察",而《花钟》这一课紧扣主题,按照"描述现象——揭示问题——生活运用"这样的思路行文。第一自然段说明了一天当中不同的花开放的时间不同,第二自然段说明各种各样的花开放时间不同的原因也各异,第三自然段讲述了植物学家将这个原理用在实际生活当中,修建了一个有趣的"花钟"。

三年级的孩子对时钟已经有一定的认识,能认读时钟所表示的时间,所以也就有自行整理和理解文中花开的时间顺序及其原因的能力。但是,对于文中描绘花钟的词语、句式等方面的欣赏,还是需要老师的引导。

基于对课文和对学情的分析,我将《花钟》一文的教学分为两个课时。今天我所说的是第一课时,主要引导学生学习生字词,并重点学习课文第一自然段。具体的课时目标是:

1. 会认"怒、暮、燥"等八个生字,会写"艳、内、梦"等 14 个生字。能正确读写"争奇斗艳、芬芳迷人、绽放、苏醒"等 19 个词语并结合语境理解词语;能用欣赏的语气流利地朗读课文,背诵自己喜欢的部分。

2. 仿照课文句子,学习运用多样的词句表达,培养学生的表达能力。

3. 读懂课文内容,激发学生的观察兴趣,初步培养学生留心周围事物、认真观察和思考的习惯。

教学重点:感悟描写鲜花开放所用的不同表达方式。

教学难点:学会用不同的词句表达同一意思。

二、说教法、学法

(一)教法

基于以上的教学目标及重难点设计,我将采用以下的教法:将语文、数学、科学三门学科知识进行巧妙的融合,由动态的视频以及色彩鲜艳的图片导入引起学生兴趣,创设情境让学生在具体的语言环境里识字学词。在课堂中淡化老师教的痕迹,更多的让学生在和文本的对话中,在和老师的对话中有所收获。引导学生反复阅读文本,积极展开思考,着重推敲、品读重点句段,并尝试着仿照课文的表达方式写一写。

(二)学法

学生自主合作、探究学习,通过整体把握文章、仔细品读词句、反复朗读感悟等学习方法,充分发挥主观能动性,达到知识技能与情感体验的双方面收获。

三、说教学过程

(一)创设情境,引入新课

在新课导入环节,我采取的教学手段是视频的播放和图片的欣赏,在视觉、听觉上让学生感受花开的过程和花的种类繁多,并且能够用一个形容词或一句话来描述自己内心的感受,表达真实想法。学生在预习的基础上,可能会说出本篇课文中的"鲜花朵朵、争奇斗艳、芬芳迷人"等词语,从而引出本节课的课题——《花钟》。

(二)自主朗读,感悟文意

首先,我会让学生选择自己最喜欢的方式读课文,并提出要求:读准字音,读通课文,喜欢的部分多读几遍。

然后,多媒体展示生字词。生字词分为会认和会写两部分,会认的部分只要求会组词,能够准确地拼读,会写部分是语文工具性的重要体现,按照新课程标准要求,必须熟练掌握,包括准确拼读,正确书写,应用组词。这个部分是第一课时中的一个重点,我会重点强调"醒"、"嫩"两字,同时在课后也会花大量的时间强化巩固。

(三)入境入情,自悟自得

首先,还是学生的自主阅读,因为阅读对三年级学生来说是理解文意的重要方式。接着,抛出第一个问题:美丽的"花钟"上有哪些花呢?针对这个问题,我会让学生自由读课文第一自然段,边读边找有几种花。几分钟后,提问个别学生,并在课件上展示课文第一自然段提到的 9 种花,让学生一一辨认。此时学生的热情和积极性应该会十分高涨,顺势抛出第二个问题:这些花是什么时候开放的呢?请找出相关的句子来说一说。让学生再一次读第一自然段,这次的重点是找到各种花开放的时间分别是几点。先让学生同桌交流,再请几位学生个别朗读,并展示花钟图,询问全班学生几点钟各是什么花开放,加强老师与学生之间的互动交流。接下来,在"说一说"的环节里,着重解决教学重难点,即感悟课文描写鲜花开放所用的不同表达方式,这也是课后习题的要求。我会以牵牛花的描述为例,启发学生进行比较、推敲、朗读,使学生感悟作者这样写的好处,并自主、合作、探究作者是如何描写其他种类花的开放的。

(四)激趣拓展,片段仿写

我找到了各个时段开放的各种花的图片,用课件向学生展示,意在让学生感知大自然的无穷魅力,初步培养留心观察生活的习惯。与此同时,要求学生仿照课文的表达方式,也来写一种或两种花的开放,使学生学以致用,提高语言表达能力。

四、说板书设计

13.花　　钟

鲜花朵朵　　争奇斗艳　　芬芳迷人

醒(苏醒)　　　　　嫩(娇嫩)

上述案例就是典型的预设性说课稿。说课者对学情、教学目标、教学过程以及主要的教学方法进行了预设，为课堂教学奠定了良好的基础。

(二)反思性说课

反思性说课，简单地说，就是课后说课，即分析、反思上课的效果如何，成败在哪里，怎样改进，也就是把预设与产生的效果结合起来进行分析。反思性说课须注意对教学流程的叙述要简约，重点放在实践后的反思与再设计，或者可以称为"实践分析"，要着重说预设设计在实际教学中的成败及后续修正措施等，要从预设目标与实际达成度，教材与设计，教师与学生等关系进行阐述，并提出相应的改进措施。

【案例4—2】

《玲玲的画》(人教版第4册)反思性说课稿

一、教材分析

《玲玲的画》是二年级下册的一篇课文，为我们讲述了一个生活中的小故事。讲的是玲玲收拾画笔时不小心把第二天要参评的画弄脏了。在爸爸的启发下，她开动脑筋，在弄脏的地方画了一只小花狗，巧妙地掩盖了污渍。第二天她的画在评奖会上得了一等奖，从而告诉我们好多事情并不像我们想象的那么糟，只要肯动脑筋，坏事往往能变成好事。课文内容简单，主题明确，寓深刻的生活哲理于简单的故事之中，对于启发学生处理生活中的类似事件有较强的教育意义。

二、教学目标

1. 会认8个生字，会写"脑筋"这个词语。

2. 体会人物的心情，正确、流利、有感情地朗读课文。

3. 懂得生活中好多事情并不像我们想象的那么糟，只要肯动脑筋，坏事往往能变成好事。

三、设计理念

1."以人为本"，重视让学生在自主地参与和学习中加深理解和体验，受到情感熏陶。

2."以读为本"，加强读书实践。《新课标》指出，阅读教学是学生、教师和文本三者对话的过程。这种对话首先是读书实践，让学生充分地读，在读中整体感知，在读中有所感悟，在读中培养语感，在读中受到情感熏陶。

四、教学流程

1. 谈话引课题

2. 初读学字词

3. 通读理课文

4. 指导写生字

五、教后反思

经过我的精心设计，在教学中学生学习的积极性还是比较高的。反思整个教学过程，以下几点是我对这堂课比较满意的地方。

1. 清清楚楚抓主线

本文记叙的是常见的生活小事，内容浅显，没有诗情画意的语言，该如何下手？考虑再三，我决定以玲玲的情感变化"高兴、满意（画好作品）——难过、着急（弄脏作品）——更满意（画更漂亮）"为本文的主要线索展开教学，同时借助课文中的三幅画，帮助学生理解课文，从而形成了"以心情变化为主线"、"以画为辅助"的两条线索。这两条线索相互交错，相辅相成，使全文脉络清楚，豁然开朗。

2. 扎扎实实教字词

这是第一课时，字词教学无疑是一个重点，因此，我将差不多一半的时间都花在了这个环节上。上课伊始从导入部分就开始了生字教学，在与新朋友玲玲认识的过程中，既完成了生字"玲"的教学，又激发了学生的学习兴趣，可谓一举两得。其余的生字我采用了从词、句到字的教学模式。即先让生字宝宝出现在具体的词语、句子环境中与小朋友见面，再单独认读。因为根据以往的教学经验，这种模式更易于学生接受，学生记得更快更牢。又因为二年级小朋友已有一定的识字经验，所以各个生字的教学又各有侧重。如"催"侧重于形象记忆字形，"筋、收拾"重点正音，"脏"通过看偏旁猜一猜引出它的另一个读音，而重中之重是"叭"与"趴"的区分，不但在字音上重点指导，而且通过演示、动作从字义上进一步理解。把生字放在句子中教学，既便于学生在具体的语言环境中理解字义，同时对这些长句先行进行朗读指导，又可以为后面学生读通课文扫除障碍，何乐而不为。我觉得这样的字词教学还是比较扎实有效的。

3. 认认真真读文本

《语文课程标准》指出："阅读教学要让学生充分地读，在读中整体感知，在读中有所感悟，在读中培养语感，在读中受到情感的熏陶。"在语文阅读教学中，教师要重视学生在阅读过程中的主体地位，重视学生的独特感受和体验。而本学期我们教研组的活动主题就是"重视低年级学生感情朗读的指导"。因此，在教学过程中，我紧跟"读（走进文本）——多形式地悟（理解文本）——再带着感受读（表现文本）"这一基本的语文教学理念，努力落实以读为本的原则。首先，保证阅读的时间，从整部分朗读，到重点句子的研读，给学生充分的感悟时间。其次，在朗读形式上，采用自读、范读、指名读、齐读等多种形式,激发学生读文的兴趣。始终牢牢抓住那条情感主线,引导学生在朗读中体会玲玲情感的变化,再紧紧抓住玲玲的情感变化让学生深度感悟文本的语言,读出自己的独特感受。

当然,教学始终是一门遗憾的艺术,整个教学过程也暴露了许多缺点和不足。如教师的主导作用还是过于严重,牵引的痕迹比较明显,需要进一步改变教学方式。课堂评价语言也比较苍白,不能很好地调动学生的情绪,使他们始终保持高涨的学习热情。课堂评价是一门很深的学问,因为课堂是千变万化的,需要教师因人而异,因课而异,因时而异,因发生的情况而异,创造性地对学生进行评价。如何进行合理、有效的评价将成为我今后教学工作不断努力、探索的方向。

上述案例就是典型的反思性说课稿。同预设性说课相比,反思性说课的重点在"教后反思"。本篇说课稿既分析了授课过程中的优点,同时也反思了不足之处,并指明了今后的努力方向。可以说,反思性说课是促进教师专业成长的"金钥匙"。

第三节　说课的内容

说课有基本固定的内容,包括说教材、说教法、说学法、说教学过程和说板书设计五个方面。

一、说教材

说教材,就是说"教什么"的问题,主要是从教材的编排体系和知识结构上,说对教材的理解、处理、使用的方法和策略,目的是准确把握教材,合理组织安排教学内容。说教材一般要说清楚五个方面的内容。

(一)课题

课题,就是所教课文的题目(如果说的是作文课、练习课,就要根据习作或练习的具体内容来决定了)。通常情况下,课题要求板书,并在说课开始时就交代清楚是哪个版本、哪一册教材、哪个单元的课文。以人教版教材为例,可以这样说课题:"今天说课的内容是人教版教材第 X 册第 X 单元的第 X 篇课文,课题是XXXXX"。

(二)教材内容

这部分内容就是对教材的简要分析。它是说课内容的重要组成部分,无论说课时间长短,都不能缺少。一般来说,要说清楚以下具体内容。

1. 课文的主要内容和中心思想

这是教材分析最基本的内容,也是对文本的整体把握。说课者要用简洁的语言概括课文的主要内容和中心思想。

2. 课文的结构和特色

从教学的角度来讲,学生学习课文不仅要知道课文"写什么",更重要的是学习课文"怎么写"。所以,说课时需要分析文本的结构和特色:课文是由哪几部分构成的,每部分写了什么,在结构上有什么特点(比如有的是"总分结构",有的是"总分总结构",有的是"按照时间顺序",有的是"并列结构"等),课文的表达特色和语言特色等。

3. 课文在本单元的地位以及授课类型

一般来说,每个单元都有 3-4 篇课文,有的是精读课文,有的是略读课文。不同授课类型的课文教学重点和方法是不同的。哪怕都是精读课文,第一篇和第二篇的教学地位也是不同的。所以,必须分析该篇课文的教学地位。

4. 教学课时的安排

精读课文,往往需要 2-3 个课时才能完成。不同的课时,教学目标也是不同的。所以,需要交代清楚该篇课文分几个课时教学,每个课时主要的教学内容,以及说课说的是哪一个课时。

除此以外,有时候还需要交代作者情况和写作背景。介绍教材内容,不仅是为了让听众了解说课者所授课的内容,也为听众对说课作出正确的评判提供了必要的依据。

(三)课程标准要求和教学理念

说课程标准要求,就是要说清楚课程标准规定的相关学段的学习要求,以及在课堂教学中如何体现和落实课程标准的要求。

教学理念是决定教学内容、教学方法、教学策略最核心的依据。因此,说教学理念要注意从教育与教学理论出发,同时结合学生的学情。说教学理念的时候,要说清楚核心理念,注意语言简洁明晰。

(四)教学目标

所谓教学目标,指的是通过教学过程,预期学生可能产生的发展和进步,是教师教学行为的出发点和归宿,也是评判教学效果的标准和尺度。如果说的是几个课时中的一个课时,那么,除了需说清楚整篇课文的教学目标外,还应说清所说课时的教学目标。

教学目标包括知识与能力、过程与方法、情感态度与价值观三个维度,表述要清晰、具体、适度,并具有可操作性和可检测性。

1. 清晰、具体

教学目标的制定要紧紧围绕课程标准,紧扣学生特点,能在 40 分钟内具体实现。行为动词要清晰、准确,要有具体的可达到的程度,避免大而空。现在有很多教师在确定教学目标时往往用"套话",根本不考虑具体的学段、学情和课文特点。例如,只要是朗读,就全是"正确、流利、有感情地朗读课文"。其实,这样的教学目标是不够清晰、具体的。

2. 适度

小学语文教材中每篇课文所包含的知识、能力、情感等因素的弹性很大,需要我们依据具体学情合理确定教学目标。例如,同是叙事作文的习作目标,三年级是"能根据事情发展的顺序写一段话",四年级是"写一件事,能把经过写具体",五年级是"能写简单的记叙文,要求有中心、有条理、有详略、能表达真情实感",六年级是"能根据要求选择材料。编写作文提纲,写出有中心、有条理、语句通顺、主次分明、有一定想象的简单记叙文。"由此可见,课堂教学目标要根据教学的要求和学生的实际,把握好分寸,既不能盲目拔高,也不能随意降低。

3. 可检测性

教学目标说到底是规定做什么、怎么做、做出怎样的结果来,所以指向一定要明确,明确到能够以此作为依据来检测学生学习的情况。应当选择恰当的外显性的行为动词来表述教学目标,如"知道、说出、写出、认出、记住、说明"等等,尽量少用"体会、感受"一类的词语来描述。例如,有的教师将"整体感知课文内容"作为阅读教学目标,其中,"感知"一词太笼统,不如改成"能用自己的话叙述课文主要内容"或"能找出本文的线索"显得更加清楚、明白。

(五)教学重点和难点

"教学重点"是指一篇课文或一堂课中必须着重讲解和学习的内容,"教学难点"则是指学生不理解或理解有困难的地方。重点和难点有时是统一的,有时又有区别,应根据具体情况来确定。说课不仅要说清楚教学的重点、难点,还要将确定重点、难点的依据、理由及解决重点、突破难点的措施和方法陈述清楚。

二、说教法

说教法,是指说教学方法,即说怎样教的问题。教学方法是为了完成教学任务而采取的手段,是提高教学效果的重要条件。教学方法是否得当,直接关系到教学效果。而教学方法多种多样,各有各的优势,因此,教师必须根据教学内容和师生的主客观条件慎重选择,而不能随心所欲、信手拈来。

说教法,特别要说明为什么要选用某种教学方法,所依据的理论是什么。因此,要依据教学目的任务、教材内容特点、学生情况以及教师自身条件,说明之所以选用某种教学方法的理由。

同时,要注意教学方法的优化组合。因为在一堂课上,光采用一种教学方法是不够的,必须遵循"一法为主,多法配合"的原则,才能使教学生动有趣。因此,说课的时候,必须说明如何以"一法为主",结合其他哪些教法,以及运用时要注意哪些问题。

说教法一般可采用以下两种方法:一是在说教材后先概括地说说教法,然后在说教学程序时穿插进去具体介绍怎样运用;二是先在说教学程序中详细介绍教法的运用,再在说完教学程序后概括总结,说清运用了哪些教法以及选择、运用这些教法的理论根据。

三、说学法

所谓学法,是指学生获取知识,形成能力的方法。说课中说的学法,严格意义上讲,是指学法的指导。即采用什么方法和什么措施让学生爱学、会学、乐学,其目的是引导学生学会学习,学会运用知识形成相关能力,最终达到"教是为了不教"的目的。

说学法与说教法一样,可以先概括地说出该课时教学将重点指导哪些学法,以哪些学法为辅,其理论根据是什么;然后在说教学过程中,再结合具体的教学实践进行陈述。由于学法和教法联系密切,学法和教法也可以联系起来说。其次,说学法时还需结合分析学情,即说说所授课班级学生的有关情况,如学生的现有基础、学习能力、学习习惯和学习潜能等。另外,说学法还须阐述选择该学法的理论依据,包括对学生的学习规律、学习原则、学习方法及学习的生理、心理特点的研究等。

四、说教学过程

说教学过程,主要是说怎样组织课堂教学流程以及这样做的理论依据,其目的是优化教学结构和教学过程。说教学过程是说课的核心内容。

(一)原则

1. 创新性原则

在说课中,创新性原则既体现在对教材的创新性解读与分析,对教法与学法的创新性选用,对语文课程资源的创新性利用,也表现为教学过程中体现出来的创新性思维。

2. 条理性原则

说教学过程要求层次清楚,过渡自然,环环紧扣,结构严谨。

3. 详略得当原则

在说课时,由于时间的限制,不可能把每一个教学环节以及理论依据都阐述清楚。因此,说教学过程必须注意详略得当,突出重点。一般来说,可以把教学过程中的精彩片段作为重点展示,也可以把教学难点的突破环节作为重点展示,而其他一些环节可以简略处理。

4. 理论与实践相结合原则

说教学过程并不是简单地呈现课堂教学实录,也要按照"教什么"、"怎么教"、"为什么这样教"的思路来展开,必须注意理性分析,强调"说理"。说教学过程中的

"理"包括课程标准依据、教学法依据、教育学和心理学依据等,是教师在日常教学中所积累的实践经验和从教学基本规律中悟出的理性认识。总之,"说理"是说教学过程不可或缺的,必须有说有评,说评结合。

5. 前后照应原则

在说教学过程的时候,要注意和前面的教学目标、重点难点和教学理念、教学方法前后照应起来,不能人为地割裂开来。很多师范生在练习说课的时候,往往理念归理念,目标归目标,而教学过程的设计缺乏理念和目标的贯彻,导致说课内容前后割裂,教学目标和教学理念就失去了存在的价值。

(二)内容

1. 说教学思路与教学环节安排

教学思路体现在整体把握上,说课者要把自己对教材的理解和处理,对教学程序的设计与把握说清楚。

一般来说,教学过程包括以下环节:导入新课,整体感知,教授新知,拓展延伸,课堂总结。但是,教学有法,教无定法。事实上,针对不同的教材和学生,在不同的教学理念观照下,教学环节的设计应该是有所区别的,需要教师灵活地安排与处理。另外,在介绍教学过程时不仅要讲清教学内容的安排,还要讲清"为什么这样教"的理论依据。并且,每个环节都要讲清楚教学时间的安排。

2. 说教与学的双边活动安排

在说每一个环节的时候,都要说清楚教师的"教"和学生的"学"这两种不同的教学行为。要运用现代教学思想指导教学,尤其要突出教师在教学中的主导作用和学生的主体地位,说清师生教与学双边活动的具体安排和依据,以及怎样在教学各环节中安排好学生的认知活动,做到教法与学法和谐统一。

3. 说重点与难点的处理

要说明在教学过程中,运用什么方法突出重点和解决难点。

4. 说采用的教学辅助手段

要说明为了达到预设的教学目标,拟采用哪些教学手段辅助教学,包括在什么时候、什么地方使用,使用的依据是什么。

五、说板书设计

在语文教学中,板书是一种被普遍采用的教学手段。在说课活动中,板书是听者了解说课者教学思想、教学思路,对教材理解的深浅程度和估计教学效果的可视语言。所以,说课必须说板书设计,包括板书设计的思路、依据和板书的具体内容。

第四节　说课的技巧

为了真正达到说课的目的,起到说课的效果,我们要注意运用说课的技巧。围绕"说"字,需要注意以下几点。

一、突出"说"的特点

说课,要求说者在10－15分钟内,不仅说出授课的理念、方法、准备,还要说出课堂教学的各个环节。所以,要突出"说"的特点,要突出理论性。由于内容多,环节多,说课者往往顾此失彼。一般来说,说课者可以根据课型,抓住这节课的基本环节去"说"。以基本的教学环节为线索,说思路,说方法,说内容,说训练,说学生。无论说什么,都要说得有理有据。

要特别注意:"说课"不等于备课,教师千万不能照教案去说;"说课"不等于讲课,教师不能视听课对象为学生去说;"说课"不等于背课,教师不能将事先准备好的"说课稿"一字不漏地死背下去;"说课"更不等于读课,教师不能拿着事先写好的材料去读。

二、找准"说"的位置

所谓"找准位置",是指说课者要找准自身的位置。一直以来,教师讲课所面对的对象是学生,所以,久而久之,教师就形成了自己特有的讲课风格,而这种讲课的风格并不适合说课。说课的听众,有的是说课的评委,有的是本学科的教师、本教研室的教师及其他学科的教师,还有的是教务科、教育研究部门、教育行政部门的领导等等,他们都是站在学生的角度去审视说课者所说的课的。

因此,说课者必须站在听众思维和学生思维的变化处,站在备课和讲课的临界点,变换"说"位。从说课内容看,要突出教学环节的设置和重难点的突破;从说课礼仪看,要把握语气、表情、称呼等,要充分、自然地把自己的教学设计思想和理念传递给听者。

三、选准"说"的重点

说课和讲课最大的区别在于,说课注重理性,讲课注重感性和实践。因此,说课的重点应放在为什么这样设计教学过程,如何实施教学过程,根据学情预设学生的反馈信息,思考如何提高教学效率上。因为说课时间有限,所以必须注意详略得当,简繁适宜。说得太详太繁,时间不允许,也没必要;说得过略过简,说不出基本内容,听众无法理解。当然,说课也不能平铺直叙,要突出亮点,一些重要细节不可忽略,往往会给听者留下深刻的印象。

四、体现"说"的风格

虽然说课有固定的内容和流程,但是,由于所说教材内容的不同以及说课者素质的不同,仍然会呈现出不同的说课风格。一方面,说课教师要根据教材的特点,灵活选择说法,说出该课的特点;另一方面,说课教师还要发挥自己的特长,说出个人的风格。

📖 案例评析

●请仔细阅读以下案例,分析其中的说课技巧。

【案例4—3】

《那片绿绿的爬山虎》(人教版第7册)说课稿

浙江省金华职业技术学院师范学院　许佳丽

尊敬的各位专家,各位老师:

大家好! 我今天说课的内容是小学语文课程标准实验教材四年级上册第26课《那片绿绿的爬山虎》。

拿到课文,我不禁有点担忧。"好难",这是给我的第一感觉,整篇课文明明都在叙事,为什么却以"那片绿绿的爬山虎"作为题目呢?"那片绿绿的爬山虎"仅仅是写爬山虎吗? 它又有什么内涵,该怎样贯通全文呢? 但是,很快的,我就让自己静下心来,以平和的心态,站在普通读者、学生和教师的立场反复研读了课文。课文记叙了作者"我"和叶老先生之间的两件事情:一是叶老先生为我认真地批改作文,令我受益匪浅;二是之后一次我去叶老家做客,他那平和而又关爱儿童的品质更令我感动。全文表达了叶老对我的"关爱"和我对叶老的"敬爱"之情。对于这两件事,四年级的孩子一般都能读懂,但是要他们理解作者通过"那片绿绿的爬山虎"引申出的情感,就有一定难度了,而这,正是教师应该给予学生提升的地方。

教材熟悉了,但是,教学成功的基础不但要吃透教材,而且还要科学地制定教学目标,才能驾驭全局。因此,根据《语文课程标准》、教材特点和学生实际,我预设本课的教学目标为：

1. 学会本课生字词。

2. 能正确、流利、有感情地朗读课文，感受"关爱"、"敬爱"之情（教学重点）。

3. 体会作者借景抒情的表达方式（教学难点）。

4. 能从叶老先生改作文的过程中受到一定的启发。

教学目标涵盖"知识与能力、过程与方法、情感态度与价值观"三个维度。

为顺利达成教学目标，本课安排两课时完成。第一课时通过对话交流，以达成教学目标1、2；第二课时在第一课时的基础上继续对话交流，以达成教学目标3、4。

《语文课程标准》强调阅读是学生、教师、文本之间对话的过程，那就与孩子们平起平坐吧，充分站在孩子的立场，考虑他们的感受和疑惑，在他们需在帮助的时候给予帮助，在他们未能提升的时候给予提升。

教学有法，但无定法，贵在得法。方法得当，可以达到"一石激起千层浪"的效果。思索再三，我将目光锁定在"小学语文课堂对话模式"的教学方法上，以"对话核心主题"为中心，以"对话分主题"为依据，以"对话依托点"为教学内容。根据这一模式的五个环节，我将第一课时的教学流程进行了这样的设计：

一、创设情境，引入课题

一堂好的课，导入的设计至关重要，所谓"万事开头难"。富有感情与哲理的导入，就像师生之间的桥梁。这篇课文，我采用多媒体图片导入法。"同学们，这种植物你们认识吗？它叫什么名字，你对它有哪些了解呢？"建构主义认为，学生的旧知与新知之间有一定的相关度，对于现在的孩子而言，确实很少有看见爬山虎的机会了。本环节创设的情境，尽量贴近孩子们的生活，让他们对话交流快速融入到课堂之中。

二、找出对话核心主题，感受"那片绿绿的爬山虎"

此环节主要完成两件事：一是学习本课生字词，将本课生字词按一定规律分组教学，工具性与人文性共同关注。接着，在充分尊重作者的写作意图、编者的编写意图、学生和教师阅读感受的基础上，确立对话核心主题：课文几次描写了爬山虎，分别表达了怎样的感情？

三、引出分主题，找出依托点，论证主题的深刻内涵

首先，让学生再次默读课文。从上面的概括性阅读到本环节的具体性研读，符合学生的阅读规律。学生朗读作者三处对爬山虎的描写，会获得个性化的感受，这些不同的感受就是对话分主题。接着，学生和教师围绕这些分主题一起来品析语言文字。比如第一处对爬山虎的描写，我是这样设计的。

首先让学生读读这句话。"刚进里院,一墙绿葱葱的爬山虎扑入眼帘。夏日的燥热仿佛一下子减去了许多,阳光都变成绿色的,像温柔的小精灵一样在上面跳跃着,闪烁着迷离的光点。"

然后引导学生:你仿佛看到了怎样的画面,你想到了什么?引导学生抓住"扑入眼帘"、"温柔"、"闪烁"等词语的理解体会作者由紧张转为轻松的心情。为了更好地感受这种心情,我让学生联系实际:如果哪天你的心情非常好,你似乎觉得天空都是湛蓝的,鸟儿也在树上唱歌;但是如果哪天你的心情非常糟糕,那似乎天空都变得灰暗。同样的,结合你自己的体验,想一想,作者此时的心情应该是怎样的呢?然后让学生带着这样的情感反复朗读课文,感受语言文字的魅力。

因为要给予学生充分交流的时间,所以本环节我安排了 22 分钟。

四、整理分主题,升华"那片绿绿的爬山虎"的内涵

"对于这三处爬山虎的描写,你还有什么疑问吗?还有其它自己的见解吗?"让学生们自主谈论,然后带着更深的理解与文本再次对话,并在此基础上,教师帮助学生感受到文中体现的叶老对"我"的浓浓的关爱之情与"我"对叶老深深的敬爱之情,而这种感情正是通过"那片绿绿的爬山虎"来体现的。

五、整体回归,课外拓展

在此环节,让学生根据自己的查阅交流肖复兴的资料,教师引导学生理解小时候叶老对小作者的关爱及"那片绿绿的爬山虎"带给他一生的影响,再让他们到课外去找一篇肖复兴的《我的母亲》来读一读。

这五个环节始终围绕"那片绿绿的爬山虎"展开,体会"关爱"与"敬爱"之情。

六、板书

这是本课的板书设计。围绕三次爬山虎的描写,重点体会"扑入眼帘"、"绿得沉郁"、"总是绿着",提升"关爱"与"敬爱"之情。板书体现了教学重点、语词品味的关键和课文的情感内涵。

总而言之,本课教学始终围绕"那片绿绿的爬山虎"展开对话,着眼于具体的三次描写,通过品味语词、交流感受、反复朗读等方法,培养学生的语感。同时,对话过程中给予学生自主、合作、探究学习的平台,促进了学生语文学习方法的掌握,促进了学生情感态度价值观的发展。

应用练习

●仔细研读《巨人的花园》(人教版第 7 册),撰写说课稿;并以学习小组为单位,进行说课练习。

拓展学习

1. 方贤忠. 如何说课[M].上海:华东师范大学出版社,2008

2. 谢安平,林高明,邓园生.说课实战训练教程(小学语文卷)[M].福州:福建教育出版社,2010

3. 刘彦昆. 教师如何提高说课艺术(修订版)[M].长春:吉林大学出版社,2010

4. 王光龙.语文教坛新星获奖说课点评[M].北京:语文出版社,2012

第五章 评课技能

内容提要

评课是提高教师课堂教学水平的重要途径。本章着重阐述了新课程背景下评课的价值追求与重心转移，介绍了评课的主要内容、常见类型与基本原则，旨在帮助教师和学生树立正确的评课理念，有效提高评课技能。

关键问题

◆评课的价值追求？

◆新课程背景下，评课重心的两个转移？

◆评课的主要内容？

◆评课的常见类型？

◆评课的基本原则？

有人把老师上课比作"画龙",把评课比作"点睛","龙"因"睛"而腾飞。这比喻颇为形象,道出了评课的重要性。"外行看热闹,内行看门道。"一节课往往因专业的评课而精彩,上课者因专业的评课而茅塞顿开,听课者因专业的评课而豁然开朗。

第一节 评课的价值追求

长期以来,评课被当作教研活动的附庸与点缀。评课者会不痒不痛地罗列几个优点,然后比较婉转地指出一两点值得商榷的问题,底下听课的老师,也象征性地鼓掌以示礼节。整个研讨过程,犹如蜻蜓点水,亦似水过地皮。这样的评课,价值不大,纯粹是应景而已。

那么,究竟应该怎样评课呢?

余文森教授认为,"评课的时候,一定要冲破传统和世俗的观念,千万不要搞形式主义,要注重实效、实事求是,即把优点说够,给人以鼓舞;又要把问题说透,给人以启迪。同时,还要避免霸权,提倡学术对话,尤其是注意对不同思想观点的宽容、鼓励与支持……形成一种新的听课、评课文化。第一要实事求是,说真话,是优点就说优点,是缺点就说缺点。第二,严格要求,严是爱。第三,学术自由,看重争论。"余教授这番话,道出了评课的真谛。实事求是,严格要求,学术自由,乃评课的要义和价值所在。

关于评课还有一个误区,即评课一定要评公开课,至于常态下的家常课,并不需要评课。其实,公开课的表演色彩,源于对公开课的错误定位。把公开课定位为示范课、展示课,赋予公开课太多额外的价值和功能,公开课的本性就丧失了。由于公开课的高利害特点,评课的专业性和学术性就难以维系。没有专业的高度和批判的眼光,就事论事的、一团和气的评课,是"无效"或者"低效"的评课。而常态下的课,虽然不完美,却恰恰需要以评课的方式来挖掘亮点,找到突破点。

长久以来,我们很少听到真正的评课了。一旦某位评课者,在公开场合说一些比较真实,但有点刺耳的话,不但不会得到大家的共鸣,反而会遭到大家的"善意"提醒:"人家辛辛苦苦地上了一次公开课,没有功劳,也有苦劳,应该多表扬才对啊!"这样的善意,其实折射了当下的评课文化,一种"好好先生"的评课文化。由此看来,我们的评课,不单单是评价和研讨,更重要的,是确立一种价值取向与价值追求。改变评课的现状,要从评课文化开始重建。

我们需要的,是一种基于学术自由,百家争鸣式的评课。它抛开了杂念,抛开了面子,回归了学术。这种评课,让执教者、旁听者、参与者都有收获。这种评课,不是"一言堂",而是"群言堂",是一种"交响乐"式的"众声喧哗"的评课。参与评课的老师,在主持人的指挥下各抒己见,他们犹如交响乐团当中的乐手,围绕着旋律的主题,各自发出自己的声音。

这,是一种评课方式的改变,更是评课文化的重建。一线教师,渴盼这样开放而真诚的评课!

第二节　评课重心的转移

新课程背景下,评课重心正在发生着根本性的转变:从重教到重学,从重教法到重内容。

一、从重教到重学

教学,教学,涉及教师的教和学生的学。教与学,谁更重要?

学,当然重于教!

这是一个很简单的问题。但是,我们常常听到不少老师在听完一节公开课后,发出深深的赞叹:"这节课,简直完美无缺!"若追问,为什么觉得完美无缺呢? 听课者往往会从这几个角度来回答:

"整节课设计得行云流水,一点节外生枝的东西都没有。"

"课件太美了! 优美的音乐,和谐的色彩,惟妙惟肖的动画……"

"教师的语言太美了,激情澎湃,每一句话都像是一首诗。"

"听这样的课就是一种艺术享受。"

"这节课带给我震撼的感觉,老师上得太好了!"

……

是的,长期以来,我们的听课、评课,最先关注的,是教师的教,而非学生的学。

我们往往过多地关注:唯美的课件让人眼花缭乱,目不暇接。美轮美奂,声光齐上,图文并茂,音乐渲染,恰到好处。

我们往往过多地关注:唯美的语言让人惊叹不已,感佩不止。妙语连珠,舌吐莲花,高山流水,排比滔滔,诗意盎然。

我们往往过多地关注:唯美的流程让人如坐春风,大呼过瘾。设计严密,滴水不漏,环环相扣,行云流水,秩序井然。

事实上,这是一种误区。在西方,听课者,听的不是老师怎么教,而是学生怎么学。在他们认为,学生的学习过程最重要! 因此,学生在课堂中的真实发展,才是评课者最应该关注的。

(一)评课的第一个维度:关注学生的学

1. 看学生的情绪饱满度

态度决定一切。学生情绪饱满度,影响着教学效果。如果一堂课中学生对知识的渴求始终保持着较高的热情,那么,这堂课中师生之间必能形成良好的氛围,情感双向和谐交流,从而达到教学共振。这是观课评课者,可以直接观察到的。

2. 看学生的活动广度

学生的活动广度包括两方面:一是指学生眼、脑、耳、手、嘴……每一种感官都能积极、主动地参与到教学活动中来;二是指学生的参与广度,如学生举手率、答题率、小组参与率与贡献率等。

3. 看学生的参与深度

学生的学习,是呈多样状态的,有独立学习、集体讨论、小组学习、动手操作等。一堂课学生的参与方式可以是独立学习,可以是小组学习,也可以是多种学习方式的混合。这样既可以形成良好的课堂氛围,又可以促进学生多种能力的协调发展。

4. 看学生的增长度

评价一堂课的成功与失败,最重要的标准是看教学效果。包括:大部分学生通过努力是否达到预设的教学目标;学生通过学习,是否形成了能力发展趋向,是否得到了学习能力的发展;学生是否具有较强的学习主动性等。评价者首先要有对评价理念的体悟和认同,否则,即使是同样的评价标准,不同的理念也会产生迥异的评价结果。

(二)评课的第二个维度:关注教师的教

1. 看教学目标与内容,是否体现学科的特征

2011 年修订的新课程标准,明确界定了语文课程的性质:"语文课程是一门学习语言文字运用的综合性、实践性课程"。因此,我们对语文课的评价,要从这个高度去评价。看一节课是否充分体现学科特质。哪些环节,是有助于学生"学习语言文字运用"的,哪些环节,是和"学习语言文字运用"无关的。语文课的评课,要充分把握这个特点。

2. 看教学方法与手段,是否充分实现教学目标、完成教学内容

"过程与方法"已成为教学目标的一个重要方面。当前,体验式学习,越来越成为一种重要的学习方式。这些方法的意义,不在于形式,而在于如何组织教学,引导并调动学生参与教学。评课者,要关注教学方法的选择和运用,看看这些方法与手段,是否达成了教学目标。

3. 看教师是否充分调动了学生的学习自主性和积极性

学生是语文学习的主体。我们要看在课堂上,教师是否尽可能地调动学生的学习积极性;是否善于引导学生,激励他们主动进行学习,努力培养学生积极的学习态度。我们还要关注,在教学中教师是否引导学生积极参与教学活动,采取多种方式,使学生投入其中,通过师生互动和生生互动,共同完成教学任务。

4. 看教师是否能够全面把握并完成教学任务

教学任务在新的课程标准中表述为知识与能力、过程与方法、情感态度与价值观三个方面。评课的过程中,我们要关注,教师是否注意在课堂设计和教学过程中,既注重过程与方法、情感态度与价值观,又防止出现轻视基础知识的倾向而忽略对具体知识的传授。如果学生缺少必要的背景知识,教学活动就难以深入,学生和教师都将处于尴尬的被动状态。所以,我们在推进教学改革的同时,要注意避免对教学目标整体把握上的缺失,要全面和正确地理解教学任务。

二、从重教法到重内容

以往的评课活动,评课教师大都是站在教法的角度去评课的,着眼于教师的教学设计、教学技巧、教学艺术、教学风度,讲究的是上课如何精彩纷呈,如何奇招迭出,这在公开课、观摩课、评比课中表现得尤为突出。语文教师的课堂教学研究,也被鼓励从教学方法上着力,讲究教学过程,探求各种各样的教学模式。可以说,长期以来,我们的语文课堂,教法决定一切。

王荣生教授在《语文教学目标与内容》、《语文科课程论》等著作中,创造性地提出了这样的一些观点:

——教学方法是重要的,体现先进理念的教学方法应该被大力张扬。然而教学方法的努力,是为了更有效地实现教学内容,先进的理念首先关乎教学内容,首先要落实到"教什么"上。教学内容与教学方法是两个侧面,观课评教的角度既可以从先怎么教、再怎么教、后怎么教的角度去考察,也可以从先教什么、再教什么、后教什么的角度来审视,既可以侧重在教学方法,也可以侧重在教学内容。在目前的情况下,对语文教学来说,我们以为教学内容更为重要、更为关键。一堂语文课,如果教学内容有问题,或者只有在考试的试卷上才有用,那么教师的教学再精致、再精彩,课堂的气氛再热烈、再活跃,价值都极为有限。

——在评价一堂课的教学方法好不好之前,首先要考察它的教学内容对不对;在感受课堂教学的活跃气氛之后,更要关心学生是不是驻留了与教学内容相应的语文体验;我们还很有必要,关注语文课程目标的有效达成问题。从教学内容角度观课评教,也就是审视、反思这堂课教师教了什么,进而探询、体察学生所驻留的学习经验,并考察教学内容与语文课程目标的关联及程度。

王荣生教授提出了一个崭新的观点。过去,我们说,怎么教比教什么更重要;现在,我们慢慢达成这样的共识:语文课,教什么,比怎么教更重要。因此,语文评课,我们应该逐步实现第二个转变,即:从重教法走向重内容。

第三节 评课的内容

好的评课,要独具眼光,要把这节课与众不同的地方揭示出来,让大家恍然大悟;把这节课存在的主要问题凸显出来,让大家有所思索。

好的评课,要根据听课的目的或听课的对象合理把握评课内容,要有所选择,有所侧重。否则,眉毛胡子一把抓,什么都谈,结果却什么都没谈透,没有达到应有的目的与效果。

在评课的过程中,我们可以选择以下内容进行评议。

一、评教学思想

教学思想是教学行为的灵魂,它支配教学活动,是教学价值观与课程价值观的体现。教学思想,不仅决定着教学行为的方向,还直接影响着教学效果。现代课堂教学是教与学的双边活动,谋求的是教学相长。我们反对"填鸭式"、灌输式教学,反对重知识、轻能力、忽视德育的教学。老师在评课时应当联系教育方针、政策、法规、现代教育的价值取向和相关的教学理论,结合教学过程中暴露出来的实际问题,有根据地进行评析。这一方面是宣传正确的教学思想的需要,另一方面也是让讲课人心服口服,达到评课的实际效果。

二、评教学目标

教学目标是教学的出发点和归宿,它的正确制定和达成,是衡量一堂课好坏的重要尺度。所以,评课首先要评教学目标。

从教学目标的制定来看,要看是否全面、具体、适宜。全面,指能从知识、能力、思想情感等几个方面来确定;具体,指知识目标要有量化要求,能力、思想情感目标要有明确要求,体现学科特点;适宜,指教学目标能以课标为指导,体现年段、年级、单元教材特点,符合学生年龄实际和认识规律,难易适度。从教学目标的达成来看,要看教学目标是不是明确地体现在每一个教学环节中,教学手段是否紧密地围绕目标,为实现目标服务;要看课堂上是否尽快地接触重点内容,重点内容的教学时间是否得到保证,重点知识和技能是否得到巩固和强化等。

三、评教材处理

评析老师一节课上得好与坏,不仅要看教学目标的制定和落实,还要看授课者对教材的组织和处理。我们在评课时,既要看教师知识教授得是否准确、科学,更要注意分析教师在教材处理和教法选择上,是否突出了重点,突破了难点,抓住了关键。要看教学目的的确定是否明确、全面,有针对性、导向性;教学重点是否把握准确,教学过程是否做到突出重点;教学难点是否把握准确并得到突破;教材的组织、处理是否精心。教师必须根据教学目的、学生的知识基础、学生的认知规律以及心理特点,对教材进行合理的调整、充实与处理,重新组织、科学安排教学程序,选择合理的教学方法,使教材系统转化为教学系统。

四、评教学程序

教学目标要在教学程序中完成,教学目标能否实现要看教师教学程序的设计和运作。因此,评课必须对教学程序作出评析。教学程序评析包括以下几个主要方面。

(一)看教学思路

教学思路是教师上课的脉络和主线,它是根据教学内容和学生水平两个方面的实际情况设计出来的。评教学思路,一是要看教学思路设计,是否符合教学内容实际,是否符合学生实际;二是要看教学思路设计,是否有一定的独创性,能不能给学生以新鲜的感受;三是要看教学思路的层次、脉络是否清晰;四是要看教学思路在课堂教学中实际运作的效果。我们平时听课,有时感觉老师课上不好,效率低,其实很大程度上就是由于教学思路不清,或教学思路不符合教学内容和学生实际造成的。所以,评课一定要注重对教学思路的评析。

(二)看课堂结构

教学思路与课堂结构既有区别又有联系。教学思路,侧重教材处理,反映教师课堂教学纵向教学脉络;课堂结构,侧重教法设计,反映教学横向的层次和环节。课堂结构的不同,也会产生不同的课堂效果。

通常来说,一节好课应该是结构严谨,环环相扣,过渡自然,时间分配合理,密度适中,效率高。而计算授课者的教学时间设计,能较好地了解授课者的授课重点。

1. 计算教学环节的时间分配:要看教学环节时间分配和衔接是否恰当,要看有没有"前松后紧"或"前紧后松"的现象,要看讲与练的时间搭配是否合理等。

2. 计算教师活动与学生活动的时间分配：要看有没有教师占用时间过多，学生活动时间过少的现象。

3. 计算学生的个人活动时间与集体活动时间的分配：要看学生个人活动、小组活动和全班活动的时间分配是否合理，有没有集体活动过多，学生个人自学、独立思考和独立完成作业时间太少的现象。

4. 计算"优生"、"后三分之一学生"活动的时间：要看优、中、学困生活动时间的分配是否合理，有没有优等生占用时间过多，后进生占用时间太少的现象。

5. 计算非教学时间：要看教师在课堂上有没有脱离教学内容，做别的事情，浪费宝贵的课堂教学时间的现象。

第四节　评课的类型

评课,其实是一种对话,是听课者与上课者围绕着课的真诚对话。因此,我们可以站在对话的维度,梳理评课的几种常见类型。

一、聊天式评课

聊天式评课,是自由漫谈式的评课,大家围绕着一节或几节课,谈谈对课的理解与感受。这是一种相对宽松,比较自由的评课行为,适合于小型教研组或者磨课俱乐部的常态下的教研活动。比如,"磨课俱乐部"这一组织,就是基于聊天式评课而诞生的。这种评课,往往以"双亮"为特征。所谓"双亮",即找亮点,亮观点。也就是说,评课者要寻找教者教学的亮点,并站在"假如我来上这课"的视角,亮出"我"的观点与建议。这样的评课,往往呈现出一种各抒己见、众声喧哗的状态,更接近于"头脑风暴"式,虽然发言可能是无序的,但常常能迸发出智慧与灵感的火花。

【案例 5—1】

听课评议:"双亮"效果好

江苏省吴江市南麻中学　　金坤荣

同事陈老师上苏教版七(上)课文《夏》,行政领导、语文教师都去听课。看到陈老师上课声音变调、课后诚惶诚恐的情景,笔者在组织教师进行评议时,突然想到:能否把平时的听课评议改一改,使它更人性化,更能贴近教师实际,更能激发教研热情呢?

于是我对大家说:"陈老师为我们上了一堂研讨课,付出了辛劳,也收获了果实。让我们帮她总结总结课堂教学中的亮点,使之光彩夺目。"并要求每位老师有理有据地只说自己感受深刻的一点。听课教师先是一愣,后来明白了我的用意,话匣子渐渐打开了。

"陈老师在教学中提出了'诵课'、'品味'、'探究'三步学法指导,每一步引导又提出了具体的要求,这样的教学实!"

"陈老师注意在教学中狠抓基础性的东西,如在米字格中正确默写汉字,品味精彩词语的含义等,使'双基'得到落实。"

大家你一言我一语,纷纷挖掘着这堂课的亮点。渐渐地,陈老师的脸上漾起了一丝笑容。她笑眯眯地望着发言人,谦虚地说道:"没有这么多亮点,我还考虑得不够细致周全……"

"陈老师的课贯彻了新课程理念,大家发掘了许多可取之处,但我想,面对同一篇课文,每人各有不同的教法、异样的招数吧。把你的金点子说出来,大家交流一下,相信定会开阔视野。"

"我要让学生边读课文边想象文中画面,而后教师出示有关多媒体画面,这也许更能激发学习兴趣,诱导学生思维。"

"把握作者写夏天的目的,这是教学中不可缺少的一个环节,我引导学生要深刻理解结尾一节……"

听课教师诉说着心中的想法,滔滔不绝;陈老师静静地倾听着,一会儿点头,一会儿微笑,一会儿记着笔记。一股和谐民主的空气在会议室里流动着。

以往听课评课,听课教师往往对课的成败得失作出定论,要么不着边际、虚无缥缈地恭维一通,要么不讲情面、严肃认真地指责。开课教师听到逢场作戏的恭维话,心里虽高兴,但不知成功在哪里,长处在何方,更不知课堂教学中的不妥和欠缺,茫然迷糊,这实在不利于业务水平的提高。而遇到铁面无私的听课者,开课者虽然认同有关看法,但内心往往很委屈:"我精心准备认真上课,怎么一点长处都没有呀。"这种情况不利于教研活动的落实。

在听课后挖掘课堂的亮点,使开课教师增强了信心和热情,明了自己教学中的可取之处,营造了和谐的教研氛围。值得一提的是,听课者在评议时要亮出自己的观点和招数:假设自己上同一篇课文,准备怎么上?有什么独特的做法?让听课者亮招数,能使听课者更好地钻研课文,思考教学的重点、难点,思考自己的教学设计,达成对文本的深度理解,突出教研的性质;能使大家各抒己见,出谋划策,让不同见解摩擦,让不同思想碰撞,争论辨别,继而取长补短,共同提高,集体智慧显出成效;更能使开课者在多样化的设计和多元化的理解中产生震动,开阔视野,拓展思维,强化反思,比照提高,促进了开课者的教学反思:"这位老师的这种做法真的巧妙,我为什么没考虑到呢?""这位老师的理解更加全面,我的问题设计和点拨有点不对头……""对照那位老师的设计,我的教学需要改进……"让开课者见识大家的智慧,让开课者反思自己的设计,虽没有对开课者的课堂教学作出评判,但评判寓于其中,而且激发了开课者灵活开放的思维,使开课者受益多多。

另外,当下比较热门的博客评课、QQ群评课,其实也是一种基于网络环境的聊天式评课。这种评课的最大特点就是没有权威,聊天者始终站在平等的立场,自由发表自己的观点,从而体现了一种开放、民主的评课文化。

二、独白式评课

顾名思义,这种评课,发言的只有一个人,面对一节课或者一个课堂实录,发表听课或者读课者的个人理解与观点。我们在杂志上、网络上读到的以赏析或者批评为主要目的的评课,就是"独白式评课"。这样的评课,评课者一定要充分理解执教者的教学意图,并能发现这一课的价值,在此基础上,提出自己的观点与见解,切忌居高临下横加指责,切忌盲目崇拜无度赞美。

【案例5—2】

十分好玩,十分有用

《小学语文教师》编辑　陈金铭

朋友问我对《绕绕复绕绕》的意见。

我说八个字:十分好玩,十分有用。

十分好玩,是说学生学习过程中的状态。

十分有用,是说学生学了之后驻留下来的语文经验。

我说,我来回答三个问题,就知道为什么十分好玩,十分有用了。

第一个问题:为什么教绕口令?

是啊,教材中那么多篇课文,偏偏教了不是课文的绕口令,为啥呢?

这同时涉及三个问题。一是语文教师的专业自主权,二是周益民老师在课程创生中的新思考,三是周老师对诗化语文的新认识。

"教材无非是个例子"。叶圣陶先生这话的意思是,"教材无非是形成语文能力的例子",同时,这话还有"形成语文能力还可以有别的例子"的意思。对教材,语文教师有专业处置权。即,教材中课文既定的情况下,教课文的什么内容,怎么教,语文教师有权处置。

除了专业处置权之外,语文教师还有个更大的权利,就是专业自主权。即,我有权利自主选择能"形成语文能力"的"别的例子"。专业处置权,很多老师已经意识到了,对专业自主权的认识,大家还比较陌生。其实,国家课程标准早就规定了教师有这份权利,但之所以迟迟未见有成果出来,这中间既有语文教师不具备行使自主权的能力,选不出"别的例子"的尴尬,也有即使选出"别的例子",也未敢名正言顺、光明正大的把其归属于语文课,而放置到了语文综合实践活动的错位情形。

周老师对专业自主权的行使,为语文教师找回了一点属于自己的专业尊严。

他的目的很明确,形成一个以民间语文为教学内容主体的课程。

除了这节绕口令课,他还陆续创生了颠倒歌课、谜语课等等。

有人因为这些课的内容是民间的,非主流语文形态的,就把这些课称作非主流语文课、边缘语文课,这比说是语文综合实践活动好点,因为孬好也是"语文课"(尽管是非主力、边缘),不是"实践活动"了。但实际上也仍不准确。因为这些课教的内容本就是真正的语文(只不过一直被语文教学研究界所忽略),教学目的也是培养学生真正的语文能力,因此,它就是堂堂正正的语文课。

那么,此课哪里体现了周老师对课程创生的新思考呢?或者说,这节课在课程上的价值在哪里?

绕口令,是民间流传了千百年的一种语言游戏,"认真练习绕口令可以使头脑反应灵活、用气自如、吐字清晰、口齿伶俐,可以避免口吃。"这是它的外显功用,实际上它受老百姓欢迎的最大原因,是可以休闲取乐。一种语言形式之所以靠口耳相传就能流传,最主要的原因肯定是满足了大众的精神娱乐需要。也就是说,它看起来是语言的游戏,实质上是精神的游戏。

这种民间语文的草根性决定了它在生活中蓬勃的生命力。为学习语言艺术要专门研习它,即便什么也不为,单纯说着绕口令逗着玩也是有趣的。小孩子更喜欢这种看似无厘头的语言游戏,唇齿之间的闪展腾挪,让小孩子收获了精神的极大愉悦。可是,因为其草根性,因为其泥土味,因为其不登大雅之堂,所以一直被语文教学研究界忽略,一直被教材编写者忽略。周老师敏锐地发现了它的价值,进行了课程的创生。假以时日,周老师民间语文的课程(打油诗、谜语、颠倒歌、对对子、对山歌……)创生完毕,形成一个按年龄特点,阶梯状排序的民间语文课程,将是语文教师自主创生课程的一个极好范例。

为什么还要说,这体现了周老师对诗化语文的一种新认识呢?

周老师以前所主张的诗化语文,呈现出来的趋向是一种雅的诗化,今天民间语文课程系列的诗化语文的趋向,则是一种俗的诗化(实际上这里的"俗"也是一种大雅,但通俗理解,民间语文的特质还是"俗")。雅的诗化,着眼点主要在文学审美上,所选文本主要是纯儿童文学样态;俗的诗化,着眼点主要在语言审智上,所选文本主要是民间语文样态。这就表明了周老师对儿童文学一种新的体认:儿童文学的界线并不以年龄来划分,而是符合不符合儿童内心的需要。很显然,民间语文虽然不是特地写给儿童的,但儿童需要它。因此,民间语文,它实际也是属于儿童的语文。

判断"雅的诗化语文"和"俗的诗化语文",有一个简单的标准,就是看追求的是"美"还是"智"。是"美",那就是"雅的诗化语文";是"智",那就是"俗的诗化语文"。

从美到智,这是诗化语文实践领域中内涵的拓展。

第二个问题:为什么教绕口令的这些内容?

这节课教了以下内容:绕口令的诵读指导、创作知识、欣赏运用绕口令的艺术、模仿编写、体会在文学中的运用、练习难度较大的绕口令、欣赏带绕口令内容的歌曲。概括说,就是"自己读绕口令、了解绕口令的知识、听别人演绕口令、跟别人仿写绕口令、体会文学中用绕口令"。

教这些内容,我认为很恰当。原因有三点:

一、绕口令自身的特点。绕口令教学和课文教学一样,都属于阅读教学。阅读教学有一个很重要的原则应该被记住,就是课堂上教的读写样式应该和日常生活中的读写样式一样。否则,阅读教学的作用就会蜕变成只用来对付考试,不能解决实际问题。绕口令日常的读写是怎样的呢?凡是喜欢绕口令的,最常做的不就是有滋有味的读着玩?不就是听听绕口令的表演?这是读和听。那么写呢?一般人不会写,但绕口令创作者得会写。写有窍门,把最简单的窍门在课堂上教给学生就可以了。周老师深谙这一点,因此在时间分配上给了读和听大量的时间,而给了写少量的时间。

二、这些内容都指向工具性知识的习得。其中包括了:绕口令读的知识、绕口令创作的知识、运用的知识。知识有两种作用,一种,知识本身是目的,学习知识是为了积累;一种,知识本身是工具,学习知识是为了形成能力,这样的知识在语文教学中还处于亟须的状态。周老师教的这些知识就是工具性知识,是为了形成语文能力的。

三、都指向了绕口令形式的欣赏。周老师此课,和一般课文教学最大的区别,就是没教内容(作者说了什么)。教语文课,需要既教内容,又教形式。但绕口令虽然有内容,但关注点不在内容而在形式(作者是怎么说的)。所以,周老师在课一开始就点明了——"原来,这是一则绕口令。绕口令里虽然也有故事,不过人们主要不是为了讲述故事,而是在玩一种语言的游戏。"

第三问:为什么这样来教绕口令?

周老师设计的教学流程大体上是这样的:

一、趣味引入

二、绕口令诵读与形式欣赏

三、绕口令揭秘与模仿式创编

四、绕口令延伸

五、快乐结课

这五个教学步骤的安排照我看来是很妥帖的。

主体的教学环节是教学流程中的"二、三、四"三个环节,这是专属于绕口令教学的。"趣味导入"和"快乐结课"的"导入、结课"是无论哪节课都必备的,加上"趣味、快乐"是绕口令这一内容本身有趣,因此上课不妨也上得有趣。

其中"二、三"两个环节,学生主要的学习行为是"诵读、欣赏、揭秘、创编",我认为这是这节课教学策略中最值得关注的四个词。这四个词包含了这节课的全部秘密。

"诵读"——任何民间语文,都是以口耳相传为主要特征的,这就决定了读的重要性。读不到一定的数量,读不到一定的遍数,读不到一定的标准,是不能体悟民间语文奥秘所在的。

"欣赏"——民间语文来自民间,欣赏,就是听听民间怎么把它世世代代口耳相传下来的。

"揭秘"——民间语文自有它的奥秘,在长期的流传中形成了稳定、成熟的结构上的、题材上的、语言上的等等区别于其他民间语文种类的特质。这个秘密是要老师领着去发现的,否则,靠自己摸索很难片刻间找到。这也是教学中老师主导作用最大处。

"创编"——读了,赏了,了解它的秘密了,接下来自然要体验一把,自己试着创编一下。没有创编,那么这节课大多数时间学生固然笑声不断,愉悦得很,但思维的参与、智力的挑战,是几乎没有的。一节课,总要有些环节是要学生的大脑像发动机一样高速运转起来的,否则,很难说在学生的语文学习经验里能留下什么东西。创编,是要学生调动全身每一根神经,集中精力去应对的,这是这节课中智力成分含量最大的部分。

这四个词,缺一不可。

缺了一个,对绕口令的学习就不完整。

这四个词,顺序不能调换。

调换了顺序,学生学习的效果就不会是如此轻松快乐、收获多多,而是困难重重,不明所以。

至于第四个环节"绕口令延伸",老师出示的是梅子涵和庄子著作中的片段,让学生体会绕口令在文学中,为了造成特殊的表达效果,也会偶尔运用。我个人认为,有必要让学生知道,但不是必须要学生知道。

这是一个很有示范意义的评课。在评课中,陈老师通过自问自答的方式,回答了"为什么开发这个内容"、"为什么教这些内容"、"怎样教这些内容"等三个问题。不要小看这三个问题,他从课程开发、内容研制、方法与策略三个层面,条分缕析地解剖了这节课的价值,给教师以极大的启发。陈老师的评课,关注了课程的价值、内容的开发以及策略的选择,符合好的评课标准。可见,好的评课可以点亮一节课,给人以全新的启示。

三、对话式评课

这种评课,通过两人或三、四个人的对话,揭示一节课的意义。这种评课,往往围绕着某些话题,就一节课的各个维度有序地进行探讨。常常用问答的方式推进。它的好处是,听课者通过问题,不断地挖掘执教者的教学理念与设计意图。下面试看著名特级教师沈大安和青年教师蒋军晶就《"凤辣子"初见林黛玉》教学的对话。

【案例5—3】

让学生亲历学习过程
——蒋军晶《"凤辣子"初见林黛玉》课堂观察(节选)①
蒋军晶　沈大安

沈大安(下文简称"沈"):蒋军晶老师的《"凤辣子"初见林黛玉》一课令人耳目一新,有许多与众不同之处。每一种教学设计后面肯定有一种教学理念在支撑。因此,我们先听一听蒋老师自己的解释。

沈:上课伊始,你就让学生畅谈对"凤辣子"的印象。很多老师不敢这么做,因为一旦学生说得很"到位",后面的教学就很难进行下去。你为什么敢这么做呢?

蒋军晶(下文简称"蒋"):课前我接触了十几个学生,就"凤辣子"是怎样一个人,让他们谈谈初读的体会。结果发现他们的看法大多是"泼辣、热情、细心、关心林黛玉",与我们老师从这个片段中看到的"阿谀奉承、表里不一、炫耀特权"相去甚远,我越暗示他们这样的理解"有问题"他们反而越坚持。后来我想,他们毕竟只是十二三岁的孩子,他们的阅读经验和认识能力有限,在没有读过《红楼梦》整本书的情况下,读这样一个短短的片段也确实容易"断章取义"。于是,我就提醒自己:这堂课就在学生的真实水平基础上教学,从浅表逐步深入,由错误走向正确,提升、丰富学生对"凤辣子"这个人物的认识。

沈:你把学生对凤辣子的认识全部"记录"在黑板上,其中不乏理解"偏颇"的、"错误"的。为什么这样做呢?

蒋:我理解你的意思。一般来说,我们总是把阅读文章后教师认为正确的、重要的共识写到黑板上以示强调。那我为什么把学生一些有偏颇、错误的理解也让

---

① 蒋军晶,沈大安. 让学生亲历学习过程——蒋军晶《"凤辣子"初见林黛玉》课堂观察[J]. 语文教学通讯,2010(6)

学生写到黑板上呢? 原因有两个:第一,是想让学生通过板书"直观"地感受到我们对文学作品中人物形象的理解与感受是很少一步到位的,是在一遍又一遍的重读中由表及里,由浅入深,由单薄到丰满的。这些记录的前后对比,让学生真切地感受到自己认识上的提高。从有效教学的角度看,学生认识提高的增量是明显的。第二,我想通过"记录过程"的板书让学生感觉到我们学习课文,目的不只是了解凤辣子是怎样一个人,更重要的,我们要在了解凤辣子的过程中,学会一些阅读策略。我们的孩子每天都在阅读,但是有阅读障碍的孩子却越来越多。很多孩子读诗歌,不知道怎么再现形象,不知道怎么理解象征意义,不知道怎么品味那些新鲜的陌生化的词句;读小说,不知道怎么梳理出故事的主干线索,找不到故事的伏笔与高潮,也不知道怎么读细节;读知识类的书籍,不知道怎么提取信息,不知道怎么整理信息,也不知道怎么运用信息。我觉得,我们不能只是教"教材",我们应该更多地利用教材"教阅读"。

沈:这个片段中,描写王熙凤穿着打扮的语段离现在儿童的生活很远,学生不理解也难读好。于是有的老师就选择对这个部分"重拳出击",而你明显地"淡出",又是出于怎样的考虑?

蒋:是的,不少老师上这一课,都带领学生细读这一段,读通顺,读明白。但真要读通顺,难——因为这段话里,夹杂了许多不需要认的生字、冷僻字、多音字;真要读明白,也难——王熙凤身上究竟穿着什么,戴着什么,绾着什么,系着什么,估计只有那些专门研究古代服饰的专家才能真正弄清楚。真正要把这一段读通顺,读明白,需要时间,需要精力。语文教材不等于教学内容,语文教师要对语文教材作"二度开发",首先要考虑的就是教学内容的价值。应该说,许多内容都是有学习价值的,但教学时间是固定的,因此单位时间内的教学肯定要有所取舍,不可能面面俱到,所以我们要选取对学生发展相对来说价值更大的内容。出于这样的考虑,我把教学时间让位于更重要的教学内容——通过人物的言行感受"凤辣子"的特点,这也是跟五年级学习人物描写的要求一致的。

我还在想许多读者阅读古典文学名著时的真实状态。就我个人而言,当读到这样大段的极其细致极尽铺陈之能事的外貌或穿着描写的时候,往往会浏览甚至跳读过去,把握一个大概,找到一份感觉,以保持阅读的顺畅。如果对这样的描写锱铢必较,可能会造成阅读兴趣的中断,或者陷入到局部的理解中去。因此,我略教这段描写,也是考虑一般读者真实的阅读需求,让学生掌握一种实用的阅读方法。

在这段对话式的评课中,沈大安老师向执教者追问了三个问题。这些问题,正是蒋老师的教学设计异于其他老师常规教法的地方:一是课始让学生充分谈对王熙凤的认识,这是为什么? 二是让学生把很多错误的信息呈现在黑板上,这又是为什么? 三是不认真研究描写王熙凤外貌和服饰的句子,为什么? 这三个问题,将蒋老师课堂上很特别的地方,点了出来,并通过追问,引出了关于经典文学读本阅读的一些常用策略。让观课者不但知其然,而且知其所以然。这种刨根问底式的评课,既新颖,又有实效。

当然,还有一种对话式评课,往往用商榷的语气进行评课。某位老师,看了另一位老师的评课,觉得评得不够到位,或者和自己的想法差距甚远,于是撰文发表自己的观点,与人商榷。杂志上、网络上看到的一些争鸣性的文字,就属于这一类评课。

四、辩论式评课

《小学语文教师》组织发起的"辩课"活动,是一种离"批评"的本质意义最近的评课方式。简单说,就是上课者、观课者围绕着刚上过的一节课,畅所欲言,各抒己见,甚至进行针锋相对的辩论。

从已发表的辩课实录看,不少场次的辩课,颇有火药味。据悉,这些辩课文字,其实是经过编者适当加工的。据参与辩课的老师反映,现场的火药味更浓。这种草根教师和专家名师同台对话的评课,确实是久违了的评课方式。它以民主、平等、开放为主要特质,打破了权威教授一言堂的格局。执教者可以充分阐释自己的教学设想,听课者可以充分表达自己的观点,听者和教者(甚至学生)都可以参与到课堂中来。这种评课方式,理应得到更大范围的推广。

【案例 5—4】

在神话的王国自由飞翔

——《盘古开天地》教学辩课(节选)①

张祖庆　沈大安　大刀赵六

板块一:读成一句话

师:同学们,今天我们学习的《盘古开天地》,是一个神话故事,请大家打开语文课本,再一次认认真真地把课文读一遍。(生读课文。老师出示文中要求认读的所有生字,让孩子们认读后,抽读生字并正音。)请同学认真地看屏幕上的这组词语,它们有什么特点?

生:都是三点水旁。

---

① 张祖庆,沈大安,大刀赵六. 在神话的王国自由飞翔——《盘古开天地》教学辩课[J]. 小学各科教与学,2009(12)

师：很会观察。那么想想"混沌"这个词语，在课文里边什么意思？

生：就是什么都看不清楚，分不清楚什么和什么。

师：说得对！你把文章的原句读出来。

生：很久很久以前，天和地还没有分开，宇宙混沌一片。

师：连成一团，看不清楚，这就叫作"混沌"。再看"清""浊"，想一想，你所看过的哪些东西是"清"的，哪一些东西是"浊"的？

生：干净的水是清的；脏的，看不清楚的水是浊的。

师：（领着学生读）清浊、血液。"血"字，还有一个音读"xiě"。口语，流血"xiě"。

师：（指读"滋润"），想一想，很干燥的季节中，你觉得口干舌燥，你喝了一口水，你的喉咙就滋润了起来。把这种感觉读出来。（生读）

师：记生字，要善于掌握规律，有些时候抓住它的字形结构和偏旁，就能把它记清楚。接下来请同学们看一看下面这些词语。你觉得哪几个比较难写的，在书上写一到三遍，看清楚每一个笔画。（学生写生字，老师利用大屏幕订正。）

◆大刀赵六：

不知道大家对没学课文就让学生书写字词怎么看？我的看法是要问问张老师预习工作做得如何：如果课前预习非常充分，一上课就书写字词是可以的；如果预习不充分，认读后马上就书写，书写后再回过头学课文，这样，本来上课的黄金时间就被识字写字占用得过多了。这是阅读课，把最有效的时间保证用来阅读会更好。

◆沈大安：

识字学词，任何年级都不能忽视。张老师从三年级学生具有一定独立识字能力这一基础出发，在预先接触过课文的前提下，进行了简约而扎实的生字词语的教学。有正音，有释义，有书写，分类指导，突出重点，渗透方法，讲求实效。

师：读书有一种很高的本领，就是把一篇课文读成一句话。想想，你能把《盘古开天地》这篇课文读成一句话吗？请默读课文，很快地找出能概括这篇课文意思的话。

生：人类的老祖宗盘古，用他的整个身体创造了美丽的宇宙。

师：真好！咱们一起读这句话。（生齐读）这句话概括了整个神话的主要内容。但有人说读书更高的本领是能把一句话读成一个词语。请同学们认真地读刚才那句话，想一想你能读成哪个词语？

生：创造。

师：看老师写"创造"这个词语。请大家注意观察"创"字什么旁？

生：立刀旁。

师：想一想，为什么要用"立刀旁"？

生：这个"创"字有时候也许是刻石雕。它要刻的，刻的时候用刀。

师：再看"造"字，"创造"的"造"为什么要用"走之底"？

生：要创造必须有行动啊！

师：是啊，"创造"需要工具，需要行动！我们今天就去看一看，盘古是怎样去创造这个美丽的宇宙的。

◆大刀赵六：

张老师要学生概括内容的方法是把文章读成一句话，一个词。这一做法在这篇文章中很适合，因为恰好本课的主要内容就是"一句话"。但，需要提醒大家的是，还有很多文章的主要内容不是"一句话""一个词"。那么，概括主要内容就应该提倡学生用自己的、简短的话说出课文的主要内容，而不是"一句话""一个词"了。

◆张祖庆：

这里的"读成一句话""读成一个词"并非在训练学生"概括文章主要内容"。《盘古开天地》一文，人教版教材安排在三年级上学期。对三年级孩子来说，读完文章后让其概括主要内容，是"拔苗助长"。显然，安排此环节的用意，在于让孩子们在整体感知的基础上，去捕捉文本的重点信息。

◆沈大安：

提领而顿，百毛皆顺。在信息时代，迅速捕捉重点信息，是一种必备的能力。张老师让学生把故事"读成一句话""读成一个词"，引导学生关注文眼，把握整体，这有助于孩子们形成整体把握文本的能力。"通往广场的路不止一条"，整体把握文本的方法，也有很多种。摘录重点句，找出关键词等，都是有效策略。

第五节 评课的原则

评课要以提高教师的业务素质和课堂教学水平为目的,倡导交流研讨式评课。根据新课程改革的精神,教师在评课时应遵循以下一些基本原则。

一、激励性原则

评课要从调动教师教学的积极性、主动性和创造性出发,要善于发现教师教学过程中的闪光点,要给教师理论上指导,方法上点拨,过程上反馈,使教师在评课的过程中得到启发,受到教益。

二、层次性原则

评课不能搞"一刀切",要根据评课对象区分对待。对于骨干教师,评课的标准要适当高一些;对于新任教师,标准可以适当低一点,要逐步提高要求。要根据"优质课"、"研讨课"、"汇报课"的不同要求区分对待。

三、针对性原则

评课要讲究效果,不要空话、大话、好话连篇,面面俱到,不深入实际。要抓住关键和要害,突出重点,讲究针对性,要提倡"一课一得"的课堂教学评价。

四、客观性原则

评课要实事求是,客观公正。要一分为二,坚持两点论,不能走向极端。教学是一门艺术,艺术的追求是无止境的,因此,课堂教学永远没有最好,只有更好。课堂教学也要与时俱进,要不断创新,不断适应新的教学理念对课堂教学的要求。

五、及时性原则

一堂课结束就要马上评课,否则,听课者往往对课堂教学的细小环节有所遗忘,以至于达不到共同提高的目的。

六、"心理零距离"原则

评课者要站在执教者与帮助促进者的角度去分析考虑问题,给执教者一个中肯的指导意见,特别是要用一种十分诚恳的态度去评课。让别人特别是执教者在一种融洽的氛围中,在一种轻松的心理状态下感觉到你的善意,乐意接受你的意见,这样才有助于执教者反思自己的教学,有助于教师教学水平的提高。

应用练习

●认真观看全国优秀小学语文教学观摩课录像,独立撰写一篇评课稿,并在全班进行交流研讨。

拓展学习

1. 余文森.有效备课·上课·听课·评课[M].福州:福建教育出版社,2010

2. 王荣生.听王荣生教授评课[M].上海:华东师范大学出版社,2007

3. 周勇,赵宪宇.新课程说课、听课与评课[M].北京:教育科学出版社,2004

第六章　教研技能

内容提要

　　具备必要的教学研究的技能,对于师范生和在职教师而言,具有重要的作用。本章分别从教研活动策划、课题研究实施和科研论文写作三方面入手,既从理论上阐述了当前教学改革要求下进行教学研究、课题研究的重要意义,更重要的是从实践层面,详尽地介绍了如何开展有效的教研活动和课题研究,如何撰写教学研究论文和教学研究报告等,从而培养教师和师范生的科研意识和科研能力。

关键问题

◆教研活动有哪些不同的活动形式?

◆怎样设计和开展教研活动?

◆如何选择研究课题?

◆如何实施课题研究?

◆科研论文的写作要求与格式规范?

教研活动是学校教学研究的主要形式。对于在职教师而言,掌握必要的教研技能,有助于提高教研活动的有效性,有助于解决课堂教学实际问题。对于师范生而言,了解教研活动的规律,掌握教研活动的方法,能够为将来的教学工作奠定良好的基础。

第一节　教研活动策划

一、教研活动的概念

教研活动是以促进学生全面发展和教师专业进步为目的,以学校课程实施过程和教育教学过程中教师所面对的各种具体的教育教学问题为研究对象,以教师为研究主体,以专业研究人员为合作伙伴的以校为本的实践性研究活动。

二、教研活动的目的

(一)解决教学问题

这是教研活动最基本的目的。在教学过程中,教师总是会碰到这样那样的问题。为了解决这些实践问题,就需要开展教研活动。在每一次活动中,老师们围绕普遍关注的问题或者亟待解决的问题,采用研讨的方式,探索问题解决的方案与策略。一句话,既然是教研活动,就一定是为教学实践服务的。

(二)提升教师水平

教师作为教学活动中的主要因素,其业务水平直接影响着教学质量。而教研活动是提高教师业务水平的重要途径之一。一般来讲,教研活动分为这样几个环节:发现问题,提出解决方案,实施方案,得出结论,将结论运用到实践中。其中,发现问题就需要教师有敏锐的问题意识。提出解决方案,需要教师把理论知识和教学实践有机结合。在方案的实施过程中,并非一帆风顺,往往会遇到各种问题,需要教师灵活处理。于是,在这个过程中,理论又一次深化,教学经验得到积累。并且,教研成果注入教学实践中,使教师自身的观念和态度发生根本性变化,学会用科学的眼光和科学的方法看待教学活动,无形之中也提高了教师的业务水平。

(三)促进学生发展

这是开展教研活动的最终目的。无论是提高教学质量还是提升教师的业务水平,最终目的只有一个,就是促进学生的发展,促进学生的个体成长。在教学实践中发现的问题,通过教研活动,制定解决方案,方案又运用于教学实践,更好地调动学生学习的积极性;通过教学手段的艺术化,教给学生有效学习的方法;通过新课程的改革实施,让学生真正成为学习的主人,促进学生的全面发展。

三、教研活动的原则

(一)目的性原则

目的性原则是由教研活动的特点决定的。所谓"目的性",是指教研活动是为了解决教学实际问题,所以,每一次活动目的都必须明确。现在的实际情况是,很多教研活动流于形式。比如,随便找点教育教学理论学习一下,或者随便开堂课,大家无关痛痒地评价一番,往往缺乏明确的目的与具体的要求,导致教研活动的低效甚至无效。

(二)计划性原则

为了保证教研活动真正落到实处,除了有效选择活动主题之外,还要保证每次教研活动有计划地进行。因此,要制定有效的教研活动计划。在制订计划的时候,要注意和教学实际挂钩,紧密围绕教师实际、学生实际,体现教学的重点、难点。教研活动要有长期计划、中期计划和短期计划,甚至每一次教研活动,都要有详尽的活动设计。

(三)探究性原则

开展教研活动,需要发扬探究精神。科研最基本的属性就是钻研和探究。然而,现在很多教师参加教研活动,就是抱着完成任务的观点,看过算数,听过算数。事实上,每一个教学问题的提出,并不是单靠一次活动就可以解决的。因此,需要教师养成探究的意识,培养探究的能力。

(四)发展性原则

任何一项研究活动,目的不仅仅是为了解决现有问题,更重要的是该项研究是否具有价值,是否有发展的可能。因此,在选择教研活动的主题时,也要注意选择那些有研究价值的内容,不仅应符合新课程改革的理念,还应有效促进新课程的后续发展。

四、教研活动的类型

(一)根据不同的教研目的和内容,教研活动可以分为研究活动、培训活动和研培活动三种类型

1. 研究活动

所谓研究活动,是指教师对于教学问题、教学现象进行研究、讨论,从而培养教

师发现问题、分析问题、解决问题的能力。其主体是教师,客体是教学问题。活动的根本目的是为了解决在教学中出现的教师个体无法解决的教学问题。研究活动具有灵活性、针对性与开放性,采用的方式主要是探索、讨论和合作。

2. 培训活动

所谓培训活动,是指通过培训,促进教师掌握专业理论知识,提高教师解决实际问题的能力。其主体是培训者(专家、行家等),客体是教师。培训活动的主要内容是教育教学的研究成果,是具有普遍指导意义的知识,如教学思想、教学原则、教学经验等。相比研究活动,培训活动是封闭的,相对简单、固定,干扰因素较少,容易选择。但是,有些培训内容可能脱离实际,导致培训活动有时不受一线教师欢迎。

3. 研培活动

所谓研培活动,是指研究活动和培训活动同时发生的一种教研活动。其主体是教师,培训对象也是教师,研究与培训同步并行。研培活动的内容来自于教学实践,在研究的同时,又以该问题为中心,进行相关理论的研习,研中有培,培中带研,促进教师理论水平、研究水平与解决实际问题能力的不断提高。

总之,三种教研方式地位是平等的,各有优势和不足。需要根据实际情况灵活运用,切忌生搬硬套,机械操作。

(二)根据不同的教研手段,教研活动可以分为问题式教研活动、随机式教研活动、反思式教研活动和专题式教研活动四种类型

1. 问题式教研活动

所谓问题式教研活动,是由教师提出自己在教学中遇到的问题,并借助教师群体的共同讨论,集思广益解决问题的教研活动方式。问题式教研活动具有较强的针对性,可以解决一些个性化问题,但是,研究易于缺乏深度,流于形式。

2. 随机式教研活动

所谓随机式教研活动,是指针对教师在教学中存在的问题,随时随地进行研究的教研活动方式。随机式教研活动最大的特点是灵活,有助于养成教师的问题意识。但是,这种教研活动往往缺乏系统性、深入性,不利于教师理论素养的提升。

3. 反思式教研活动

反思式教研活动,一般以年级组为单位,在一个单元的教学完成以后,对教学进行回顾反思,评估教学方法的有效性和适当性,并针对出现的问题,分析原因,寻找对策。

4. 专题式教研活动

专题式教研活动往往是一个系列的教研活动。首先是着眼于教学中最突出的问题或是最急待解决的问题,形成教研活动的主题,然后围绕这个主题,有计划地组织各次研讨活动,最后对活动进行总结和评价。专题式教研活动具有全程性、系统性和相对延时性的特点。

五、教研活动的策略

(一)选择合适的活动主题

上海教育科学研究院王洁博士认为,教研活动主题的确立一般要经过三个环节:公开、集中、筛选。"公开"是指通过各种途径将教师内心的需要公开出来,换言之,就是将教师内隐的想法、观点显现出来;"集中"是指将教师内心的需求集中,放在一个矩阵(见下图)中进行梳理,在不同的象限中评析并聚焦;"筛选"是指为每一个矩阵中的每个项试着打分之后,在平衡的基础上,确定研修的主题。

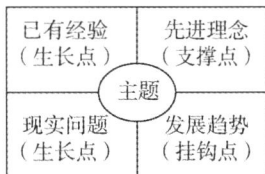

例如用这个矩阵来筛选"新课程备课活动"的主题。如果目前备课的现实问题是"形式大于内容",即备课归备课,上课归上课,发展趋势是版块式备课,先进理念的支撑点是"三维目标"、"生成与预设",已有经验是"精彩的生成基于巧妙的预设",那么,这次活动的主题就可以定为"三维目标引领下的版块式备课"。

(二)活动载体和学习形式的有效选择和组合

回顾我们的教研活动,较为常见的有听课、说课、评课活动,请专家做讲座,经验交流(观点报告、读书活动)等,有时候这些活动是组合着进行的。活动载体大约有两种:一是他人的(包括教育行政部门、专家、同伴)的观点、经验;二是教师自己的认识和经验。由此表现出来的学习形式是看、听、写、说、做以及蕴藏在这些外显的形式背后的隐性的思考。

事实上,每个人的学习和成长,都是建立在自己原有的认知基础上的,人们通过看、听、说、写、做等形式向上一级认知水平攀升,载体的意义就在于为看、听、说、写、做提供具体的内容(如下图)。

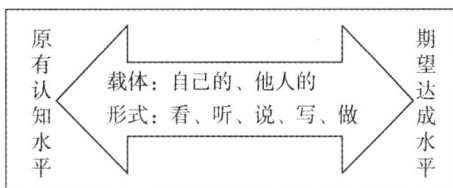

由此可见,教研活动的实质应当是,通过活动在学习者原有的认知水平与期望达到的认知水平之间搭建"桥梁"。我们应当从学习者原有的认知水平与活动所期望达到的认知水平两个端点出发,寻找载体。在载体初步选定以后,用这两点为依据来分析载体,确定相应的学习形式与活动流程。

(三)明确教研活动中每个环节的活动任务

目前的教研活动,大多采用口头或文件的形式告知活动参与者有关活动的流程与时间安排。作为活动参与者,只知道活动各个环节的内容,却不知道自己在活动中的具体任务。所以,活动中参与者往往处于被动状态,而这种状态会影响到他们在活动进程中的思考力与收获。

(四)梳理并提升活动成果

开展教研活动的最终目的在于提升教师教学理念,提高教学质量。但是,在实践中往往是活动归活动,教学归教学。如何使教研活动中的先进理念真正植根于教师心中呢?很重要的方式就是要及时梳理并提升活动成果,进一步促进教师对相关主题的研究、思考和实践。

第二节　课题研究实施

课题研究是教育科学研究的一种基本形式,它是推进教育改革、提高教育教学质量的重要途径,也是提升教师理论素养和科研能力的有效手段。伴随着基础教育课程改革的不断深入,越来越多的中小学教师积极参与各种教育教学课题研究,并且取得了显著的研究成果,为基础教育的发展做出了重要贡献。

一、选择研究课题

课题的选择简称选题,是指研究者在某一研究领域内选择和确定需要进行探索并予以解决的有关实践问题或理论问题的过程。它是研究工作的起始环节,不仅关系到整个研究的具体内容,也在一定程度上决定了研究过程中采用的方法和策略。

(一)课题选择需要遵循的原则

1. 需要性原则

课题的选择和研究,根本目的是为了解决教育教学实践中出现的问题。所以,选题应从实际需要出发,可以是教育教学实践的需要,也可以是教育理论发展的需要。如"语文课程的价值取向问题",就是针对语文课程多元解读中出现的"解读无序化"现象而提出的,具有现实指导意义。

2. 科学性原则

所谓科学性原则,一是指研究的课题必须符合教育学的理论和教育学的规律,必须有明确的理论依据和科学性;二是指我们从实践中选择的课题要有可靠的事实依据和很强的针对性。如果只靠个人的主观臆断和猜测,课题研究一开始就失去了价值。当然,确定一个研究课题是否科学并不是一件容易的事情,它需要经过反复的调查与论证。一句话,要实事求是地建立在实证的基础之上。

3. 创新性原则

创新是科学研究的灵魂,它体现了科学研究的价值之所在。一项研究应该达到,或是在理论上有所突破,或是在应用上有所创新。因此,教师在确定研究课题之前,需要认真总结前人的研究成果,要广泛地查阅文献资料,了解所要研究的课题目前已有的结果和达到的水平,从而选择别人没有涉足的研究空白领域。如果选择了同一个课题,那就更需要仔细研究他人的研究成果,在此基础上确定研究的切入点。

4. 可行性原则

可行性原则是指教育科研课题的选择,应当具有开展研究的可行性。美国学者莫顿说过:"选题不能草率,如果根本没有实现的可能,选题就等于零。"所以,研究者必须充分考虑,课题经过一段艰苦的研究以后是否可能实现或可能被解决。

选题是否可行,需要考虑以下因素:一是客观条件是否具备。包括文献资料是否充分,研究时间是否充裕,研究经费是否落实,研究环境是否适宜。对一线的教师而言,进行课题研究最好能够和自己的教学实践紧密挂钩,同时,学校对于教学研究是否支持也将直接影响研究的进程。二是主观条件。包括研究者个人的具体情况,比如知识基础、专业特长、教育工作的实践经验、教育科研的相关经验以及应当具备的邻近学科的相关知识等。

对于一线的教师,务必充分考虑自身的研究能力与研究课题大小难易是否相称,应该选择一些密切结合教学实际、内容比较具体、难度适中的课题,切忌好高骛远,贪大求全。

(二)研究课题的基本类型

按照不同的分类标准,可以把教育科学研究课题分为不同的类型。

1. 从研究的性质看,研究课题可以分为理论性课题和应用性课题

理论性课题是指对教育规律的探索、方法论的研究、有关现象的特点的揭示以及某些教育观念、教育思想的分析。如"部分山区普及九年义务教育的研究"、"中小城市小学生思想状况与教育"、"农村校园文化建设研究"等课题。这类课题一般不针对某一具体教育现象,其研究成果具有较广泛的指导意义。

应用性课题是指运用基础理论研究得出的一般知识、原理、原则,针对某一具体实际问题,研究某一局部领域的特殊规律,重点在于如何把教育教学理论转化为有效的教学方法和手段,从而把基础教育教学理论和教学实践有机结合起来。

2. 从研究的内容看,研究课题可以分为综合性课题和单一性课题

综合性课题主要指同时涉及教育若干领域或若干方面内容的课题。如"××城市中小学教育综合改革研究"、"研究性课堂的理论建构与实践探索"等。综合性课题一般要下设几个子课题,组织较多的研究者协作完成。

单一性课题主要是对教育教学的某一方面或某一现象进行探讨。如"小学语文合作学习中教师有效介入的研究",就是针对小学语文合作学习中教师如何有效介入这个单一问题的研究。

3. 从研究的手段看,研究课题可以分为实验性课题和描述性课题

实验性课题主要指通过实验设计来实现研究目的的课题。描述性课题主要指通过调查研究、资料分析、逻辑推理等手段实现研究目的的课题,又称论理性课题。

4. 从课题的来源看,研究课题可以分为规划课题和自选课题

规划课题是指由教育行政部门批准立项的课题,分为国家、省、市、区(县)级课题等,由教育行政部门委托各级教育科研部门进行规划、申报、评审和管理。规划课题具有宏观性、前瞻性和理论性,研究偏重学术性、理论性。

自选课题是指由研究者自行选定研究内容,由教师个人独立或教师小组合作承担的课题。它往往切合教师教育教学实际问题,对改进教师的教育教学现状,促进教师专业发展发挥积极的作用。

(三)研究课题的来源

教育研究课题的来源十分广泛,概括起来,主要有以下几个方面。

1. 从教育发展需求中发现课题

社会的发展,对基础教育提出各种要求,与此同时,教育教学的许多弊病也会呈现出来。因此,每个教师要时刻关注教育改革发展的走向,尤其要关注教育教学的热点问题,从热点问题中去发现值得研究的课题。

2. 从教学实践中发现课题

教师在教育与教学过程中,往往会面临各种情况,碰到各种问题。针对这些问题,教师应当从学术的角度进行思考和分析。可以包含两种情况:一是对自己教学经验的及时总结和提升,二是对教学行为的回顾与反思,发现矛盾与问题,总结失败的教训,并且从中提炼教育研究的课题。

3. 从教育理论中发现课题

教育教学离不开理论的支持。因此,教师应当养成经常读书的习惯。在阅读中,积累教育理论,了解教育研究信息,结合自己的教学实践,有目的地进行收集、筛选和整理。这样往往可以提炼出有价值的研究课题。

4. 从各种信息交流中发现课题

在教育教学过程中,教师常常和学生、家长、同事、朋友进行着多向的信息交流。在交流中,往往蕴含着大量的教育教学研究信息。因此,教师要善于把握,善于思考,敏锐地发现有价值的教育研究课题。

二、文献检索分析

文献检索是指将信息按一定的方式组织和存储起来,并根据信息用户的需要

找出有关的信息,所以它的全称又叫"信息的存储与检索"。在教学研究中,我们也可以称为"文献查阅"。文献检索能够帮助研究者准确掌握研究问题的实质和背景,避免低水平重复的研究。

(一)文献检索的基本要求

1. 全面性

全面性不仅指文献检索要涉及文献资料的几种类型,即一次文献、二次文献和三次文献,而且还要尽可能收集相关的资料甚至是接近的资料;不仅要收集理论性的资料,也要查阅已经研究过的相关课题资料;不仅要查阅国内的,也要查阅国外的,甚至可以把检索的视角指向古代的相关文献。

2. 准确性

为了做到准确性,一应当注重查寻第一手材料。因为转过好几手的材料,往往不能确保资料的准确性。二应当注意查询新的材料。因为新的文献资料总是要总结以前的文献资料,所以会更全面、更可靠。

3. 勤于积累

勤于积累表现在两个方面:一是在进行文献检索的时候,要勤于整理。阅读时随时做好笔记,而且还要对笔记定期进行归纳整理。二是指平常要多阅读相关资料,可以是报纸杂志,可以是论文资料,也可以是书籍期刊。一句话,不积跬步,无以至千里;不积小流,无以成江海。

4. 善于思考

文献资料具有数量大且分散,更新快且失效快的特点。要想准确了解教育研究领域的新问题、新观点,必须在文献查阅过程中善于思考。只有善于分析,勤于思考,才能从文献中收集到自己研究需要的内容,才能借助文献确定自己的研究起点和研究内容。

(二)文献检索的一般步骤

1. 分析研究课题

这是进行文献检索的第一步。在文献检索前,必须了解该研究课题的性质是什么,属于教育教学的哪个范畴和领域,所需要的文献的类型、检索关键词等,从而制定文献检索的策略与方法。

2. 选择检索工具

文献检索效率的高低,和文献检索工具的选择有直接的关系。常用的文献检索工具包括目录型检索工具、题录型检索工具和文摘型检索工具。研究者应当了解各种检索工具的性质、内容和特点,以便选择与课题适宜的检索工具。

3. 确定检索途径和方法

教育研究中常用的检索途径有分类索引、著者索引、主题索引等。如果课题检索所需要的文献范围较广，则可以选用分类途径，检索法可以选择顺查法，有利于全面了解课题研究的背景发展和现状。反之，如果课题检索所需要的资料比较专比较深，就可以选用主题途径，选择的检索方法可以是倒查法和抽查法，以便于获取最新的文献资料信息。

4. 根据文献线索，查阅原始文献

根据检索所获得的题录和文章，研究者就可据此查询文献的作者、出处，从而在馆藏中查到原文或者向其他收藏单位索取原件或是复印件。只有多练习，才能既快又好地检索文献，提高检索效率。

（三）文献综述的撰写

文献综述是研究者在搜集、研读文献资料之后，对一定时期内某一学科、某一专业或某一研究专题的发展历史、当前状况及发展趋势进行比较系统、全面的综合概括和评论。

文献综述包括以下几部分内容：标题；内容摘要；正文，这是文献综述的主要内容，包括某一课题研究的背景、现状、基本内容、研究方法的分析，已解决的问题和尚存在的问题，以及发展趋势等；附录，即参考文献，说明文献综述所依据的资料，增加综述的可信度，便于读者进一步检索。

三、研究的构思与设计

研究的构思和设计是一项非常复杂的工作，它是开展课题研究的行动计划。可以这样说，科学严密的研究设计是教育研究得以顺利开展的前提，是研究工作取得最终成功的重要保障。一般来说，研究设计主要包括提出研究假设、确定研究对象、选择研究方法、分析研究变量和制订研究方案等内容。

（一）提出研究假设

所谓假设，是对选题提出的问题作假想性的回答，是研究者根据一定的经验事实和科学理论，对研究问题作出的一种推测性和假定性说明。

例如，课题"在语文教学中培养学生创造力的研究"，其研究假设可以是：

(1) 在语文阅读教学中，注重文本多元解读，可以提高学生的创造力；

(2) 创设民主、平等、和谐的教学氛围是创造性思维活动的必要条件；

(3) 掌握创新策略，能使学生的创造能力有普遍的提高。

一个好的研究假设，能集中反映前期探索的成果，能指明后续研究的方向，可以提高研究活动的创造性。

（二）确定研究对象

课题规定了研究所要涉及的对象，但是，由于时间、财力、物力、精力等因素的影响，不可能对所有的对象进行研究，因此，必须根据研究的需要，选择、确定研究对象。这就涉及研究中的总体和样本的问题。

1. 总体、样本和抽样

总体，即研究对象的全体，是研究对象的所有个体单位所构成的全体。样本，是从总体中抽取出来的，对总体而言具有代表性的一部分个体，又称为样组。样本中所包含的个体数量称为样本容量。抽样，是遵照一定的规则，从一个确定的总体中抽取一部分有代表性的样本的过程。抽样的目的在于根据对样本进行研究的结果来获得有关总体的认识。

2. 抽样的基本要求

正确的抽样应遵循随机性原则。即指在进行抽样时，总体中每一个体被抽选的概率（即可能性）是完全均等的。为了避免主观因素的影响，研究者可以采用抽签、查随机数目表等抽样方法，也可以利用计算机随机抽样来确定具体的研究对象。

此外，抽样时还应注意确保样本的代表性。所谓样本的代表性是指要尽可能使抽取的样本能够代表总体。保证样本的代表性，一是关注样本的均匀程度。样本越均匀，误差越小。比如"浙江省小学生语文课外作业现状"的调查研究，研究者应分别从浙江省大中小城市各类小学，以及城市乡镇农村各类小学进行取样，这样才能保证样本的代表性。二是抽样数目越多，误差越小。三是选择合适的抽样方法。一般而言，不重复抽样比重复抽样误差小，机械抽样比随机抽样误差小，分类抽样比机械抽样误差小。

要保证合理的样本容量。在教育研究中，样本达到或超过 30 为大样本，低于 30 为小样本。在调查研究中一般采用大样本，在实验研究和观察研究中一般采用小样本。研究者要综合考虑各方面因素，如研究的类型、允许误差的大小、预定分析的精确程度、总体的同质性、研究者的人力和物力、取样的方法等，使抽取的样本既满足统计学上的要求，又符合实际的研究条件，并使误差减少到最低程度。

（三）选择研究方法

在研究设计中，要合理地选择研究方法。随着教育教学研究的发展，越来越多的研究方法被研究者所运用和创新。除了观察法、调查法、经验总结法、实验法、文献资料法等传统的研究方法，生态学研究、行动研究、质的研究、跨文化研究等许多新兴的研究方法也开始被广泛运用于教育教学研究领域。

1. 经验总结法

(1)经验总结法的含义

所谓经验总结法,就是在不受控制的自然状态下,依据教育实践所提供的事实,按照科学研究的程序,分析概括教育现象,揭示其内在联系和规律,使之上升到教育理论的高度,促进人们由感性认识转化为理性认识的一种教育科研方法。也就是将大量丰富而多彩的教育经验提升为教育理论的方法。

作为第一线的教育教学工作者,经过长期实践,总是或多或少地积累了一定的教育教学经验,对教育教学问题有自己独到的认识和体会。如果有意识地总结教育教学经验,那么,每个教师都可以成为研究者。

(2)经验总结的一般步骤

①确定总结对象

一般来说,经验总结应以突出贡献为前提来确定研究对象,也可以选择那些教育教学中急需解决的、有研究价值的、有典型性和代表性的课题。

②制订总结计划

总结计划是总结经验过程的构想。它包括经验总结的目的、任务和基本要求,组织和人员安排,总结实施过程的程序,对象的确定,经验的验证及经费支出等。

③收集事实资料

教学事实资料包括两大类:一是反映前后变化的资料,二是促成这些变化的资料。收集的材料可以是书面的材料,比如教师的教案、学生的作业等;可以是教育教学现场的观察材料,比如听课记录、教学视频以及课后的教学反思与评价;也可以是研究者的调查材料等。

在进行原始材料积累和记录的时候,一定要遵循客观性原则,力求做到真实、准确、实事求是。对经验所带来的效果不要随意夸大,对实施的方法和手段不要随意更改。

④整理分析资料

整理分析资料包括核实资料、筛选资料和提炼升华资料。

根据经验总结的目的,首先需要对资料的可靠性进行核实,要做到去伪存真,删繁就简。但是,所有与经验相关的事实,并不是都可以深刻地说明问题的。因此,需要对这些资料进行反复筛选。做到去粗存精、删掉无关紧要的材料;做到去伪存真,真正保留那些能够反映事实真相的材料;做到由此及彼,由表及里,把零散的事实资料有机地联系起来。经过筛选的资料,应当具有新颖性、必要性、充分性。

教育经验事实的提炼,是根据经验总结的目的要求,从教育经验事实出发,依据教育基本理论,对事物或现象作出科学的概括与界定,揭示它们之间的本质联系。从局部经验中发掘普遍意义,使感性认识升华为理性认识,并聚焦出经验的主题。

⑤组织论证

经过之前的几个步骤,研究者就可以写出初步经验总结的草稿。接着,应以经验总结者为主体,邀请教育主管部门的领导、教育专家、教育理论工作者、教师和学生代表参加,召开总结经验论证会议。通过论证,考察经验总结是不是符合科学认识的逻辑性,是不是反映了教育发展的客观规律,并指出它存在的局限性,以便进一步修正与完善总结。

⑥撰写总结报告

撰写经验总结报告是经验总结的最后一个环节,是最后的成果呈现。应该在初步经验总结的基础上,充分吸收论证过程中的意见与建议,对研究结果再次进行深入思考,并写出书面总结报告。经验总结报告可以呈报上级部门审核,也可以印发给有关单位或个人,还可以向专业报刊、杂志推荐发表,以获取教育经验总结的社会效益。

2. 观察法

(1)观察法的含义

观察法是指利用感官以及必要的辅助设备,对自然状态下的教育现象进行有目的、有计划的考察,以获得经验事实的一种科学研究方法。

(2)观察法的类型

根据不同的分类标准,可以将观察法分为以下几种类型。

①自然情境观察法和实验观察法

根据是否设置、控制观察情境,分为自然情境观察法和实验观察法。

自然情境观察是在自然状态下进行的观察,即研究者对观察环境不加控制与改变的状态下进行的观察。它又可以进一步分为隐蔽观察和公开观察两种方式。前者,被观察者并不知道自己被观察;后者,则是让被观察者看到观察人员,并且知道自己正在被观察。两种方法的效果是不一样的,要根据具体情况合理选择。

实验观察是指在人工控制的环境中,观察被试在特定情境中的行为表现。在实施过程中,研究者必须对影响观察对象行为表现的具体因素加以严格控制,然后观察并记录这种控制对观察对象的影响,从而确定控制因素与被观察者行为表现之间的关系。

②参与观察法和非参与观察法

根据观察者是否直接参与观察对象的活动,分为参与观察法和非参与观察法。

参与观察是指观察者直接参与被观察者的活动,作为其中一员,并进行观察,从而系统地收集资料的方法。比如,教师在进行教学实践活动中,一边实施活动,一边进行观察。他既是活动参与者,也是活动观察者。

非参与观察是指观察者以旁观者的身份对观察对象进行观察。非参与观察的优点是能够不受被观察者的影响,进行比较客观的观察。但是这种观察方法不容易深入了解被观察者的内部情况。

③结构性观察法和非结构性观察法

根据观察是否有统一设计的、有一定结构的观察内容和相应的要求,分为结构性观察法和非结构性观察法。

结构性观察是指观察者根据事先设计好的提纲并严格按照规定的内容和计划所进行的可控性观察。它的特点是结构严谨,计划周密,观察过程标准化,能够获取大量现实的材料,便于定量分析。但采用这种方法观察缺乏弹性和灵活性。

非结构性观察正好相反,是观察者预先对观察的内容与计划没有严格的规定,而是依据观察现场的实际情况所进行的观察。它的特点是弹性大,可根据实际情况随时调整观察的计划和内容。缺点是整理资料的难度大,不容易进行定量分析。

(3)教育观察的一般步骤

①明确观察目的

根据研究任务和观察对象确定观察目的。为了明确观察目的,应该做大略的调查和试探性观察。其目的不是为了进行资料的收集,而是为了了解和掌握研究对象的基本情况,以便正确地计划整个观察过程,避免研究者的主观随意性。

②确定观察对象

确定观察对象通常包括两个环节:一是确定观察的总体范围,二是采用抽样的方法确定观察的个案对象。

③选择观察方法

观察方法的种类很多,有效的观察方法能够保证研究的顺利进行。因此,要根据研究课题的需要和研究的实际条件来选择观察的途径和方法。

④制定观察计划

观察研究怎样进行,观察的程序是什么,先观察什么,后观察什么,观察多长时间,间隔多长时间进行重复观察等问题在观察之前都要做出周密的计划和安排。

⑤实施观察,进行观察记录

实施观察是教育观察研究的核心环节。在观察中,要尽可能严格按照观察计划实施观察,不轻易更换观察重点,改变观察范围。如果在观察过程中发现原有计划不够妥当,或者观察对象有所变化,则应根据实际情况调整计划,以保证既定任务的顺利完成。

观察记录的方式主要是描述记录和取样记录。一般而言,描述记录能够保持行为、事件的真实面貌,适用于对个别对象的观察研究。较之描述记录,取样记录更具客观性,又节约时间,能够提高观察的效率。

⑥结果统计与分析

观察结束以后,要对观察材料进行整理和分析。要仔细检查所有记录材料,看分类是否恰当,如有遗漏或错误要及时更正。如果所需材料尚不齐全,就要延长时间继续观察,直到获得足够的研究资料为止。

⑦撰写观察报告

观察报告不仅要写清被视察对象的自然情况,还要写清观察过程中出现的现象,包括观察现象所发生的背景以及观察资料的统计结果和经分析、推论得出的结论。结论可以是发现的规律,也可以是发现的问题。

3. 调查法

(1)调查法的含义

教育调查法是指研究者在科学方法论和教育理论的指导下,通过运用问卷、访谈、测量等科学方式,有目的、有计划、系统地收集有关教育问题或教育现状的资料,获得关于教育现象等科学事实,从而探索教育规律的一种研究方法。

(2)调查法的类型

根据调查研究的方式不同,分为问卷调查、访谈调查和文献资料调查。

问卷调查,是指根据一定的研究目的设计问卷,以书面形式向调查对象收集资料,通过统计分析,揭示某种教育的本质及其规律的调查方式。问卷调查具有简便易行、调查面广等特点。但是,一些因素也会影响调查结果的科学性,比如问卷设计不合理,被调查者的回答真伪难辨等。另外,通过问卷调查的方法,有时候很难深入了解形成现状的原因。

访谈调查,是指调查者通过谈话的方式,向调查对象了解情况、搜集资料的一种研究方法。与问卷相比较,访谈调查具有如下优点:第一,灵活性强。可以采取个别访谈,或召开座谈会等方式进行;可以直接访谈研究对象,也可以通过与访谈对象有关的个体间接了解研究对象的方式进行。在访谈过程中,还可以根据实际情况灵活调整计划。第二,适用范围广。访谈调查适用于任何对象,尤其适用于文化层次比较低的对象,如儿童和文盲。第三,成功率高。出于对研究者的礼貌,被调查者往往愿意配合,同时,由于是面对面的调查,被调查者的回答往往真实可信。

文献资料调查是通过已有的文字、音像等资料间接了解研究对象的一种调查法。在一般情况下,文献资料调查法不单独使用,而是作为一种补充方法配合其他方法使用。

(3)调查研究的一般步骤

①调查前的准备工作

准备工作的完备与否,直接影响到调查工作的展开和最后的研究效果。调查前的准备工作包括确定调查课题、选择调查对象、明确调查内容、选择调查手段、准备调查工具和制订调查方案。

②开展调查,搜集资料

按照预定方案开展实地调查,搜集相关原始资料,这是教育调查研究的重要环节。它包括发放和回收调查表、调查问卷、测验量表,召开座谈会,访问调查对象等。

③整理分析资料

整理分析资料可以分为四步走,分别是检查、汇总、摘要和分析。在对材料进行统计分析之前,必须对材料的完整性、一致性、可靠性进行认真仔细的检查。然后把这些分散、片段、零乱的原始材料归类、综合或分组,进行汇总统计。同时,要摘录那些内容丰富、生动具体的原始材料,使资料分析不局限于几个抽象的数据。最后应该从定性研究和定量研究入手,对调查材料进行分析研究。

④撰写调查报告

调查报告的撰写,是调查研究过程中最后的也是最重要的一步。撰写调查报告绝不是东拼西凑地罗列情况,而是一项实事求是的艰苦工作和创造性的劳动。调查报告一般由导言、正文和结论三部分组成。

4. **实验法**

(1)实验法的含义

教育实验法是研究者运用科学实验的原理和方法,以一定的教育理论及其假设为指导,有目的地控制和操纵某些教育因素或教育条件,变革研究对象,以验证研究假设,探讨教育教学规律的一种研究方法。

(2)实验法的类型

①根据实验控制是否严密,分为真实验和准实验

真实验是对所有可能影响实验效果的因素都作充分的控制的实验。如能随机分派被试,完全控制无关干扰因素,能系统地操作实验因素,从而使实验内外在效度都很高。

准实验是不能随机选择被试,不能完全控制无关变量的实验。教育实验主要采用自然实验法,因此实验对象和实验环境很难做到充分严密的控制。所以,教育实验绝大部分属于准实验。

②根据实验的分组情况和实验因素的操作方式,分为单组实验、等组实验和轮组实验

单组实验是指被实验者仅有一组,只能前后比较的一种实验形式。这是一种比较简单的实验形式,是以一人或一班学生为实验对象,控制一种或几种实验因素,然后测量这些实验因素所产生的结果,以求出结论。

等组实验是把被实验者分为人数相等、能力相等的两组或三组。其他条件如教师能力、教材内容、教学时间、教室环境等,也都应当相同。各种条件相等后,再给以两个或两个以上的实验因素,分别应用于这两组以上的学生,经过一段时间,再测量实验因素所产生的结果,以求得结论。

轮组实验是被实验者有两组,而两组的人数和能力是相等的,也可以不是相等的。将两个实验的因素,轮流在两组实验,然后比较其结果。

③根据实验的自变量的多少,分为单因素实验、双因素实验和多因素实验

单因素实验是指在实验过程中,仅施加一个自变量的实验。它的难度小,操作比较容易,多用于单科、单项实验。

双因素实验是指在实验过程中,施加两种实验因素的实验。

多因素实验是指在实验中施加了三个及以上的实验因素的实验。如北京教育学院所作的"小学语文能力整体发展的实验"就是涉及语文课程、教材、教法三个因素的多因素实验。

(3)实验研究的一般步骤

①实验的准备阶段

准备阶段主要包括选择课题,提出假设,确定变量,选择样本,确定实验的组织形式和具体方法等。

实验假设是实验的核心与灵魂,是研究者对所要研究的变量之间关系的一种假定。实验假设至少应包含两个变量,并说明变量之间的某种关系,且预计会被实验所证实。实验变量包括自变量、因变量和无关变量三种类型。自变量的选择,因变量的测量和无关变量的控制,是教育实验设计的核心内容。

②实验的实施阶段

实验的实施阶段是实验的实质性阶段。研究者和实验人员应按照实验设计,有条不紊地展开实验。各个阶段和过程的主要任务是按照实验设计进行实验处

理;采取有效办法,消除无关变量的影响;搜集实验数据和其他实验资料,随时观察和测量操纵自变量所产生的效应。

③实验的总结阶段

这个阶段的主要任务是整理和分析数据,在统计分析的基础上对变量作因果分析,肯定或否定实验假设,得出科学结论,评价实验结论并撰写实验报告。

(四)分析研究变量

其实,教育研究的过程就是揭示变量之间的关系的过程。变量主要包括三种类型:自变量、因变量、无关变量。

1. 选择自变量

自变量又称刺激变量,即研究者掌握并主动操纵,能够促使研究对象变化的变量,是引起或产生变化的原因。

2. 确定因变量

因为自变量的变化而产生的现象变化或结果称为因变量。因此,自变量和因变量是相互依存的,没有自变量就无所谓因变量,没有因变量也无所谓自变量。

3. 辨别无关变量

无关变量,也称控制变量,指与自变量同时影响因变量的变化,但与研究目的无关的变量。在选择研究变量时,必须辨明无关变量,考虑哪些无关变量可能对研究结果有影响,需要在研究过程中加以控制。否则,就无法确定因变量变化的真实原因。

(五)制定研究方案

研究方案又称课题研究方案或课题研究计划,它是在研究设计基础上对整个课题研究过程的全面规划和具体安排。研究方案的基本结构如下。

1. 课题名称

课题名称要准确、醒目,使人一见就大致了解研究的主要内容。一般来说,课题名称至少要表达三方面要素:一是研究对象,二是研究内容,三是研究方法。比如,"杭州市职前教师文本解读情况的调查研究",研究对象是杭州市的职前教师,研究内容是职前教师文本解读情况,研究方法是调查研究。另外,课题名称还要求简明扼要,通常情况下,字数应控制在 20 以内。

2. 课题研究的意义

课题研究的意义就是回答"为什么要进行这个课题研究"的问题,它的目的在于使人们(包括研究者本人)认识到进行该课题研究的必要性和重要性。这一部分内容可以从两方面来阐述:一是描述同类研究的现状及趋势,包括国内、国外研究的概况;二是说明研究的意义与价值。要详细阐述本课题所研究的问题对于当前的教育教学起到什么样的作用,对今后一段时期的教育教学会产生什么影响,发挥什么作用,等等。

3. 课题研究的理论依据

教育科学研究必须以一定的教育学、心理学理论以及相关政策法规等作为研究的理论依据。通常情况下,一个研究课题的提出,总是归属于一个或者几个研究领域的科学体系,其中作为研究这个课题所必需的概念、定理、原则等理论体系就构成了支持该课题研究的理论依据。研究者必须为自己的研究课题寻找到科学的理论依据和思维方法论依据,以理论来指导实践,用实践来验证理论。

4. 课题研究的主要目标

通俗地说,研究目标就是该课题对所研究的问题要解决到怎样一个程度,会对教育教学产生怎样的影响和作用。在课题研究方案中,研究目标的表述要有针对性和概括性。伴随着研究活动的深入开展,研究目标也需要在实践中不断发展与完善,并不是一成不变的。因此,我们在确立研究目标时不要过于具体细致,可以采用一段文字综合起来进行描述。

5. 课题研究的基本内容

研究内容即研究问题,它是研究方案的主体。一般来说,研究内容的多少与课题的大小有直接的关系。研究课题越大,相应的研究内容就越多;相反,研究课题较小,研究的内容也就较少。不论课题大小,研究内容都必须具体明确,不能太过笼统。

6. 课题研究的方法

研究方法的确定,要根据研究的类型。如理论研究可以采用文献研究法,应用研究可以采用实验法、调查法。同时,要考虑课题研究的问题适合采用何种方法来解决,从"问题"出发来思考具体的研究方法。另外,还要看研究的目的,也就是问题的解决要达到怎样的程度。

7. 课题研究的步骤与进度

研究步骤是有关课题研究的实施程序和时间安排的总体设计。研究者要交代清楚整个研究过程分为哪几个阶段,每一个阶段的主要工作是什么,每一项工作有什么要求;还要交代清楚每一个阶段需要的大致时间;课题组成员的具体分工;等等。

8. 课题研究的预期成果

课题方案中还应该设计好研究的预期成果,包括研究成果的数量、形式以及成果应用的对象和范围。研究成果的形式多种多样,学术论文、研究报告、专著、教材、教学软件、教学光盘等,都是课题成果的不同表现形式。

9. 课题研究的保障条件

课题研究要取得预期成果,还必须具备一定的主客观条件。具体来说,研究条件主要包括人、财、物三个方面。"人"是指课题组成员的知识结构、专业特长、实际经验、科研能力、已取得的相关成果以及在课题组内部的任务分工等。"财"是指研究经费,在研究方案中要对研究经费做好认真计划和合理预算。"物"是指开展课题研究所依赖的其他物质条件,如实验设备、教学设备等。

四、收集、整理和分析资料

研究资料的收集、整理和分析贯穿于教育教学研究的全过程,对于课题研究的展开,起着至关重要的作用。

(一)资料的收集

通过各种方法从研究对象身上直接收集到的科研资料,称为原始资料。资料的真实性和准确性直接关系到研究结果的科学性和可靠性,所以应严格按照设计方案规定的方法和要求,进行资料收集。

(二)资料的整理

资料的整理,就是运用科学的方法,将收集的原始资料按照研究方案要求进行审核、评价、分类、汇总,从而使资料系统化、条理化、完整化、清晰化,反映客观事物的本来面貌,并以集中、简明的方式反映研究对象的总体情况。

(三)资料的分析

1. 逻辑分析方法

所谓逻辑分析,主要是将丰富的现象材料,经过思维过程,去粗取精,去伪存真,由此及彼,由表及里,形成概念和理论系统。逻辑分析主要是通过分析与综合、抽象与概括、归纳与演绎进行的。

2. 统计分析方法

统计分析方法主要是将丰富的现象材料经过统计学的处理,通过比较和对照,找出研究现象中的矛盾及其内在联系,了解运动的趋势,揭示事物发展的规律。

3. 定性分析与定量分析的综合

定量研究与定性研究是贯穿教育研究的两条主线,各有特点和优势。教育教学是非常复杂的社会人文现象,在教育研究领域中定量研究和定性研究单独使用,往往无法解释或回答所有的问题。因此,需要将两者综合起来运用。

五、研究成果表述

小学语文教学研究成果的表述形式多种多样,主要有教学札记、教学论文、教育叙事和研究报告等。这部分内容将在第三节做具体阐述,在此不再赘述。

第三节　科研论文写作

一、教学论文的写作

这里的教学论文,是广义的概念,是指和小学语文教学相关的所有学术论文。

(一)教学论文的基本格式和要求

1. 标题

标题应居中排列,字数少的,可以空格。副标题应在前面加一个破折号,正副标题开头不要完全对齐。标题字数太多,可以转行,但是转行时既要考虑一行里词或词组的完整,又要注意长短搭配,讲求美观。标题的写作要求是:

(1)明确得体

论文题目要明确,不含糊,能准确表达论文内容,反映研究的范围和深度。一般来说,论文题目宜小不宜大,这样才能写深写透。

(2)简短精练

论文题目的字数要少,用词需要精选。一般要求论文题目不超过 20 个字。

(3)新颖醒目

标题要新颖,才能吸引读者。可以对还没有研究的课题开展研究,也可以对研究过的问题有所突破。

2. 作者单位和姓名

作者姓名放在标题下面,居中排列。两人以上署名,名字与名字之间应空一格。作者单位放在姓名下面,占一行。基本要素项依次为:单位,所在省市名,邮政编码。二级单位之间空半格,省市名之间空半格,省市名与邮政编码之间空一格,单位与省市名之间用“,”隔开,省市名与邮政编码之间无标点。基本要素要用圆括号括起来。

3. 摘要

置于“作者单位”下,前用“摘要”二字加冒号标出。摘要应含全文的主要信息,概括论文的中心论点、研究角度及研究方法,还可以对研究成果作一简单的价值评估。摘要应简明扼要,一般控制在 300 字以内。

4. 关键词

这是以词语形式表达的论文摘要,一般是论文中反复出现、起到点明和强调论文题旨作用的关键概念、术语等。关键词一般控制在 5－6 个左右,词与词之间用"；"隔开,最后一个词后不加标点。如果摘要省略,关键词也省略。

5. 正文

正文一般包括绪论、本论、结论三部分。正文若分几大部分而不加小标题和序码时,为醒目起见,各部分之间可空一行。如果在文中设置小标题,小标题的层次一般不要超过五级。第一级标题用一、二、三;第二级标题用(一)、(二)、(三);第三级标题用 1、2、3;第四级标题用(1)(2)(3)。第一级标题后用顿号,第三级标题后用圆点,第二级和第四级标题后不加任何标点符号。正文写作的具体要求是:

(1)观点要正确

任何一篇论文都是围绕论证、说明某一观点、某一事实而展开的。因此,观点必须鲜明、正确,符合教育教学规律,能促进教学的改革和发展。

(2)材料要充分

要注意收集、整理、分析研究资料,为论文写作提供充分的论据支撑。

(3)分析要透彻

论文离不开真实、具体、充分的论据。但是,真实、具体、充分的论据并不一定就能有力地证明论点,犹如盖房用砖,不能随意摆上完事,必须用黏合物严丝合缝地砌好,才能使其发挥强有力的支撑作用;而恰当透彻的分析正起着连接论据与论点的"粘合"作用。

(4)表达要准确

教学论文属于议论文,因此,语言表达极其重要。只有反复推敲和斟酌,文章才会显得具体、准确、生动,才能恰如其分地表达自己的教学观点和教学研究成果。

6. 参考文献

写作论文需要对已有的研究成果进行间接或直接引用。论文的注释与参考文献的注明,既是作者写作严谨性的表现,也是对他人研究成果的尊重。

(1)注释。是对论文的引文标明出处,包括作者与书名(或文章名称)、出版社及版本、页码三个方面。方法有页注(脚注)、章注(尾注,针对著作而言)和附注(在要注的词语或引文右上角加"注码")。

(2)参考文献。将参考的主要或全部书目在论文之后列出来,包括作者、书目(或论文题目)、出版社、出版年号,若是刊物则注明作者、论文题目、刊物名称、发行年号及第几期或第几页,若是报纸则要注明作者、论文题目、报纸名称、发表日期、第几版。

(二)撰写教学论文需要注意的问题

1. 立意要高

如果论文平平淡淡,结论对他人的指导意义不大,那么,这样的论文立意不高。怎样才能提高论文的立意呢?首先要看清当前的教改动向,要有一定的预见性,哪些问题即将成为教学的热点,哪些做法可以解决大家公认的难点。可以先实验,取得经验,再在现代教育理论指导下,将经验提升为理性认识,归纳出若干有价值的教学规律、教学策略。

2. 教学实例要典型

论文中的实例,目的是验证论文提出的理论、方法、观点的正确性、可行性和有效性。因此,要选择那些典型事实,最好采用个人在教学中经历过的例子,也可以采用他人实践的例子,但必须可靠。

3. 要从理论角度分析、概括、提升

写教学论文,不能只停留于教学实践表面,而要把教学实践与教学理论有机结合起来,用教学理论进行阐述与分析。这样,对撰写者来说,是一次从经验到理论的提升过程;对学习者来说,也是一种真正意义上的指导,有助于其提高教育理论水平和教学实践能力。

二、调查报告的写作

调查报告属于实证性研究报告,不同于一般的教学论文。以确凿的事实和科学的操作方法为结论依据是调查报告最突出的特点。

(一)调查报告的基本格式和要求

1. 标题

标题由报告的内容决定。一般来说,应用简练、明确的语言反映调查的对象和调查的内容,做到题文相符,高度概括。

标题的写法一般有两种:单标题和双标题。单标题就是只有一行的标题,一般是通过标题把调查的对象和调查的内容明确地表现出来。如《小学低年级学生识字能力的调查与研究》就是一例。双标题采用正、副标题的形式,一般正标题表达调查主题,副标题用于补充说明调查对象和主要内容。

2. 引言

即前言,绪言。要注意将调查的目的性、针对性和必要性交代清楚,使读者了解概况,初步把握调查报告的主旨。

3. 调查方法和过程

这部分内容是调查报告所特有的,一定要交代清楚所采用的调查方法,所选定

的调查对象、调查时间以及调查内容等。

(1)调查对象:写清楚调查的对象是哪个学校哪个班级,如果是男女生分开调查,还要写清楚男生几人,女生几人;对象的选择是随机抽样还是有目的选定;再交代发放问卷一共几份,收回问卷几份,有效问卷几份。

(2)调查方法:一般来说,调查方法分为问卷调查和访谈调查。因此,要交代采用的是哪一种调查方法。有些调查会同时采用两种方法,那么,要写清楚哪种方法为主,哪种方法为辅。

(3)调查时间:写清楚调查的起止时间。

(4)调查内容:如果是问卷调查,要简要介绍问卷的内容,有几道题目,怎样的形式,大致提问的内容是什么。如果是访谈调查,也要简单介绍访谈的内容与提纲。

4. 调查结果和分析

调查结果和分析大致可以分为基本情况部分和分析部分两项内容。基本情况部分是对调查资料做客观的介绍说明,要真实地反映客观事实。分析部分是调查报告的主要部分,要对资料进行质和量的分析,从而说明问题和解决问题。

5. 讨论或建议

这部分也是调查报告的重要内容,是对调查结果的进一步思考和分析。在这里,作者要明确自己的观点,可以是对问题的深入讨论,也可以提出相关策略。

6. 结束

这是调查报告的结束部分,通常有三种写法:

(1)概括全文。综合说明调查报告的主要观点,深化文章的主题。

(2)形成结论。在对真实资料进行深入细致分析的基础上,得出报告观点。

(3)提出看法和建议。通过分析,形成对事物的看法;在此基础上,提出建议或措施。

7. 附件

附件是对正文报告的补充或更详尽的说明,包括数据汇表和原始资料。在调查报告中,可以把相应的问卷或其他调查资料作为附件。

(二)撰写调查报告需要注意的问题

1. 恰当使用资料

在调查报告中,需要大量使用调查资料。既要有典型的事例,也要有反映情况的综合资料。可以文字、数字和图表相结合。文字表达具有概括性,数字表达具有精确性,图表表达则具有直观性。三者结合,可使调查报告更有说服力和感染力。

2. 语言准确、精练

调查报告的特点是真实性,所以,语言一定要科学、准确。要求概念明确,陈述的事件要真实可靠,尤其是引用的数据要准确无误。精练,是指行文要言简意赅,不拖泥带水。对事件的叙述,不做过多的描绘,对观点的阐释,不做烦琐的论证。另外,语言还要朴实,不用深僻的术语和过于华丽的辞藻。

三、观察报告的写作

观察报告是指运用观察法,对某个教学对象或某种教学现象进行观察研究,并将情况进行记录,分类整理分析,找出原因或规律的研究报告。

(一)观察报告的基本格式和要求

1. 标题

标题应当简洁、明确,让人一看便能大致了解观察的对象和观察的内容。

2. 引言

引言主要说明该项观察研究的理论价值、实践意义,以及在国内外同类研究中所处的水平。引言应简明扼要,开门见山。

3. 观察对象和观察方法

(1)观察对象,可以是某个学生、某个班级、某类学生,也可以是某种教学现象。

(2)观察时间。

(3)观察地点。

(4)观察范围。

(5)观察方法,这里是指具体的观察方法。是参与性观察还是非参与性观察?运用了哪些观察手段?是利用感官进行手记,还是利用录音、录像设备?

(6)记录方法,主要有表格记录和描述性语言记录两种。

4. 观察结果的讨论和分析

这部分必须对观察的对象以及观察的问题进行全面的介绍。说明观察问题的现状和实质,分析产生问题的原因及其发展趋势。为了科学、准确、形象地表达观察的成果,可以采用图表、照片来集中反映数据和关键情节。

5. 结论

结论是观察报告的结束语,说明被观察对象及所观察问题的结果。或指出创新之处,或就下步如何工作提出建议及看法,或提出展望。

(二)撰写观察报告需要注意的问题

1. 观察报告像一切科学报告一样,必须真实可靠。无论是观察到的现象、过程、数据等,都必须准确、无误,客观真实。

2. 作者必须持有客观的态度。无论是记录事实,还是叙述结论,都要忠实于客观实际,不能注入自己的情感,更不得用主观的感情去代替或改变客观的现象,力求写出事实的本来面目。

3. 观察报告的结论必须实事求是。应从实际出发,有结论就写结论,有的得不出结论,就不要硬写结论。

四、教学随笔的写作

教师在教学实践活动后所产生的对教学设计、教学效果、教学理念等的思考、感悟、分析、总结等称为教学随笔。教学随笔具有真实性、灵活性和精炼性的特点。

(一)教学随笔的内容

教学随笔,可以说是"教学一得",主要是写教学中某一点体会最深的心得。它的主要特点是题目小,篇幅短,层次结构比较简单,内容比较丰富。

1. 写"成功"的喜悦

在教学中,每一个老师都会有成功的实践。课后,及时地思考,为什么会成功?主要收获在哪里?抓住自己的成功之处,深入地想,这就是一个好的写作题材。尤其要注意记下自己在教材处理、教学方法、学法指导等方面的独到之处,用以指导自己或他人今后教学之用。

2. 写"失败"的教训

教学是一门艺术,失误总是在所难免的。面对失误乃至失败,教师应该冷静地思考:为什么会失误?主要症结在哪里?用什么办法可以弥补?应该吸取什么教训?……这样,教师才能在遗憾中不断追求教学的完美。因此,反思教育者的行为,反思教学的不足,是教学随笔的重要内容。

3. 写上课时的灵感

在上课过程中,有时会发现平时没有注意到的材料,或者产生平时没有想到的观点,这就是所谓"灵感"。"灵感"往往稍纵即逝,所以,课后教师要注意及时地记录并加以分析。

4. 写听课后的感受

在听了同事或名师的课后,将自己感受最深、最受启迪的内容写下来,这也是教学随笔的重要内容。尤其是听优质课,我们通过比较,找出差异,而差异是产生新思想、新观念的导火索。

(二)撰写教学随笔需要注意的问题

1. 敏锐捕捉题材

在很多教师的眼里,每天的工作是日复一日,千篇一律。如何从平凡的教学生活中发现值得记叙的内容呢? 这就需要教师有一双慧眼,及时找寻最佳的题材。要做到敏锐捕捉,关键是教师要用心于教学,钟情于教学,让思考伴随教学的整个过程。如果我们能时时留意教学中的每一个细节与现象,经常想想为什么会这样,它的背后还隐藏着什么教育规律? 我和别人有什么不同的看法? 那么,就会发现,一向熟视无睹的事物中隐藏着真知,一向平淡无奇的现象也包含着深意。

2. 及时提笔记录

教学随笔记录的是教师在教学过程中的真实体验。在教学中,很多事情大家都做过,很多问题大家都想过,但成就往往只属于那些有心人。及时的记录,在开始的时候,可能只是一些只言片语,但长时间的积累,往往就会形成某一种理论。很多教师恰恰缺乏记录的习惯,使得一些有价值的想法稍纵即逝,永不再来。

3. 注重理论积淀

有了题材,怎样才能写出一篇高质量的随笔呢? 虽然教学随笔注重实践,但仍然需要一定的理论依据。教师应该把教学实践与相应的理论结合起来,在先进理论的指导下分析教学行为。为此,教师必须注重积累教育教学理论,学会从理论的角度对素材进行加工、整合、分析、处理,形成独到的视角与观点。

4. 追求新颖独到

教学随笔要从别人习以为常、司空见惯的现象中挖掘出新意来,要跳出僵化、死板的格局看教育,要避免平庸无奇。如果没有自己的思想,一味地模仿、复制别人的东西,那么,教学随笔只能是千篇一律,味同嚼蜡。教学随笔的立意要新颖独到,内容要重点突出,表达要不落俗套,这样才能让读者觉得耳目一新。总之,只有创新才能使教学随笔具有生命力。

五、教学案例的写作

教学案例是教师在教学过程中,对教学的重点、难点、有意义的或典型的教学事例处理的过程、方法和具体的教学行为与艺术的记叙,以及对该个案的剖析、反思、总结。教学案例不仅记叙教学行为,还记录伴随行为而产生的思想、情感及灵感,反映教师在教学活动中遇到的问题、矛盾、困惑,以及由此而产生的想法、思路、对策等。它既有具体的情节,又有从教育理论、教学方法、教学艺术的高度进行的归纳和总结。可以说,教学案例就是一个生动、真实的故事加上精彩的点评。

(一)教学案例的构成要素

1. 案例背景

案例背景就是案例事件发生的环境和条件。如介绍一节课,可以介绍教材内容、教学目标、学生情况,也可以介绍是经过精心准备的"公开课",还是一般的"家常课"。当然,背景介绍不需要面面俱到,只是为了让读者更好地理解主题。

2. 案例主题

案例主题是案例所要反映的核心理念和观点。撰写教学案例首先要考虑这个案例所要反映的主题是什么。譬如,是说明如何发展学生思维,或者是介绍如何进行小组合作等。有的时候,案例的标题就是案例的主题。

3. 案例描述

主题确定之后,就要围绕主题对原始材料进行选择和筛选。通过情景与细节的描述,对案例问题产生、解决的过程、人物的活动情况,有针对性地向读者交代。要特别注意提示人物的心理。比如面对同一种教学情境,不同的教师有不同的处理方法。为什么会有各种不同的做法?这些教学行为的内在逻辑是什么?执教者是怎么想的?揭示这些,能让读者既知其然又知其所以然。事件的描述不能有闻必录,而是应该围绕主题有所取舍。相关的尽量写详细,无关的写简略甚至不写,才会突出主题,思路清晰。案例不仅要说明问题的产生、解决的过程,还要交代问题解决的结果,包括学生的反应和教师的感受等。让读者知道结果,将有助于其加深对整个教学过程的了解。

4. 案例评析和启示

案例评析是在记叙基础上的议论,表明对案例所反映的主题和内容的看法和分析,以进一步揭示事件的意义和价值。对案例事件要有多角度的分析,可以是利弊得失的看法和分析,可以是教学理论的验证,可以是对教学观念和教学方法的反思,也可以是教学经验的归纳和总结。案例启示是案例评析的升华,更具有综合性和概括性。

在案例的最后,还可以列出几个可供继续思考、分析、讨论的典型问题。提出案例问题的目的,一是能让读者从一定的理论高度正确地阅读案例;另一方面是以该案例为载体,引发读者更深层次的思考,从而梳理与该主题有关的经验,提出更好的建议与策略。

当然,在实际写作过程中,教学案例的结构并不是千篇一律的。可以是"主题背景——事件描述——评析启示",可以是"案例描述——案例分析",可以是"案例——问题——启示",也可以是"主题与背景——案例描述——问题讨论——诠释与研究",等等。其中,以"案例描述——案例分析"居多。此格式的特点是将整个案例分为两大部分,前半部分主要描述课堂教学活动的情景,后半部分主要针对情景中的一、两个问题进行理论分析。其中,案例描述一般是把课堂教学活动中的某一片断像讲故事一样原原本本地、具体生动地描绘出来。描述的形式可以是一串问答式的课堂对话,也可以概括式地叙述,主要是提供一个或一连串课堂教学疑难的问题,并把教育理论、教育思想隐藏在描述之中。案例分析是针对描述的情景谈一些个人的感受或理论的说明。分析方法可以是对描述中提出的一个问题,从几个方面加以分析;也可以是对描述中的几个问题,集中从一个方面加以分析。

(二)撰写教学案例需要注意的问题

1. 案例主题明确、新颖,有现实意义

一篇有价值的教学案例,一般应围绕一个鲜明的主题。教学案例的主题一般涉及课堂教学的核心理念,教学实践中的基本问题,教学过程中常见的难题。主题的确立,要符合时代特征,要具有现实意义,能引起大家对教育教学中带普遍性、倾向性问题的关注,并能促使这些问题的解决,不能只局限于个别情景或特殊问题。

2. 案例背景清晰、完备

案例背景是说明故事发生的环境和条件。可以从以下几方面展开:首先,阐述新课程理念对教学的要求或者是本案例设计的指导思想;其次,提供一些基本情况,如学校类型、学生情况、教师情况等;第三,介绍分析教学内容等。

3. 案例事件典型生动,有价值

案例事件要有相对完整的情节,反映事件发生的过程与结果。但在呈现教育教学措施产生的即时效果、学生的反应、教师的感受等方面情况时,又不是简单的概括性的论述,而是通过对人物、事件情节、处理事件中存在的一定冲突和问题情境鲜活而有趣的描写展示出来的,具有较强的故事性和可读性。

4. 案例评析和启示深入浅出,富有启发性

案例评析和启示是教师对案例多角度的解读,要透过案例事件的表面,来分析行为背后所具有的观念、思想和理论规律,分析成功或失败的原因,并阐述通过此案例所受到的启迪。

六、教学叙事的写作

教学叙事是教师将个体教学实践中的教学行为以及这种行为下的学生状态,用"我讲我的故事"的形式,聚焦并记述"我"在特定教学情境下的经历、体验与感悟,从而形成有关教学经验的"个人知识",获得对教学活动的意义理解和解释。教学叙事关注的不只是教学的"理"与"逻辑",也关注教学的"情"与"直觉"。它记录教师的所思所想所感,展示的是教师的个人理论和实践知识,表达的是教师自己的话语体系。

(一)教学叙事的构成要素

1. 教学主题

即叙事主题。不论是叙述一个完整的教学事件,还是一个教学片段,都有一个叙述中心。当然,教学叙事的主题不同于教学案例的主题。叙事的主题是从某个或是几个教学事件中产生的,而不是将某个理论问题作为一个"帽子",然后选择几个教学案例作为例证。

2. 教学情节

教学叙事,也被称为"我讲我的故事"。因此,相对完整的教学情节是必不可少的。这里所谓的"教学情节",是指在课堂教学中发生的真实的教学经历,并且在该教学过程中,出现了某个有意义的"教学问题"或发生了某种意外的"教学冲突",包含着一个值得思考和研究的教学主题。和教学案例相比,教学叙事的最大特点就是从教学情节中引发教学问题,而非根据主题筛选教学情节。

3. 教学反思

教学叙事除了把故事记叙清楚,还应融入叙述者个人的感受和体验,特别是伴随这种体验、感受而来的思考和反思。这里的反思应当是对教学事件本质意义的深度思考,是教师在已有经验的基础上对教学实践的反思,是故事描述的自然升华。

教学叙事有两种写作形式:"夹叙夹议"式和"先叙后议"式。"夹叙夹议"式是指教师将自己对"教育"的理解以及对这一节课某个"教学事件"的反思插入到相关的教学环节中。用"当时我想……"、"现在想起来……"、"如果再有机会上这一节课,我会……"等方式来表达自己对教学改进、教学重建的考虑。"先叙后议"式是指教师在完整描述教学事件之后,对整个教学行为和结果进行整体性的反思和解释,提出对整个教学过程的认识,表明自己对自身教学智慧的顿悟和理解。

(二)撰写教学叙事需要注意的问题

1. 叙事主题鲜明、新颖

一篇好的教学叙事,它的主题必须是鲜明、新颖的。叙事主题通常是以标题的形式来展现的。因此,标题的撰写就直接影响到主题的表达。标题的字数不宜过多,尽量用简洁、科学的语言来表示。当然,教学叙事不等同于教学论文,语言可以相对地平浅和自由,因此,标题也可以用浅显、生动的语言来表述。

2. 叙事情节生动、典型

（1）真实性

一篇成功的教学叙事，首要前提是真实。叙事反映的是现实教学生活中确确实实发生过的事以及由该事件引发的教师的思考。教学叙事既是教师教育实践经验和收获的真实记录，也是教学实际遭遇、困惑的真实再现，是"我"对教学事件原原本本的叙述。

（2）故事性

教学叙事离不开叙事，离不开讲故事。教师必须以一个局内人的身份"进入"故事，挖掘教学现场当时的"内在真实"，展示故事的本来面貌。当然，叙事中的故事不是一般的故事，而是含有问题或疑难情境的真实发生的教学事件。要生动地描写教学现场，展现事件的来龙去脉以及教学过程中教师内心的感受和思考，再现一个完整的从问题发生到问题解决的过程。

（3）典型性

教学叙事是讲教学故事，但讲故事并不是记"流水账"，不是事无巨细的教学实录。在叙事中，要有教师对教学生活的独特体验和感受，要能引发读者的思索和共鸣，引发广泛的联想和深入的思考，产生进一步研究探索的意趣。

3. 叙事反思深刻、理性

如果说事件的描述，教师是以"局内人"的身份"入乎其内"的，那么，反思就是以一个"局外人"的身份"出乎其外"。要跳出故事，对故事进行审视、拷问和反思，从中梳理自己对教学的理解和认识，挖掘其中的实践智慧，有效促进教学观念的更新和教学经验的积累。

⚓ 案例评析

● 请阅读以下教学案例，分析教学案例的基本特点。

【案例6—1】

巧用拓展性阅读，提高语文教学整体效应[①]

——特级教师庞光辉《雨点儿》教学赏析

吕映

近日，在小学语文新课程研讨会上，笔者有幸聆听了浙江省特级教师庞光辉执教的《雨点儿》（人教版国标本一年级上册）第一课时，感触颇深。庞老师在教学中

---

① 吕映.巧用拓展性阅读，提高语文教学整体效应[J].小学教学参考（语文），2007(7—8)

巧妙地运用了拓展性阅读,给与会老师留下了深刻的印象。

【片断描述】

1. 在拓展性阅读中识记、巩固生字

《雨点儿》是一篇充满童趣的课文,要求学生认识"点、数、清、彩、飘、落、半、空、问、回、答、方"等12个生字,并会写"方、半、巴"3个简单的独体字。为了完成这一目标,庞老师在教学中进行了大胆的尝试。她先模仿课文的内容和形式,创作了《雪花儿》和《树叶儿》两篇短文。这两篇短文不仅在写法上和课文相似,并且都运用了课文中的生字和"数不清、飘落、半空、回答、地方、不久"等几个重点词语。然后,庞老师指导学生在阅读这三篇短文的过程中自主识字:她把全班学生分成若干个学习小组,每个小组都由三个学生组成,每个学生分别学习一篇短文。先请学生读熟各自的短文,熟悉课文内容,并想办法记住其中的生字;再和组内同学两次交换短文,读通、读熟其余两篇课文,进一步巩固生字;最后,教师进行检查并指导学生书写"方"字。在整个教学过程中,教师没有进行繁琐的字形分析,始终坚持让学生在阅读中识字。这不仅有利于学生理解字义、词义,并且使生字、新词在新的语言环境中不断复现,使学生在拓展性阅读中不知不觉地巩固生字,完成了识字的任务。

2. 在拓展性阅读中培养读写能力,陶冶美好的情操

庞老师把"雨点儿"、"雪花儿"和"树叶儿"亲切地称为"新朋友"。为了让学生了解"新朋友",喜欢"新朋友",她安排了大量的时间让学生拓展阅读:先请每个学生读自己的短文,熟悉课文内容;接着,采用小组合作学习方式,先把自己的文章有感情地读给同学听,向大家推荐自己的"朋友",再和同学交换短文,自由朗读,认识"新朋友";最后,请三位学生合起来读三篇短文。大量的阅读,既提高了学生读的能力,丰富了语言的积累,也使学生初步感悟了课文的内容与情感。他们不但爱上了"雨点儿"、"雪花儿"、"树叶儿"这三个"朋友",而且在大自然中发现了更多的"新朋友"。有些学生还模仿课文的写法,创作了《泉水》、《云朵儿》、《蒲公英》等生动有趣的短文,表达了他们对大自然的美好情怀。

【一点通】

综上所述,庞老师创造性地运用拓展性阅读,提高了语文教学的整体效应。这节课给我们这样的启示:

第一,识字与阅读的关系是对立统一的。一方面,识字是阅读的基础,不识字无法阅读;但是,另一方面,阅读又是识字的基本途径,"在阅读中识字"、"边读书边识字"不仅是可行的,而且能提高识字的效果。当然,在阅读中识字,对生字的掌握

要经历一个从综合的、笼统的、模糊的认识到具体的、精确的认识的转化过程,这是符合认知的自然规律的。只要教师不失时机地抓住矛盾,加强指导,学生一定能牢固地掌握生字。

第二,阅读是写作的基础。阅读不仅能开阔视野,陶冶情操,提高学生的观察力、想象力和创造力,还能为写作积累丰富的语言和素材。特别对于小学低年级学生来说,从读学写更是他们学习写作最基本的方法。因此,在阅读教学的过程中,教师应当结合课文内容激发学生的写作兴趣,鼓励学生模仿课文进行写作,使他们在仿写的过程中内化课文的语言,逐步提高写作能力。

【附】根据课文改编的两篇短文

雪花儿

数不清的雪花儿,从云彩里飘落下来。半空中,大雪花儿问小雪花儿:"你要到哪里去?"小雪花儿回答:"我要去有小朋友的地方。你呢?"大雪花儿说:"我要去有庄稼的地方,"不久,有小朋友的地方,堆起了一个个可爱的小雪人。春天到了,雪化了,有庄稼的地方,小苗出土了。

树叶儿

数不清的树叶儿,从天空中飘落下来。半空中,红树叶问黄树叶:"你要到哪里去?"黄树叶回答:"我要去有水的地方。你呢?"红树叶说:"我要去有书的地方。"不久,有水的地方,小鱼把树叶儿当成雨伞。有书的地方,人们把树叶儿当成书签。

●请阅读以下教学叙事,分析教学叙事的基本特点。

【案例6—2】

把本真的语文还给儿童①

戚韵东

"童年的夏夜永远是美妙的。暑热散去了,星星出齐了,月亮升起来了,柔和的月色立即洒满了我们的篱笆小院。这是孩子眼里最美的时辰。母亲忙完了一天的活计,洗完澡,换了一件白布褂子,在院中的干草堆旁搂着我,唱起动听的歌谣……"

这是苏教版小学语文第十册教材《月光启蒙》一课,这篇内蕴丰富的散文作者是著名的诗人孙友田。在文中,作者忆起童年夏夜月光下母亲搂着自己唱歌谣、讲故事的往事。将课本翻开,默默地读,默默地品、思,一遍又一遍……慢慢地,一个

---

① 戚韵东.快乐学语文——我的语文教学叙事[J].人民教育,2009(13—14)

个生冷的词语有了温度，一个个沉静的话语变得水灵、活泼。读后掩书而坐，我能感觉母亲与孩子搂坐在月光下的那份悠然与快慰；透过耳边仍然响着的甜甜吟唱，我甚至能触摸母亲此刻那月光一般的目光，那随月光一起飞翔的心……再读，再读，我不觉回到了自己的童年——年幼时，每到夏夜，母亲不也是这样一边轻摇蒲扇，一边给我们讲故事、唱童谣的吗？读着想着，想着读着，不禁泪水满眶。

如何让孩子们走进这一幅温馨的月光启蒙图，感受母亲带给"我"智慧和美好的记忆，感受这段快乐的时光？析字、析词、析句子，无疑会破坏这份美好的意蕴。我的目光落在了"歌谣"这个充满童趣的词语上。母亲是通过为我"唱歌谣童谣、讲故事、说谜语"，给"我"启蒙；更深层次地，可理解为母亲用她甜甜的嗓音唱着那明快、流畅、含蓄、风趣的民歌民谣，启发了"我"的想象，让"我"对民间文学产生了浓厚的兴趣。在母亲的歌谣声中，"我"享受着月夜的宁静与清幽，感受着母性的圣洁与美丽。母亲通过歌谣不仅传递了她对"我"的爱，同时也把她对故乡、生活的爱传递给了"我"。于是，我决定带着孩子们读童谣，唱歌谣。

然而，每一次读，感受都不相同：从最初的恬淡到慢慢地感动，从月夜的诗情品读到母亲的柔情，从体悟孩子的感恩之情，到感受母亲充满诗情、富有智慧的爱意；一遍遍朗读课文，头脑中一幅幅画面也渐渐清晰起来：朦胧的月光下，母亲搂着"我"，唱起动听的歌谣，"我"忘却了夏夜的燥热，领悟了父辈们对家乡、对生活的感情；那一个个优美的神话故事，为"我"打开了无限的想象空间；那一段段幽默风趣的童谣，使"我"感受到对文学的亲近。所以作者说："我们日子清苦，但精神生活是丰富的。""苦涩童年的夏夜却是美妙的。"是母亲用自己对生活的全部理解，让"我"一颗混沌的童心变得豁然开朗。课文在一个大环境下展开，那便是月光如水的夏夜。一节课中，我带着孩子们唱童谣、说故事、猜谜语，走进作者童年那个美好的夏夜，在这样一个情感场、信息场中，孩子们逐步理解"启蒙"这个词语的精神内核。

读完歌谣，随着《我是如此爱你》乐曲响起，我出示了填空："母亲用歌谣把_____，伴着月光给了我，让一颗混沌的童心豁然开朗。"孩子们此时已经深有感触，无需再启发，优美凝练的语句已是脱口而出：

生：母亲用歌谣把对美好未来的无限向往，伴着月光给了我，让一颗混沌的童心豁然开朗。

生：母亲用歌谣把浓郁的诗情，伴着月光给了我，让一颗混沌的童心豁然开朗。

……

师：母亲吟唱的这些淳朴的歌谣，像月光般洒进我的心田，滋润着我幼小的心田，让一颗混沌的童心豁然开朗。

情动才能"辞发"。当那如水的月光浸润着孩子们的身心时,歌声袅袅,乡韵缭绕,孩子们才能真切地感受到母亲那真诚质朴的温暖情怀,这样的语言感悟过程,不也是享受语言文字的过程吗?

踏着如歌的散板,孩子们此时仿佛已经忘却了是在"学语文"。老子说:"人法地,地法天,天法道,道法自然。"浸润,让我们回到纯真,走向自然。我想,每一次的教学都应该是一次月光启蒙!

语文具备人文性的特点,意味着审美体验应该是语文学习的重要方式。审美思维是儿童的天性,是儿童观察世界的一种方式,他们并不陌生。然而,语文学习的快乐必须经由语文本真的方式——语言文字的学习和体验来实现,这一能力不是儿童天生具备的。因此,要在儿童的审美和语文的审美之间架起一座桥梁,使儿童能够从自己出发,走进语言文字的美妙丛林,去体验语文的魅力。当儿童把自己的审美立场融入文本中去,在听说读写中体验,在语言文字中驻足,在鲜活的形象中感悟,在丰富的情感中共鸣,不仅能提高儿童鉴赏美的能力,丰富儿童的情感世界,还能唤起儿童对生命、对人生价值的初步认识,提升儿童的精神追求。在审美体验中,儿童的精神世界处在开放的状态,在这种状态下所体验到的快乐是本真的快乐,是更深层次的精神的快乐。

🔄 应用练习

●以实习或者任教班级学生为对象,选择你感兴趣并且能够胜任的课题,进行一次调查研究,最后完成调查报告的撰写。

●尝试撰写一篇规范的教学研究论文。

↪ 拓展学习

1. 郑金洲等.学校教育研究方法[M].北京:教育科学出版社,2003

2. 张新强.语文教学科研的成果表达[M].杭州:浙江教育出版社,2005

3. 吕映,李菁.小学语文课题研究与论文写作[M].杭州:浙江大学出版社,2007

主要参考文献

1. 朱文君.关于备课的新思考——全国著名特级教师许汉访谈录[J].小学教师,2006(10)

2. 王崧舟.走向"多元"和"兼容"的文本细读[J].教学月刊(小学版),2010(7－8)

3. 李振村.慢慢走,欣赏啊!——著名小学语文教育专家沈大安谈文本细读[J].小学语文教师,2008(3)

4. 王小毅.语文教学目标的确定与教学内容的选择[J].语文教学通讯(小学刊),2012(1)

5. 王荣生.教学环节就是组织"学的活动"[J].语文学习,2010(1)

6. 王荣生.营造以"学的活动"为基点的课堂教学[J].语文学习,2010(5)

7. 祝新华.阅读认知能力层次——测试题型系统的进一步发展[J].华文学刊,2005(2)

8. 崔允漷.课堂理答 ABC[J].小学语文教师,2008(4)

9. 刘开伦,崔平.说课特点的分析[J].昆明师范高等专科学校学报,2008(2)

10. 吴永军.备课新思维[M].北京:教育科学出版社,2004

11. [美]R.M.加涅.教学设计原理[M].上海:华东师范大学出版社,2007

12. [加]马克斯·范梅南.教学机智——教育智慧的意蕴[M].北京:教育科学出版社,2001

13. 关心凤等.基础教育教学基本功(小学语文卷)[M].北京:首都师范大学出版社,2009

14. 王宗海,肖晓燕.小学语文教学技能[M].上海:华东大学出版社,2011

15. 陈秀玲.语文教学技能训练[M].武汉:华中师范大学出版社,2010

16. 李云会.教学技能修炼策略[M].长春:东北师范大学出版社,2010

17. 陈月茹.课堂教学组织与管理[M].济南:山东教育出版社,2010

18. 张孔义.语文课堂教学技能与微格训练[M].杭州:浙江大学出版社,2011

19. 周小蓬.语文课堂教学技能教程[M].北京:北京大学出版社,2010

20. 余文森.有效备课·上课·听课·评课[M].福州:福建教育出版社,2010

21. 方贤忠.如何说课[M].上海:华东师范大学出版社,2008

22. 刘彦昆.教师如何提高说课艺术[M].长春:吉林大学出版社,2010

23. 刘显国.说课艺术[M].北京:中国林业出版社,2000

24. 徐世贵.怎样听课评课[M].沈阳:辽宁民族出版社,2004

25. 吕映,李菁.小学语文课题研究与论文写作[M].杭州:浙江大学出版社,2007